中外女性领导力研究丛书

女性领导力与终身教育

甘斌 [芬] 伊瑞斯 · 若霍（Iiris Ruoho） 著

中国传媒大学出版社
· 北京 ·

图书在版编目(CIP)数据

女性领导力与终身教育/甘斌,(芬)伊瑞斯·若霍(Iiris Ruoho)著.--北京:中国传媒大学出版社,2023.6(2023.9 重印)

ISBN 978-7-5657-2789-4

Ⅰ.①女… Ⅱ.①甘… ②伊… Ⅲ.①女性—领导学—研究 ②女性—终生教育—研究 Ⅳ.①C933 ②G72

中国版本图书馆 CIP 数据核字(2020)第 186907 号

女性领导力与终身教育

NÜXING LINGDAOLI YU ZHONGSHEN JIAOYU

著　　者	甘　斌　[芬]伊瑞斯·若霍(Iiris Ruoho)		
策划编辑	李水仙		
责任编辑	姜颖昳		
封扉设计	大鹏设计		
责任印制	李志鹏		
出版发行	中国传媒大学出版社		
社　　址	北京市朝阳区定福庄东街 1 号	**邮　　编**	100024
电　　话	86-10-65450528　65450532	**传　　真**	65779405
网　　址	http://cucp.cuc.edu.cn		
经　　销	全国新华书店		
印　　刷	唐山玺诚印务有限公司		
开　　本	710mm×1000mm　1/16		
印　　张	19.75		
字　　数	271 千字		
版　　次	2023 年 6 月第 1 版		
印　　次	2023 年 9 月第 2 次印刷		
书　　号	ISBN 978-7-5657-2789-4/C·2789	**定　　价**	79.00 元

本社法律顾问:北京嘉润律师事务所　郭建平

总 序

吴启迪

本套丛书系教育部哲学社会科学研究重大攻关项目“高等教育大众化与媒介融合时代菁英女性培养与领导力提升研究”(项目号:15JZDW002)的成果。

20世纪90年代以来,国际社会呼吁性别议题和性别关切应该纳入社会发展主流,借此改变人类文明进程。1995年在北京举行的联合国第四次世界妇女大会上明确提出“社会性别主流化”的行动纲领。这一行动纲领具有长期的指导意义,是引领人类性别文明的“亚历山大灯塔”。“社会性别主流化”意味着:在社会实践或研究领域洞悉性别问题,作为原因、作为交织影响或作为结果;在法规政策制定和实施中确立性别支持框架,作为顶层设计、作为微观透视或作为合法性论证;在媒体呈现报道里规避性别污名化或复制性别歧视偏见,作为议程设置、作为新闻人价值立场或作为普遍的职业操守。社会性别主流化自然亟待全社会的努力,但从吁求到行动,及至落地生根,都离不开精英女性作为先行者的探索和开拓,作为“光源”的引导和辐射。精英女性的培养和领导力提升,是性别平等事业新历史节点的关键所在。

高等教育大众化及至普及化时代,女性在各行各业的领导力呈现,成为性别平等的新表征。自2006年起，世界经济论坛每年发布《全球性别差距报告》，从经济机会、政治赋权、教育成就、健康和生存四个维度对全球不同国家的性别差距状况进行衡量。根据世界经济论坛发布的报告(2020)，教育成就以及健康和生存两个子指数分别为96%和97%，基本实现了性别平等；经济机会、政治赋权两项指数分别为58%和25%，这说明女性经济参与机会不充分，政治参与严重不足。历史地看，经济与政治指数仍然是历史进步和积极干预的结果，醒目的数据也让世人更直观地了解并审视“性别差距”，严肃对待并改变造成性别差距的政策、环境和无形的习惯。

性别差距未被纳入视野，甚或性别平等尚未成为议题的漫长历史阶段，我们可以称之为领导力的性别缺失时代，不言自明，这时领导力等于男性领导力，领导力在概念内涵上意味着单一性别即男性的领导本质和特征；这时无论是领导力的经验采撷还是理论探讨，都受制于单调而畸形的性别光谱。本套丛书既从理论上探索女性领导力的实质内涵和本质特征，发掘女性和领导力相遇的丰富思想空间，也关注精英女性实践所焕发、闪烁的新领导力精神、新领导力文化，同时关切媒介环境变迁中女性活跃的生活世界、“她时代”的新气象和女性面临的新问题。此外，本套丛书还特别关注女性领导力生成机制和社会支持网络。研究表明，在侧重性别培养的教育机构中，性别赋权取得了更显著的成就，其思想火种也更可能随之传播出去，而女性继续教育亟待持续规划和系统政策支持。

性别问题在世界不同地方、不同领域呈现出各自的紧迫性和重点，有的在为性别机会均等努力，在漫长的学制中教育机会均等也呈现出差异图景；有的或重心落在性别平等在不同领域的差异上，如聚焦女性参政情况、学术领域的隐性性别歧视等；比较一致和普遍的关切是在整个职业生涯中女性发展有形的掣肘和无形的障碍，这方面的政策缺位格外突出。研究还关注国际组织的女性发展政策、欧洲女性参政的光谱，中国传媒领域精英女性领导力、教育领域中女大学生的成长等问题。伴随新科技塑造的媒介环境，女性日常生活变迁和积极表现是世人瞩目的议题，因而也被纳入丛书研究的视野。

本套丛书围绕精英女性培养和女性领导力提升展开，需要申明的是，性别意识不仅仅是女性教育或女性领导力培养需要特别关注的。隐含或隐藏的性别偏见、性别歧视对两性都造成了困扰和伤害，即使是在充满男性优势地位的世界里，真正的性别及其人格担当也并没有建立起来。男性、男孩的教育也应该贯穿于整个学制中，而现实往往是既缺乏女性教育，又缺乏男性教育。教育是要构造未来世界的，性别意识、性别议题应该首先与教育制度、教育文化相融合。基于性别的自我理解、同情理解、相互理解之愿景和实践，将引领我们走向新世界和新文明。

目 录

致 谢

在本书的写作过程中，从课题设计到材料搜集，从调研发起到数据整理和分析，均得到了国内外学术界同行、领导、专家、朋友、蒲公英学员及志愿者的大力支持、信任和帮助。在此列出他们的姓名以致诚挚的谢意。

感谢原中国传媒大学校长、现代女性领导力研究院院长刘继南的邀请，让我有机会对“女性领导力与终身教育”这一课题开展深入研究。

感谢本书合作作者芬兰坦佩雷大学传播科学系主任伊瑞斯·若霍教授，我们一起讨论制定了本书的框架内容和调研计划，我在芬兰的所有访谈都是若霍教授帮助联络的，她还与我共同完成了其中的部分访谈。

特别感谢接受我访谈的两位女性领导：全国妇联副主席谭琳，九三学社中央副主席印红，是你们的支持和信任让我能有信心完成本书的写作。

也要特别感谢 4 位男性领导者对本书的支持，他们是：九三学社中央理论研究中心副主任方炎，中国石油化工集团有限公司宣传部部长、新闻发言人吕大鹏，远洋集团控股有限公司高级副总裁李建波，中共北京市委社会工作委员会社会组织处处长王森林，因为你们的参与，让本书有了男性视角。

感谢在芬兰接受我访谈的 18 位女性领导者和专家学者，她们是（排名不分先后)：

芬兰教育和文化部常任秘书长安妮塔·莱希科宁;芬兰全国妇女委员会秘书长特赫·赫尼娜;坦佩雷市副市长安娜恺撒·赫拉马基;坦佩雷大学原校长克里斯塔·薇兰托拉;欧盟议会候选人司妮卡·托克拉;瑞典斯德哥尔摩大学的雷利塔·弗雷顿凡尔;坦佩雷大学传播学院媒体教育学教授舍里库·科特莱伦;坦佩雷大学信息科技与交流学院老师张哲颖;坦佩雷大学社会学研究员威娜;芬兰汉明琳娜高中校长阿雅·奥尔托·拉基索伦;芬兰儿童早教专家雅妮娜·维拉索;芬兰教育学习和发展中心创始人金穆兰;芬兰反家暴组织项目负责人艾琳娜·尼库莱伦;坦佩雷市政府学前教育系统和幼儿园系统发展主管丽娜·威塔沙瑞;芬兰领导力培训专家伊娃;芬兰华人领导力教练顾女士;坦佩雷大学社会学研究学者王黎;芬兰女性社会组织负责人雅娜。感谢来自各行各业的蒲公英计划的41位学员在前期接受我的访谈,她们是(排名不分先后):北京大学第六医院副院长岳伟华;时任北京市药品检验所所长吴彬;时任中国科学技术协会副处长任事平;北京市西城区白纸坊街道办事处主任杜春晓;国家自然科学基金委员会张艳;时任南非共和国驻华大使馆海关税务署黄凌;北京大学生命科学院教授张研;北京邮电大学信息与通信工程学院副教授李莉;北京师范大学新闻传播学院党委副书记祁雪晶;中科院国家纳米科学中心潘海莲;中央民族大学朝鲜语言文学系老师彭亚华;北京大学医学部护理学院院长助理万巧琴;北京师范大学出版集团党委副书记江燕;北京中关村协同创新投资基金管理有限公司副总经理叶梅;东方华盖股权投资管理(北京)有限公司总经理许莉;卡地亚公司(中国)公关总监张小宇;上海喜嘉国际物流有限公司董事长商轶侠;北京市城市管理委员会副处长胡荻;北京中关村第三小学副校长陈俊荣;中国人民大学附属中学西山学校副校长林杉;北京大学第一医院风湿免疫科主任医师邓雪蓉;首都医科大学附属北京安贞医院心血管内科十五病房副主任林运;中国互联网投资基金管理有限公司人力资源部业务董事丁睿；中国纸业投资有限公司运营管理中心总经理梅玫；北京新生巢生物医药科技产业运营有限公司总经理马丽；北京市大兴区融媒体中心主任马宪颖；中央广播电视总台记者董彬；北京市公安局出入境管理局副局长郭睿君；北京市社会科学院首都社会治安综合治理研究所副研究员南方；国家纳米科学中心研究员杨延莲；首都医科大学附属北京儿童医院护理分部部长宋楠；陕西沃创律师事务所主任郝佩佩；中国劳动关系学院安全工程学院副行政院长战帅；北京天坛医院北京市神经外科研究所副研究员刘潜；南昌大学认知学研究副教授章隽宇；首都医科大学附属北京儿童医院高潜人才发展项目主管张芳；北京市植物园对外办公室副主任张旭；北京中银律师事务所律师陈艳；北京市炜衡律师事务所王敏；九曜集团（香港）有限公司董事长吴城煜；她花园文化传媒有限公司创始人周扬。感谢友人们对我本书写作完成的协助，他们是：北京市海淀区教委的乔健主任；北京市海淀区教委的汪莉老师；北京师范大学第三附属中学副校长张玉平；北京市海淀区西苑小学校长李辉；北京市呼家楼中心小学教育集团校长马骏；北京市世纪阳光幼儿园园长董燕；中国农业银行广东分行的工会工作部主任康丽雅；北京布本智能科技有限公司首席知识官、数据专家王安。感谢我最亲爱的蒲公英志愿者团队，她们在本书的完成过程中，为本书的资料收集、访谈资料整理、蒲公英测评数据的处理，内容修改和校对付出了大量的时间和心血，她们是：北京大学口腔医院中心实验室宋业青老师；北京大学口腔医学院博士二年级学生董丽莹；北京邮电大学副教授孙聪带领的志愿者组成员；北京邮电大学信息安全博士生马倩。感谢蒲公英计划的 7 位志愿者和在校大学生接受访谈，他们是：北京师范大学研究生二年级学生董航；北京吉利学院大四学生黄浩东；北京师范大学大三学生叶知绿；中国政法大学研究生王起；查普曼大学道奇电影学院研究生吴子玉；纽约州立大学州医科大学博士一年级学生韦雨；北京大学口腔医学院博士二年级学生董丽莹。

还要特别感谢"高等教育大众化与媒介融合时代菁英女性培养与领导力提升研究"课题组阮婕妤老师的细致协助和提供的一切支持性工作,以及中国传媒大学出版社编辑姜颖映的耐心指导和在我写作过程中提供的各种帮助。

最后还要感谢曾经为本书贡献过观点和推荐过资料的,但不方便透露姓名的朋友们,虽然你们的姓名最终无法得以在书中呈现,但你们的工作对本书的完成起到了积极的推动作用,在此一并致以感谢!

前 言

本书是一本关于女性领导力与终身教育的专业书籍,主要素材来自于对中国和芬兰的女性领导者和相关专家的采访。本书从外在环境和个人内在因素两方面分别分析了女性领导者取得成功的原因。正如本书所阐明的那样,领导力在很多方面都“被性别化”,在探讨领导力问题时总会被分为男性领导力和女性领导力两个维度,而且这两个维度有时还相互排斥。当男性领导力被视为领导力常规标准时,女性领导力就会被拿来与之比较。领导力的社会印象不断被历史实践累积,从这个角度来看,今天的领导力社会定义很大程度来自于媒体和社会认知产生的刻板印象。

虽然领导力与性别的关联可以在宏观层面上得到考证,但这并不能改变社会现实。来自北欧国家(冰岛、丹麦、芬兰、挪威和瑞典)的经验表明,女性的境遇,特别是她们在职业发展、接受高等教育程度以及政治地位方面,与这些国家在性别平等方面取得的良好声誉并不完全相符。我们可以看到,即使在北欧国家,女性领导者的照片也会突出女性特征(例如突出眼睛或指甲),或者有时照片还会被指责为过度阳刚(例如,选择愤怒的照片)。很多北欧女性领导者仍然会穿着黑色的裤子和外套,因为只有这样,她们才能受到男性主导的管理团队的重视，这还仅仅是看得见的日常实践中外在形象影响领导力的例子。

作为一名社会科学家，我非常重视环境对领导力的影响。因为在我看来，领导力以及人们对男女在社会中所扮演角色的普遍看法与文化历史变迁和组织机构的不同息息相关。例如，家庭制度就是影响妇女社会地位的最重要因素之一，我个人也曾有过一段学术社群的经历，这个社群的价值观和层级制度会对领导力产生影响。而且，领导力总是会涉及某种形式的权力，尽管不一定是强制权力。领导力有很多种，政治领导力与商界或学术界的领导力就有很大的不同。另外，即使在一个组织内部，所处的层级不同，领导者能影响的范围、愿望和主要任务也不同。

然而即使在今天，奇怪的是还有会人问：女性真的有资格成为领导者吗？随着女性越来越多出现在不同的领导岗位上，对女性领导资格的质疑也在进入更多的职业领域。新的问题也不断涌现：女性的领导方式真的与男性不同吗？正如国际研究和本书所阐述的观点，这项研究迄今为止没有明确答案，常常有观点相互矛盾。随着数字化技术的发展，新的挑战层出不穷。受到全球化新冠疫情的影响，领导力已经部分转化为远程和手机模式，我相信在未来还会转移到虚拟世界，这些变化是否会改变领导力模式和领导者形象还有待观察。

总之，关于性别和领导力的国际研究揭示了以下组织、社会和个人特质的因素，这些因素构成了女性作为领导者的职业发展框架：

(1)组织实践(招聘方法、工作结构、组织价值观等)。特别是在招聘中，有可能会开放更多专业职位或专业领域，要求女性和男性以不同的方式实现他们的能力。

(2)对女性的角色期望、偏见和态度。这通常是女性在社会、工作和生活中的地位的体现。在社会和文化中我们可以看到基于性别的工作专业化隔离和为男女提供不同机会的排名。

(3)策略和选择。女性可能不愿意申请那些看起来有困难或是难以协调与家庭平衡关系的工作。如果你经常被当作性别的代表，成为领导者就不会那么容易。当个体遇到性别期望时，她们会倾向于采取不同的策略(例如，成为“男孩中的一员”、接受传统女性的角色或发展自信)。

本书要表达的重要观点是，鼓励女性积极勇敢地担任领导者职务，同时就如何处理领导力的跨领域任务和作为女性领导者如何面对挑战提供了非常实用的建议。当然，领导力不仅仅限于工作，成为领导者可以让女性在生活中发挥更大的作用和产生强有力的社会影响。没有人天生就是领导者，我们可以成长并学习成为领导者——我们需要女性的支持，当然，也需要男性的支持。相信本书所展示的不同领域不同层级女性领导者的经历、心路历程以及她们的领导力成长故事，可以为你的领导力成长之路增强自信心。

本书献给所有想要了解领导力性别差异并发展自己成为更好的领导者的女性。

伊瑞斯·若霍

2022 年 5 月 27 日

导 言

每一种生活，各具风采。每一种人生，各自成诗。

不是每一人都需要成为领导者，但领导力学习却让每个人受益。

因为每个人的内心深处都渴望被认同，每个人都可以发挥影响力，这与你是否是一位领导者无关。也许你关注本书只是想解决一些具体问题，想获得上级认可，想学习女性新获晋升如何树立权威，要改善风格强势而导致的紧张的人际关系，你将从本书发现答案，并且收获更多。长期以来，领导力被误读为领导者才需要提升的能力，其实领导力并不等同于“职位权力”。本书的起点是探讨女性领导力的认知，但不限于此，在性别刻板印象还现实存在的社会环境下，树立由内而外的自信心，唤醒女性发展领导力的渴望和激情，并给予正确的领导力成长方法指导，才是本书想要达成的目标。

写一本女性领导力的书并非易事，从 2015 年进入《高等教育大众化与媒介融合时代菁英女性培养与领导力提升研究》课题组（以下简称女性领导力课题组），这本书写了 7 年。这期间发生了很多大事，让本书的内容不断修改，访谈者也不断增加。本书中，我们希望你了解和看到：

为什么“妥协”和“战斗”看似一对矛盾体，却能同时入选领导力词库？

为什么“坚强”大于“安全”“赋能”大于“保护”？

为什么“温暖”对于领导力可能是个“陷阱”？

女性领导力素质模型如何构成？哪些是女性偏弱的部分？

外部环境如何影响女性领导者成长？

人生不同阶段领导力培养的重点是什么？

“新时代”女性领导者需要建立怎样的新视野？

一、为什么提出“女性”领导力

领导力存在性别差异吗？也许你会回答，不存在。本书会告诉你，一项来自全球的实验，邀请一群5岁的孩子画出自己心目中的领导者的结果。

也许你会回答，当然存在：“相较于男性而言，女性领导者更注重沟通、协调人际关系和集体成功，因而女性在开展管理工作时要发挥自己的优势，利用柔性和人性化的力量，运用善于沟通和情感细腻的优势从事并开展与人相关的工作，这样会取得更好的效果。”很多女性在这样的认知中结束了自己的职业生涯。

我对女性领导力的关注始于2006年受邀为中国市长协会的女市长培训班教授“领导力提升”课程，女市长们关于因性别不同而面临不同挑战和压力的话题引发了我的注意，在此之前我一直不觉得领导力存在性别差异。但随着为不同领域女性领导者们授课次数的增加，我逐渐意识到领导力性别差异的现实存在，这种差异并非来自领导者的能力本身，而是来自社会对于女性领导者角色的期望和评价的不同，这直接导致了现实中女性担任高层管理者数量明显少于男性。

作为领导力培训领域从业20多年的践行者，我负责过众多与领导力相关的政府课题和企业咨询项目，也接触过大量的女性领导者，我深刻体会到，领导力培养不仅能让女性在职场上更有信心和勇气，也能让女性因生命意义的清晰而收获丰盈的人生。

二、为什么要谈领导力与终身教育

改变世界从领导者开始，培养领导力可以从幼儿的领导者品行塑造和能力建设做起。当今社会互联网＋新媒体＋疫情的特殊阶段性，为女性发展领导力创造了良好的机会，也提出了严峻的挑战，知识更新速度和层出不穷的新领域、新技术要求女性保持终身学习，才能在新时代快速适应环境，具备拥抱变化的能力。本书的终身教育概念包含纵向和横向两方面，纵向教育包含人的一生，从幼儿阶段到终老时期；横向教育包含学校、家庭和社会。

三、真知灼见的访谈，故事中的女性力量

本书以超过 80 名中国和芬兰各领域管理者的一对一访谈资料及千余名女性的领导力测评结果为基础，以真实的故事形式向女性展示为什么领导力不完全是职位权力，而是鼓舞大家前进、让生活与工作更加积极和自信的能力。

为了完成本课题，我于 2016 年前往芬兰坦佩雷大学做访问学者。我与本书第二作者伊瑞斯·若霍(Iiris Ruoho)教授一起，访问了北欧国家相关领域的专家和女性领导者 19 人。回国之后，我又对比北欧国家访谈对象，对中国的政治、教育及经济领域的各类专家和领导者共 49 人进行了访谈。为了对比特殊领域内不同性别对女性领导的不同看法，本书还对 4 名男性高层管理者进行了访谈。针对第四章中的大学生领导力培养，为了了解大学生的体验，我访谈了大学本科生、硕士生和博士生共 7 人。特别要感谢全国妇联谭琳副主席

和九三学社中央副主席印红的支持，她们亲自接受了访谈，表达了对女性成长的重视和关怀。本书的访谈对象还包括大量参与蒲公英计划的学员，她们都是来自政府、大学、科研院所、公共服务机构以及企业的优秀女性管理者，她们知无不言，坦诚真实，她们在访谈中的所言所行，会让你看到女性管理者面临的真实的工作挑战，以及她们解决问题时秉持的理念和点燃力量的做法，特别是当你处于：

- 人生有些失控，找不到快乐和意义；
- 面临“玻璃天花板”；
- 在管理岗位上面临不是来自能力而是性别的挑战；
- 团队越来越年轻，价值观和行为冲突每天都在发生；
- 面对挂职外派机会和家有升学孩子等问题时不知如何选择；
- 新技术、新知识迭代的速度，让你焦虑和无所适从；
- 疫情来临，你的工作和生活出现了很多的“被迫”。

我非常幸运能加入“女性领导力课题组”，承担“女性领导力与终身教育”子课题的相关工作，这让我有机会系统梳理自己多年来对女性领导力发展的研究和实践，特别是让我能对我八年的蒲公英女性领导力提升共建计划（以下简称蒲公英计划）中的领导力素质模型进行回溯与总结。蒲公英女性领导力素质模型分别从“突破自我”“带领团队”“建设家庭”“影响社会”四个维度为女性建立全视角的领导力认知框架，在 24 项关键素质中，女性得分最低的是“新媒体素养”“果敢决断”“演讲能力”“公益参与”“政治参与”。本书对这些评分较低的行为素质进行了分析，希望读者可以从中发现自己领导力建设缺失的视角并找到有效的方法。

女性领导力的提出，不论是强化意识还是提升能力，对女性个体发展均具有很强的现实意义：

——拥有领导力的人生是充满希望和激情的人生，因为领导力会训练一个人判断趋势、抓住重点和整合资源的能力，提升女性成功的机会，从而激发女性的自信；

——领导力帮助女性建立心理韧性，让她们不怕打击，学会在挫折中成长，在职场和生活的艰难时刻保持乐观和自勉；

——领导力学习，让一位普通女性从自尊、自爱、自信提升为自律、自省、自燃、自驱，面对现实，知道自己该放弃什么、把握什么，建立起掌控自己人生的坚定信念和人生观。

当然，完成这个过程绝非易事，女性会碰到来自外界的责难，也会经历自己内心的怀疑，甚至还有来自家庭的压力，然而这正是女性领导者必经的成长历练。虽然国情不同，但北欧国家的实践告诉我们，女性地位的改变，最有效的触发点是女性政治地位的改变，而后才会带动女性的受教育和经济参与机会的改变。因此，成为女性领导者不仅关乎个人的成长，还能站在一个能决策和有影响力的高层级，为女性争取更大范围的权益，成为女性成功的榜样，唤醒全社会女性自尊、自强、自立的意识，对全社会文明和性别平等的发展起到不可忽视的推动作用。

四、本书的内容结构

本书共分为五章，从女性领导力提出开始，分析了影响女性领导力开发的外在环境和内在因素，并根据人生不同阶段的成长特点，介绍各阶段领导力的培养重点，最后提出“新时代”女性领导者发展的新视野。各章具体内容如下：

第一章：女性领导力缘起。通过对中外女权主义运动的发展历程的介绍，消除大家对女权的误读，提出女性领导力与女权的区别，并对本书对于女性领导力的研究路径进行介绍。

第二章：女性领导力开发的外部环境。借鉴蒲公英女性模型，将女性发展外在环境分为社会环境、职业环境和家庭环境。通过对全球报告的解读，结合北欧国家在提升女性社会地位的成功实践，以及新中国成立以来性别平等相关法律法规的建设和妇女发展纲要，从宏观上介绍女性发展的社会环境；通过国际国内的职场调研报告，结合访谈，介绍职场环境和家庭环境对女性职业晋升的影响；展示蒲公英外部环境模型的测评结果，提出改善女性领导力发展外部环境的思考和建议。最后，“他为她”倡议告诉读者，每一位成功女性的背后应该有一位怎样伟大的男性。

第三章：女性领导力开发的内在因素。通过经典领导力理论和受访者对领导力认知的访谈，提出女性领导力素质模型，介绍蒲公英女性领导力素质模型的建模思路和精进过程，结合深度访谈和测评结果对四个关键维度的剖析，提出这四个维度提升的重要建议：要实现自我突破，应如何进行“主动改变”和保持“持续成长”；要提升团队带领的能力，应如何建立领导意识和需要提升哪些管理技能；如何科学地进行家庭建设，应如何建立家庭支持系统，如何处理好家庭关系：父母、配偶和孩子；如何强化社会影响，如何保持社会参与和建立公众影响。

第四章：领导力与终身教育。依照埃里克森人格发展八阶段理论，从人生不同阶段的主要心理冲突和人格塑造需求出发，纵向探讨针对不同阶段的领导力培养重点，如何在儿童阶段（正直正义的品行和独立自信）、青少年阶段（精神信仰和心理韧性）、大学阶段（领导意愿和领导能力）实施领导力培养。横向从家庭、学校和社会教育三个方向探索人生不同阶段各自发挥的作用，并介绍成功的领导力社会实践项目，提出人生不同阶段的领导力培育建议。

第五章：“新时代”的女性领导者成长。通过访谈解读互联网时代、新媒体时代和疫情给女性领导者带来的机会与挑战，探讨女性在这样复杂多变的时代应如何迅速调整心态、提升科技素养和发展敏捷性，提出女性领导者在“新时代”下的领导力发展新视野：坚定自我价值、承担时代使命、加入领导力学习共同体，成为终身学习的领导者。

五、贴心设计和阅读导航

为了方便大家阅读，也为了增加学术书籍的可读性，我们在每一章的开篇增设了开篇故事和开篇问题，希望你能带着问题阅读本章，开篇故事中对不愿透露姓名的女性采用了虚构名。在每章的最后，有本章观点小结，帮助你回顾整章关键知识点。在每小节后，我们设计了延伸思考，希望让你和书中内容互动起来，因为一本书不可能穷尽所有问题，有些问题也没有标准答案，本书为你提供了女性领导力的知识框架及女性榜样们的故事和观点，想要在思想上更加精进，还需要你主动思考，写下你阅读本书的心得，读书、读自己、读人生。

如果你希望深度了解女性领导力，我们建议你从第一章逐步阅读，因为这将有助于你建立全面的女性领导力认知框架。如果你碰到了人生面临重要转折、新任管理岗位、带团队碰到挑战、家庭出现冲突或希望建立社会影响，急于找到答案，我们建议你直接跳到第三章。如果你家里有孩子，希望了解你的孩子是否具备领导力潜质，希望学习孩子的领导力培养方法，我们建议你直接阅读第四章。

六、领导力性别差异的未来

对于领导力是否存在性别差异，回答众说纷纭，我也观察和思考这个问题多年，却不敢说这些思考和认知是否正确。领导力是一门复杂深远的科学，本书观点仅代表我在现阶段的认知水平。世界是发展的，人的认知也随之不断更新。突如其来的新冠肺炎疫情在本书完稿过程中，让我惯常的工作和生活方式被彻底改变，也许在本书出版之时，书中的一些内容已经发生了变化，但我们总有一些准则可以坚守，总有一些规律值得总结。去希望通过本书，对想在领导力之路上不断前行的女性分享三句话：

第一，培养自我觉察习惯，反思自己的认知盲点，突破思维定式。

第二，敢于行动，领导力是实践科学，先“干”为敬，越实践越成长。

第三，建立超越自我的社会情怀，承担改善未来女性发展环境的使命。

我也想借助这本书与有志于从事女性领导力研究和探索的读者交朋友，希望本书可以帮助女性拓展更高远的视野，拥有更加丰盈而有意义的人生。在此，我谨把蒲公英计划的口号送给大家：

影响有影响力的女性，让美好的人一起推动美好的事。

开卷有益，祝福每一位即将阅读本书的朋友。

第一章　女性领导力的缘起

开篇故事

蒲欣是一位医院中层管理者，为人热情，喜欢分享，经常在微信朋友圈分享正能量故事和美好的生活状态。她非常喜欢在蒲公英女性领导力提升计划的学习，和姐妹们的交流互动也让她拥有了更多自信心，但我们却没看到热爱分享的她在朋友圈分享自己的成长。她解释说："我分享过两次，就有同事私信我说：'你要成为女权主义者吗？'"还有人问她："你是想当院长吗？"蒲欣说："这让我有点紧张，我既不想成为女权主义者，也没有想当院长的强烈欲望。我不希望被同事误会，所以就不太敢分享学习女性领导力的相关信息了。"

在蒲公英计划的学员中，这样的故事并不是个案。为什么大家会对女性领导力"谈虎色变"？

开篇思考

1.女性领导力与女权是一回事吗？

2.领导力存在性别差异吗？

3.如果你具备更高层岗位的胜任力，你会提出晋升要求吗？

你因何选择这本书?

也许因为你是女性,正在经历带领团队或者自我突破的阶段;

也许你的上级领导是女性,你想了解如何才能更好地配合她的工作;

也许领导力在你的工作中正在或者将要发挥重要作用;

也许你对领导力是否存在性别差异充满好奇;

……

在我讲授女性领导力课程或者参加与女性领导力相关的研讨会和论坛时,通常会碰到两个绕不开的问题:

领导力存在性别差异吗?为什么要提出女性领导力这个概念?

女性领导力是女权吗?它们之间是什么关系?

对于第一个问题的回答,通常有两派观点。一种观点认为领导力不存在性别差异,无论男女,只要身为领导者,能力和素养要求都是一样的。哈佛大学前校长德鲁·吉尔平·福斯特(Drew Gilpin Faust)从2007年就职的那一天就一直强调:"我是哈佛校长,不是哈佛女校长。"另外一种观点则认为领导力存在性别差异,并列举了男性领导者和女性领导者的行为差异,比如女性领导者比较感性、包容、细致、善于沟通、关注关系;而男性领导者则比较有全局观和战略思维、处事果决、快速行动、有前瞻性等。

对于第二个问题,我们从开篇故事看到,女权在很长时间内被看作是个贬义词,不少人认为女权主义者是一群女性野心家和偏激的女性群体,所以,当女性领导力被认为是女权时,很多女性自然而然会回避,因为她们不想被贴上女权主义者的标签,她们的家庭也不支持她们成为"这样"的人。

作为全书的开篇,本章的目的是要理清几个概念,女权、女权主义、女性领导力,以及它们之间的关系。

第一节 女权主义与女权运动

美国作家贝尔·胡克斯(Bell Hooks)在《激情的政治》[①]中提到:“女权主义是一场结束性别主义(sexism)、性别剥削(sexual exploitation)和性压迫(sexual oppression)的运动。”它清楚地表明了这个运动不是反对男性的运动,而是追求性别平等的运动。

一、西方女权主义发展

女权主义的提出最早是从欧洲开始,英国作家玛格丽特·沃特斯在《女权主义简史》[②]中详细介绍了女权主义的发展历程。欧洲女性最初为自身性别发出呐喊是在宗教框架下,虽有反对声音,但在一段时间里,各种独立教会还是允许女性就教会事务进行公开辩论和投票。

玛丽·阿斯特尔(Mary Astell)被认为是英国最早的真正的女权主义者之一,也被认为是第一个探究并维护关于女性思想的英国作家。后来更多的英国女作家用她们的作品反映女性并非天生软弱,而是在智商、能力和思想上丝毫不弱于男性,只要能获得公平的受教育和工作机会,女性会表现得与男性一样优秀和独立。这些女作家被认为是具有女权意识的“亚马孙女战士”,其中玛丽·沃斯通克拉夫特(Mary Wollstonecraft)被尊为女权主义哲学的奠基人,她的《为女权辩护》出版于 1792 年,直到今天依然对女权主义的研究具有借鉴作用。

1791 年法国大革命期间,女性领袖奥兰普·德古热(Olympe de Gouges)就发表了《女权与女公民权宣言》,1848 年美国纽约州塞尼卡(Seneca Falls,

---

① 胡克斯.激情的政治:人人都能读懂的女权主义[M].沈睿,译.北京:金城出版社,2008.

② 沃特斯.女性主义简史[M].朱刚,麻晓蓉,译.北京:外语教学与研究出版社,2015.

New York)召开了第一次女权大会，女权研究者们普遍把这次大会定义为女权开始发展的标志性事件。西方女权主义在历史上经历过三次浪潮，也被称为女权发展史上的三次女权运动。

第一次浪潮发生在19世纪后半期至20世纪初，主要关注为妇女争取选举权、就业权和受教育权。

第二次浪潮发生在20世纪60至70年代，以维护妇女身体权利为核心，涉及婚姻家庭、生育与社会福利等各方面的权利，还开始了学术性的妇女研究。

第三次浪潮发生于20世纪90年代，相对于前两次浪潮，此次浪潮的提法和研究相对谨慎，互联网技术为性别平等带来了新机会，关注的话题主要是经济平等、政治平等和文化平等。

二、中国的女权运动进程

中国的女权运动从时间上也大致分为三个阶段：清末民初的女学启蒙阶段、五四新文化运动的妇女解放阶段和新中国成立之后妇女运动的国家体制化阶段。

第一阶段：清末民初的兴女学办女报。清末民初，随着“天赋人权”“自由”“平等”等思想由传教士传入中国，以梁启超、谭嗣同为代表的维新派男性开始接纳西方思想，在男性的推动下，也出现了一批兴女学办女报的女权活跃分子。在宋少鹏著的《“西洋镜”里的中国与妇女：文明的性别标准和晚清女权论述》[①]中，详细介绍了晚清时代中国的女权运动，何香凝、林宗素、陈撷芬、秋瑾等是清末民初活跃的支持女权思想的积极人士。

第二阶段：五四新文化运动与中国共产党领导下的妇女运动。19世纪20

① 宋少鹏.“西洋镜”里的中国与妇女：文明的性别标准和晚清女权论述[M].北京：社会科学文献出版社，2016.

年代至40年代,以陈独秀、鲁迅、李大钊等为代表的进步男性提出解放女性思想、维护女性权益和倡导女性自由的新观念。在中国共产党的领导下,妇女开始参与农村革命根据地建设,中国共产党于1922年通过了《关于妇女运动的决议》,提出为所有被压迫的妇女们的权利而奋斗。

第三阶段:新中国成立后的妇女运动。1949年,新中国成立后,通过法律规定了妇女在政治、劳动、教育等领域与男性享有同等权利。全国人民政治协商会议通过了具有临时宪法地位的《共同纲领》,以法律的形式赋予了女性包括经济权利在内的各项平等权利,并于1954年将其正式纳入国家宪法。

三、消除对女权的误读

在现实社会中,女权主义者不是一个讨喜的标签,她们通常被描述为激进、暴露、与男性对抗的形象。在中国,"中华田园女权主义"被用来描述越界和不受欢迎的女人,这些对女权主义的污名化来自将性别对立化的激进女权主义者的主张和活动。从历经两百多年发展的中西方女权运动中,我们可以看到数百年来女性在争取独立和公平道路上做出的努力,看到进步思想对女性社会地位和性别平等的推动。所以片面地把女权视作对男权社会的挑战,把女权主义者看作是一群偏激的野心家,其实是对女权及女权主义的误读,真正的女权主义不是要压倒男权,而是在性别还未达到平等的社会现实下,对包括婚姻、受教育、就业、政治参与等一系列公平权益的追求和主张,是值得全社会共同努力达成的社会文明和公平的目标。

联合国秘书长安东尼奥·古特雷斯2022年3月15日在妇女地位委员会第66届会议会外活动"性别平等之友小组"上发表讲话①,重申了联合国对世界各地妇女平等的承诺。他指出:"在新冠肺炎疫情中,妇女失去了工作,工作

① 古特雷斯.联合国正在朝着实现完全性别均等的方向前进[EB/OL].(2022-03-15)[2022-03-20].https://news.un.org/zh/story/2022/03/1100562.

时间减少，并承担了更多的护理和家务工作。妇女和女孩获得与该大流行病有关的社会保护或收入支持的可能性远远低于男子和男孩。而这进一步扩大了不平等，加剧了贫困和对妇女与女孩的暴力，并使妇女在就业、健康和教育方面的进展倒退。这些下降是系统性的，而且是全球性的。”

世界经济论坛的最新报告发现，现在需要 135.6 年才能消除全球范围内的性别差距，新时代赋予了女权运动新的使命，安东尼奥·古特雷斯在《我们的共同议程》报告中提出了五项关于性别平等的变革行动：

- 废除所有性别歧视性法律；
- 在各级决策中促进性别平等；
- 促进妇女的经济参与；
- 更多地纳入年轻妇女并倾听她们的声音；
- 实施国家应急计划，以防止和结束基于性别的暴力行为。

延伸思考

1.在此之前，你是否关注过女权运动？

2.你害怕被贴上女权主义者的标签吗？

3.为什么女权主义者不讨喜？你有什么建议？

第二节　女性领导力的提出与研究

随着女性社会地位的不断改善，女性逐渐开始在政治、经济、教育、健康各领域的各类组织中担任领导者角色，女性领导力在这样的背景下应运而生。从前文对女权的介绍我们知道，女性领导力与女权的发展有相关性，但女性领导力在概念上并不等同于女权。女权是指女性为自身争取平等权利的活动和主张,而女性领导力是指女性担任领导者所要具备的素养、品质和综合能力,没有女权主义的兴起和女权运动的发展,女性连公平的人权都不具备,更无从谈起领导力的发展。所以女权运动的发展为女性领导力提供了发展的外部支撑环境,而女性领导力的提升将帮助女性晋升到更高层级,令其拥有更多的话语权和社会影响力,并进一步推动女权运动的发展,加速性别平等的进程。

一、女性领导力的提出

对于女性领导力,我本人也经历了一个认知转变的过程。曾经很长时间内,我从未关注过领导力的性别差异,认为只要在领导岗位,无论男女,都需要具备战略眼光、决策力、前瞻性和洞察力等领导素质,也需要扶持他人并善于沟通,所以我不认为领导力存在性别差异。这样的认知一直持续到 2006 年,在我第一次为中国的女市长培训班讲授"领导力建设"课程时,女市长们的课堂讨论和反馈让我真切感受到她们面临的挑战与男性领导者的不同,开展工作的方式也有差异。在之后多次为女市长和其他女性领导者授课的过程中,我越来越感受到这种差异的存在,这些具体差异我们将在第二章"女性领导力开发的外在环境"和第三章"女性领导力开发的内在因素"中进行深度分析。在本章中,我们主要介绍提出女性领导力这一概念的背景。

(一)社会对女性领导者的期望值不同于男性

首先,让我们提出一个学术词汇——"性别刻板印象"(gender stereotypes),它是指由于传统社会对男女角色分工的固化认知而形成的性别偏见,有研究者也把这称为"社会性别认知"。"男主外女主内"的传统意识认为,女性应该更多在家庭内部发挥作用,而男性则应在社会外部打拼。在这样的传统视角下,形成了"主内"的女性因为家庭需要关怀和爱,被赋予了包容、温暖、细致等形象,而"主外"的男性因为需要开疆破土、征战沙场,而被认为具备勇气、决断力、宏观眼光等特质。大家带着这样的性别刻板印象看待处于领导岗位的女性，希望她们谦让内敛、善于沟通、善解人意，当女性表现出一些比较硬朗的如勇敢、果决、抱负心等特质时，大家就会对这样的女性产生负面印象，会用贬义词去评述她们，如母老虎、女强人、女汉子，网络上还出现了“咆哮的观音”这样的词语，将这些女性列入敬而远之的行列。而当男性领导者表现出这些特质时，大家却不会用负面眼光看待他们，而是认为他们比较有领导力。所以，大家对男女领导的认知和期待上的不同导致领导力存在性别差异。

（二）性别对把握领导力成长机会的差异

在我们举办的女性系列高层次沙龙中，曾经有一次沙龙的主题是《女性觉醒》，主持人对在场的女性提出两个问题：

当您具备 60%的胜任力时，您是否主动提出晋升要求？

您是否害怕被别人称作女强人或者母老虎？

如果现在请你回答以上问题，你会如何回答？

沙龙现场大部分女性的回答是，当感到 100%胜任时不会主动要求晋升机会，也不愿意被贴上女强人的标签，有些职场女性领导者还会刻意寻找机会展现自己作为女性温存优雅的一面。

在我的授课课堂上，我们多次讨论过这样的问题：

如果在您家里，有一个正在经历小升初或中考、高考的孩子，而此时您面临一次职业升迁的机会，但需要您到外地去工作一年，您会如何选择？

现场只有不到 30%的女性会选择抓住机会，大多数女性都会选择留在家里陪伴孩子经历最重要的人生考试。当工作和家庭角色冲突时，多数女性首先选择牺牲自己的机会而承担家庭责任。

当我继续追问：

如果面临选择的是您丈夫，您会如何抉择？

现场大部分女性会选择支持丈夫抓住机会，只有少数女性选择让丈夫留下来陪伴孩子。不知道这与您的答案是否一致？由此我们看到，即使作为女性，我们的选择都带有性别差异。女性在做这样的选择和决定时，并不完全是基于单纯的职业人，而是掺杂了女性身份的影响。性别刻板印象在很多方面潜移默化地影响着女性的决定和行为，而女性却往往不自知，这就是我在书中会反复提到的女性的“自我性别暗示”。

（三）高层领导者的性别比例差异

女性在能力上并不逊色于男性，但现实中担任高层管理者的数量和后备领导人才数量却明显少于男性，在第二章中我们会展示一些具体的调研数据。其实大量组织在选择领导者后备人才时，考量的标准并没有显著的性别色彩，这些标准衡量因素包括前瞻性、激情、专业能力，真诚待人、决断力、跨领域工作经历、受教育程度等。而往往是组织综合考察后发现，除特殊女性居多的行业外，大部分行业符合领导者后备条件的男性比女性多，加之大部分在任领导者是男性，在选人时带有更愿意用同性的倾向，甚至有些女性领导者在选拔管理者时，也会考虑女性的生育和家庭角色，更多给男性提供机会，这样的筛选使得男性入选的概率大于女性。另外，前面提到的女性为了家庭主动放弃晋升机会的比例大于男性，也导致了这样的后果。日积月累，男性在领导岗位的机会、数量、优势越来越大，而女性的劣势越积越多，导致越到高层，性别比例差距也越来越大。

（四）性别生理差异导致的行为差异，但该说法存在争议

“台湾中央大学”认知神经科学研究所所长洪兰在著名的科普视频网站TED上有一段比较流行的演讲：《脑科学揭露男女思考的秘密》[①]，分析了男女大脑的差异导致的情绪模式和行为的不同，洪兰在演讲中介绍，女性的脑部结构使得女性更容易用语言的方式表达情绪。由于荷尔蒙的关系，女性对于人

---

① 【TED】脑科学揭秘男女思考的秘密[EB/OL].(2017-09-06)[2022-02-22].https://V.99.com/x/Page/h0546fh44fi.html.

脸上的表情以及语言方面的辨识比男性快很多，而与情绪、动机、睡眠、记忆息息相关的血清素的分泌不同则会影响男女对于焦虑、抑郁等负面情绪化解的能力。男女间的生理结构、内分泌差异会影响解决问题的思维模式和状态，从而导致领导行为的性别差异。

但是性别生理差异会带来认知和行为差异的观点存在争议，在第三章我们专门邀请了脑神经科学和认知学的专业人士接受我们的访谈，进一步从脑科学和认知学的最新研究成果分析性别的生理差异是否对认知和行为构成显著影响。

二、女性领导力的研究

女性领导力概念被提出后，出现了针对女性的领导力发展的学术研究和实践探索。特别是互联网技术和社会化媒体的高速发展，赋予了女性前所未有的发展机会和话语权，释放给女性更多的自由时间和发展的可能性，女性拥有了更多的受教育机会和职业选择自主权，这为女性展示才华提供了更加广阔的空间。同时，随着女性领导者数量的增加，社会开始对女性领导者投以更多关注，女性领导力研究逐渐被重视。在探讨女性领导力研究之前，让我们首先对领导力的研究进程、主要学派和重要理论模型稍做介绍。

（一）领导力定义与研究学派

现实中，我们很容易观察到领导力的行为表现，但是对领导力的定义却很难统一。领导力专家约翰·安东纳基斯（John Antonakis）和大卫·V. 戴（David V. Day）在他们合著的《领导力的本质》一书中，为领导力下了这样的定义："领导力是一个根植于特定情境，并会对目标产生影响的，正式或非正式的过程，通常存在于领导者与追随者、追随者群体或机构之间。"①

---

① 安东纳基斯，戴.领导力的本质[M].3版.尹俊，朱桂兰，译.北京：清华大学出版社，2021.

两位专家把领导力研究划分为9个主要学派(见图1-1),按时间和产出对这些学派进行了分类,时间是指各学派出现的时间,产出是指其在特定时间吸引了多少人的关注。本书第三章将会对其中的特质学派、行为学派、权变学派、情景学派和关系学派进行介绍。

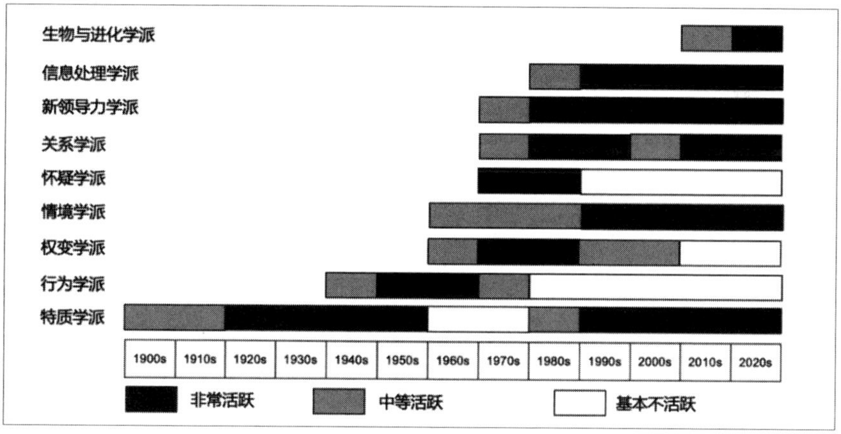

图1-1 领导力研究简史与未来展望

(二)女性领导力研究现状

在英语表述中,与女性领导力对应的有两个词,这两个词也对应着两种含义,Women Leadership 更聚焦生理性别本身的差异,而 Female Leadership 则更多指向女性特质的领导力,如共情力、善于倾听、成人之美。对于女性领导力的研究,很多的学术文章和书籍是从女性领导者面临的性别不平等的社会现实环境出发,探讨如何应对性别刻板印象和传统社会分工给女性带来的职场挑战、玻璃天花板、家庭冲突的,并给女性领导者提供心理建设、自信塑造和能力提升的方向和路径。美国哈佛大学肯尼迪政府学院教授芭芭拉·凯勒曼在《女性领导力:现实与挑战》一书中[①]探讨了性别刻板印象给女性领导者带来

① 凯勒曼.女性领导力:现实与挑战[M].上海:东方出版中心,2012.

的影响和危害,通过对政治环境和职场环境进行分析,探讨了女性领导者的经验和教训,提出了应对的方法和女性需要提升的能力素质。

国内关于女性领导力的研究相较西方国家还处于起步阶段,大学学者、专家关于女性领导的研究主要是以特定领域或特定人群为研究对象的案例研究,国家行政学院政治教研部出版的《女性领导力案例集》的第一辑①和第二辑②,就是基于中组部和全国妇联在国家行政学院开设的女性领导力专题研讨培训班的学员案例研究。

(三)领导力素质模型

素质模型(Competency Model)又称胜任力模型,由美国社会心理学家戴维·麦克利兰(David C. McClelland)提出。素质模型的提出源于为美国国务院驻外服务官员的选拔项目,当时的主要考察指标包括智力、学历、文化背景知识和外交专业知识,但依据这些指标测试结果选出的人才被外派后的工作绩效并不理想,麦克利兰受邀设计有效的指标体系。麦克利兰带领研究图队采用了关键行为事件访谈法(Behavioral Event Interview, BEI)来提取评价因子,为美国政府建立的驻外联络官素质模型,其中包含三种核心素质:跨文化的人际敏感性、对他人的积极期望、快速进入当地政治网络的能力。

1973年,麦克利兰在《美国心理学家杂志》(*American Psychologist*)上发表了著名的《测量素质而非智力》一文,提出素质是人的潜在特性,包括:自我形象、社会角色、特质、动机。素质在国内也被称为胜任力,这些潜在特性比知识和技能更能有效地预测一个人未来的工作绩效。为了更加形象和清晰地表达这些因素如何发挥作用,素质模型也被描述成一座冰山,冰山分为水上和水

① 国家行政学院政治学教研部.女性领导力案例集(第一辑)[M].北京:国家行政学院出版社,2016.

② 国家行政学院政治学教研部.女性领导力案例集(第二辑)[M].北京:国家行政学院出版社,2017.

下两个部分。水上的部分是表象特征,指的是人的知识和技能;水下的部分是潜在特征,主要指的是社会角色、自我概念、特质、动机等,这部分特征越到下面越不容易被挖掘与感知(图 1-2)。

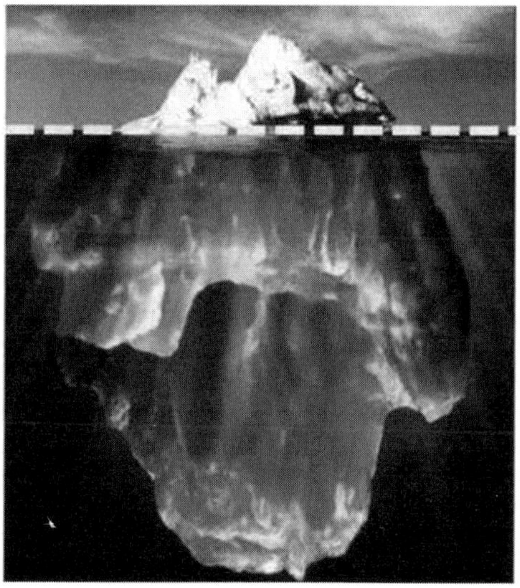

图 1-2　冰山模型

麦克利兰的素质模型对他所处的时代乃至今天的人才选拔产生了巨大的影响,改变了传统人才的选拔标准,他提出,除专业知识和技能外,人才选拔更要考察潜在素质。尽管各行各业的领导力素质模型的研究项目很多,女性视角的领导力模型并不多见,虽然我们前面探讨了领导力是否存在性别差异目前还不能得出明确结论,但在当今对女性担任领导者还存在社会偏见的情况下,关注女性领导者面临的现实挑战,建立能够反映女性领导者角色的素质模型,还是具有非常重要的意义。

(四)重心平衡型女性领导力模型

重心平衡型女性领导力模型(图 1-3)是由麦肯锡公司高级合伙人乔安娜·巴斯和麦肯锡公司旧金山办事处的组织咨询顾问苏西·克兰斯顿在负责

女性领导者培训计划时共同研发的，项目过程和成果被写进了《打造完美女性》[①]一书中，重心平衡型女性领导力模型把女性领导力的独特之处归结于三个维度：

工作：包括个人意义和责任；

成就：包括发展天赋以及强烈的归属感；

快乐：书中提出的女性发展素质模型体系结构如下：发现意义、分析形势、建立联系、积极投入和管理精力。

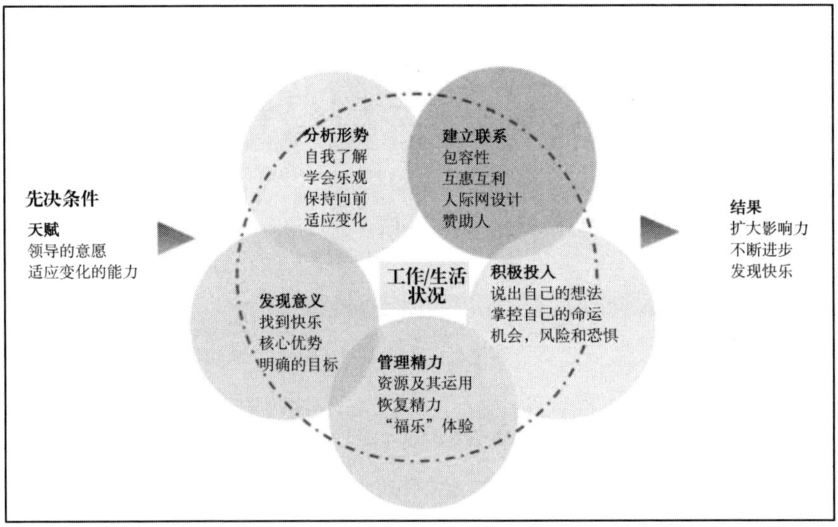

图 1-3 重心平衡型女性领导力模型

该书认为，对重心平衡型领导力模型的体系结构如下：

发现意义。意义激励女性领导者引领自己的事业，保持乐观精神，发挥积极情绪，让她们能够以创新、深刻的方式发挥领导力。

分析形势。要不断追求领导力、发挥领导作用，女性领导者必须准确地估

---

① 巴斯，克兰斯顿，刘易斯.打造完美女性[M].王茜，译.北京：机械工业出版社，2010.

量形势，避免陷入情绪的恶性循环，不断推进、适应并执行策略。

建立联系。没有人可以单枪匹马闯天下。女性领导者懂得建立有益的人脉，发掘“赞助人”和追随者，热情、友善地与同事及支持者合作。

积极投入。为抓住机遇，成功的领导者勇于承担风险。她们懂得表达自己的观点，同时也具有战胜恐惧的能力。

管理精力。要取得长期的成功，女性同时还要顾及家庭和社会责任，女性领导者懂得学会管理自己的精力储备，发掘“福乐”体验。

重心平衡的领导力模型的先决条件是领导者必须拥有一定的天赋、领导意愿和适应变化的能力，通过对上述五个要素的平衡掌握，帮助女性领导者达到扩大影响、不断进步和发现快乐的成长目标。

延伸思考

1.在阅读本书之前你对领导力素质模型了解吗？

2.在你的理解中，领导力是什么？不是什么？

3.麦克利兰的领导力素质模型对你有什么启发？

4.你同意重心平衡型模型对女性领导力的描述吗？

第三节　本书对女性领导力的研究路径

我于2014年创办了蒲公英女性领导力提升计划（书中简称蒲公英计划），通过对超过千名女性的领导力培养，积累了一定的实践经验，也让我有幸进入中国教育部哲学社会科学研究重大攻关项目“高等教育大众化与媒介融合时代精英女性培养与领导力提升研究”专家组，并负责“女性领导力与终身教育”

子课题。本书的女性领导力访谈对象大部分来自蒲公英计划的学员，女性领导力模型的提出也是基于蒲公英计划的实践和观察，本书对于女性领导力的研究有三条路径：

第一条路径是基于蒲公英女性领导力模型，对于女性领导者进行测评，对于女性领导力成长的内部因素进行定量研究；

第二条路径是基于蒲公英女性领导力外部环境评估模型，对于影响女性领导力成长的外部环境进行定量研究；

第三条路径是我和本文另一位作者、芬兰坦佩雷大学信息技术与传播学院传播科学系主任、媒体史与性别新闻学评论专家伊瑞斯·若霍博士一起制定的定性研究计划，通过访谈中国和芬兰的政治领域、教育领域和商业领域的女性领导者，对第一手的女性领导力实证信息进行定性研究。

一、蒲公英女性领导力素质模型

中西方的女性面临的社会环境和文化背景不同，使得西方的女性素质模型不能被照搬照抄用于中国女性。蒲公英女性领导力素质模型的研究对象是年龄在 30—50 岁的优秀女性，她们处于事业的上升期和个人思维多元化阶段，同时这一阶段也是家庭中孩子抚育的关键期，个人、事业、家庭经常交织在一起，常常会让女性产生角色冲突而面临挑战和压力。通过对来自政府、大学及科研院所、公共服务组织、企业超过千名女性领导者学员在领导力学习和实践中行为的观察，并采用关键行为事件访谈法进行访谈追踪，历经 8 年，不断修正和完善指标体系，最终形成了如图 1-4 的蒲公英女性领导力素质模型。

蒲公英女性领导力素质模型构成：

一级指标，也称维度，由 4 个维度组成，分别是突破自我、带领团队、建设家庭和影响社会。这 4 个维度为女性构建了一个全视野的均衡发展体系。

二级指标，也称素质，每个一级指标（维度）包含两个构成要素（素质），共计 8 个素质。

三级指标,也称关键行为,由 24 个关键行为构成,行为又分成正向行为和负向行为,在学员进行测评时可以对照正向行为和负向行为给自己评分。

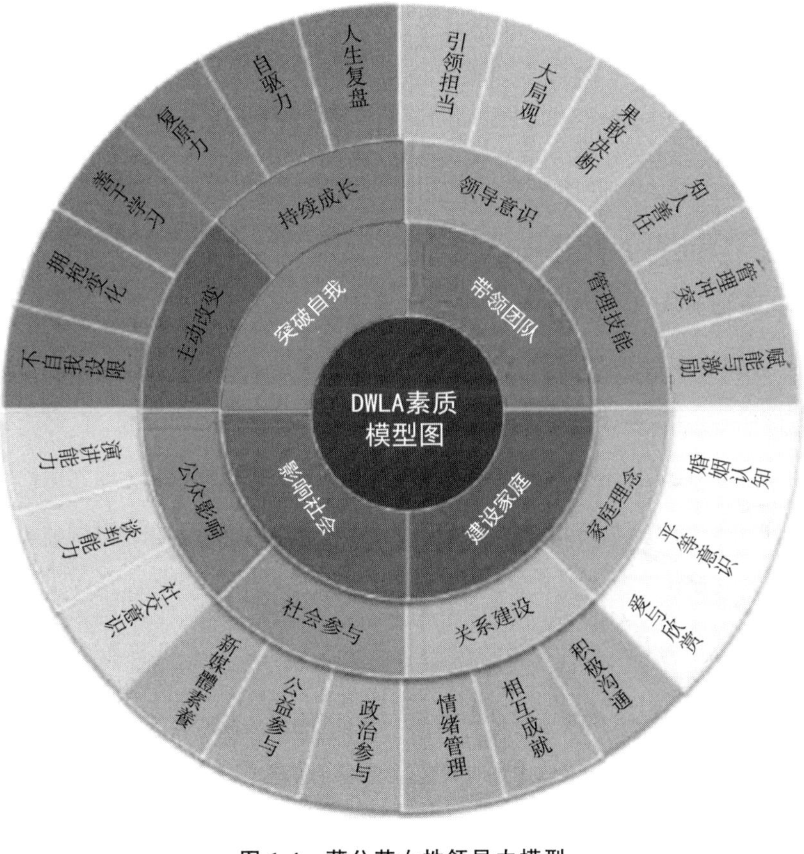

图 1-4　蒲公英女性领导力模型

(一)建模思路及进化

蒲公英女性领导力素质模型的建模初衷与前面介绍的重心平衡型女性领导力模型类似,是一个基于培训发展的实践应用型女性领导力模型。研究者还在蒲公英女性领导力素质模型的基础上开发了有针对性的领导力测评工具，用于对蒲公英计划的学员进行入学前测评，测评包含三个目的：

- 让蒲公英学员了解自己的领导力现实水平；
- 为每期蒲公英计划的课程设置调整做参考；
- 让学员学习之后将自己的领导力成长进行对比。

最初模型定位于为培训提供服务，而不是用于严格人才选拔的因子筛选模型，所以最初的建模是结合职场环境和领导力培训经验而成的，随着每一期学员的反馈和对她们的行为变化进行观察，蒲公英女性领导力模型经历了一个进化迭代的过程，我们会在本书第三章详细介绍模型指标的变化过程，以及我们对数据的拟合处理思路。

（二）蒲公英女性领导力开发外在环境模型

2020 年，我们设计了对女性领导力发展的外部环境评估模型，以便考察外部环境对女性领导力发展的影响。

外部环境分为三个一级指标，分别是社会环境、职场环境和家庭环境。

每个一级指标同样由两个二级构成。社会环境由社会观念和机制建设构成；职场环境由组织氛围和发展支持构成，家庭环境由家庭基础和家人支持构成。

每个二级指标又由三个三级指标构成，这样便形成了如图 1-5 的三级指标体系评估模型。

基于蒲公英女性领导力素质模型（领导力开发的内部因素）测评结果，我们将在第三章中进行分析，而对女性领导力开发外部环境的测评结果，我们将在第二章中进行分析。

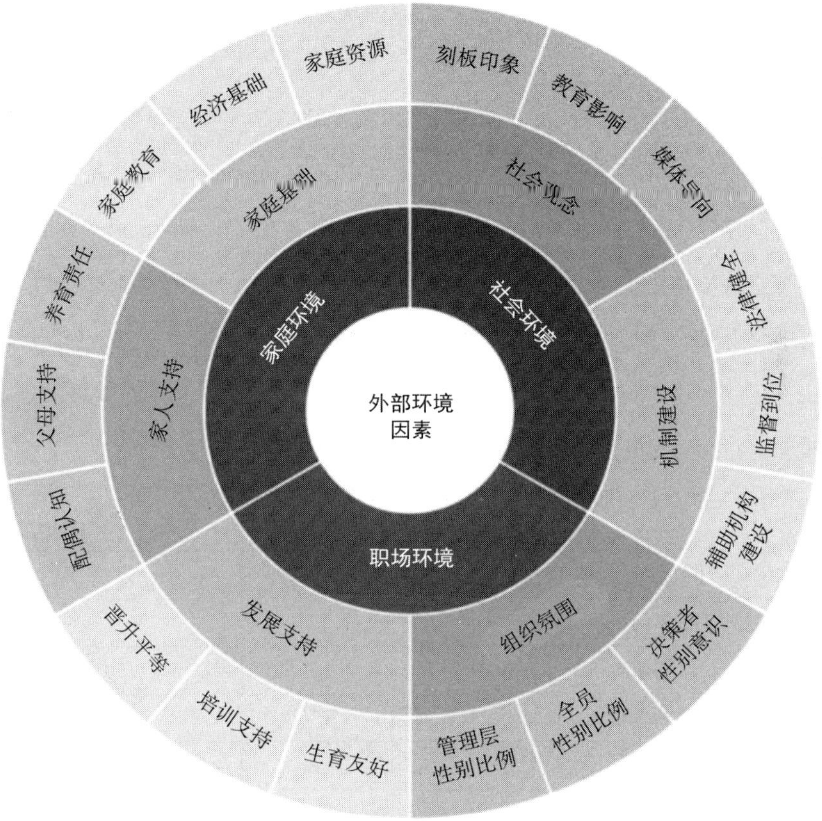

图 1-5　蒲公英女性领导力发展外部环境评估模型

二、女性领导者访谈

2016 年，为了完成这个课题，我开始了在芬兰坦佩雷大学的访问学者计划，与伊瑞斯·若霍教授一起设计了关于女性领导力研究的访谈提纲。我们以芬兰坦佩雷大学为调研基地，访谈了芬兰、挪威、瑞典和丹麦四个国家的政界、经济界、法律界、教育界的 19 位女性领导者，也访谈了在芬兰生活多年的中国人，重点聆听她们讲述在北欧工作、生活和接受教育等方面的感受，从不同角度、不同层面了解了政策和制度是如何支持女性工作、生活和学习的方方面面的。对她们在访谈中提及的有价值的信息,我专门到北欧各国官方网站进行了补充资料的搜集,以保证分析的完整性。

经过在芬兰的调研后,本课题的研究思路进一步完善。在若霍教授的建议下,回到中国后,我们对第三章的结构进行了修改,由于增加了蒲公英计划的女性领导力素质模型及测评结果,所以本书又增加了对国内的政府部门、公共事业单位和企业的63位女性领导者、教育专家和少数男性领导者的访谈,其中包含43名蒲公英计划“种子”(蒲公英女性领导力计划学员的特称),以期进行更深入的研究,发现新的经历、故事和观点,推动我们进一步思考外部环境和内在因素对女性领导力成长的影响。

表1-1　受访者信息统计

国别	中国	芬兰
政府部门	8	4
教育领域	14	13
公共服务单位	16	2
企业	17	0
其他	8	0
合计	63	19

(一)最初的访谈结构

在最初的访谈提纲中,我们对于问题的设计主要是想了解女性对于领导力的认知和在推动女性成为领导者的过程中,哪些因素起到了关键的作用、哪些环境和内在固有思维阻碍了女性领导者的成长,以及在当今时代,女性应该如何提升自我。访谈包含以下8个问题:

(1)请谈谈您对领导力的理解;

(2)请您用4个词汇描述您所在工作领域的领导者特质或行为;

(3)请谈谈作为女性领导者,您经历过的最困难的时刻是如何度过的?

(4)您所在的工作领域存在性别歧视或性别不平等现象吗?

(5)请谈谈您感受或观察到的性别平等法律、公共政策与社会福利对女性领导力发展的支持,以及您所期待的这些法律、政策与福利的改善方向;

(6)请谈谈在您的成长过程中,在幼儿园、小学、中学、大学的教育体系中,哪些内容和方式激发了您的领导潜力,哪些阻碍了您的领导力的发展;

(7)请谈谈作为女性领导者应该注意哪些行为(或者有哪些降低女性领导力的行为);

(8)试述互联网技术和社会化媒体快速发展为女性发展带来了哪些新机遇和新挑战,以及女性在这样的环境下应当如何成长和提升自己。

问题的设计和结果分析将会贯穿全书。问题1、2、3、7是在挖掘女性领导力发展的内在因素,我们将会在第三章进行详细分析,问题4和5是女性领导力形成的外在环境影响,我们将在第二章进行详细分析,问题6的调研结果将在第四章论述终身教育对女性领导力形成的不同阶段的影响时重点分析,问题8的结论将在第五章论述互联网时代女性领导力的新发展时进行综述。

(二)调整结构后增加的访谈提纲

后来,在本书的撰写过程中,特别是加入基于素质模型的定量研究后,我们对于蒲公英女性领导力素质模型的4个维度:突破自我、带领团队、建设家庭和影响社会又分别有针对性地提出了访谈问题。

第一,关于突破自我的访谈问题。

(1)请谈谈您是如何走上领导岗位的。

(2)谈谈您人生最困难的时光是如何度过的。

(3)自我突破会在什么时候发生?

(4)哪些行为会阻碍女性的自我突破?

(5)谈谈您对女性自我突破的建议。

第二,关于带领团队的访谈问题。

(1)您在带领团队过程中,是否碰到过因性别而导致的困难?您是怎么处理的?结果如何?

(2)女性带领团队有哪些优劣势?女性应如何发挥优势,避免劣势?

(3)带领团队时,你会回避冲突吗?

(4)如何带领不同的团队,比如90后团队或比你资深的“老人”团队?

(5)谈谈您对女性领导者带领团队的建议。

第三,关于建设家庭的访谈问题。

(1)你如何看待家庭在你生命中的位置?

(2)你如何看待伴侣、亲子、父母关系?

(3)你当下家庭和工作的主要矛盾或冲突是什么?你是如何解决的?

(4)要想既不放弃自我追求成就家庭,也不牺牲家庭成就事业,你认为应该怎么做?

(5)谈谈您对女性领导者家庭建设的建议。

第四,关于影响社会的访谈问题。

(1)社会影响,这个话题离你远吗?

(2)女性影响社会有什么渠道和方式?

(3)阻碍女性影响社会的因素有哪些?

(4)谈谈您对女性影响社会的建议?

第五,关于大学生领导力培育的访谈问题。

(1)请谈谈你对领导力的理解,并用4个词描述你认为领导者应具备的特质或行为;

(2)你在大学期间上过哪些领导力课程?看过哪些领导力书籍?

(3)说说你参加过的领导力项目或社会实践项目,这些经历让你有什么成长吗？是什么？

(4)你认为女大学生领导力成长与男生有什么区别？

(5)讲讲在你的成长过程中，你的家庭、学校和其他人对你领导力成长的影响，哪些帮助了你的影响力发展？哪阻碍了你的领导力发展？

(6)你对大学生领导力培养有什么建议？

尽管以上访谈属于定性研究，但她们的故事、个人见解和观点具有很强的研究价值，让我们找到和发现女性在领导力发展历程的关键事件和影响因素，访谈的结果印证了蒲公英女性领导力模型的有效性，同时基于模型的测评结果，也对女性领导力的发展提出了结构化的框架指南。

延伸思考

1.你同意影响女性发展的蒲公英外部环境模型吗？你还有哪些补充？

2.你同意影响女性发展的蒲公英内部因素模型吗？你还有哪些补充？

3.你对本书的哪些访谈问题或模型指标比较感兴趣？

本章关键知识点小结

1.本章主要梳理了女权、女权主义和女性领导力的概念，提出女性领导力起源于女权的觉醒，但并不等同于女权。

2.介绍了女性领导力提出的背景与研究现状。

3.介绍了麦克利兰的领导力素质模型和重心平衡型女性领导力模型。

4.介绍了本书对女性领导力研究的三条路径：外部环境的定量研究、基于素质模型的内在因素定量研究和基于访谈的定性研究。

第二章 女性领导力开发的外部环境

开篇故事

蒲晨是一位在大学工作的中层干部，35 岁就被定位为学校后备梯队成员，他专业能力强，踏实肯干，工作多次得到同事好评和领导认可，前途一片光明。但从 35 岁到 45 岁，她却遭遇了职业生涯中的“艰难十年”。这期间她曾经有过三次晋升到更高层级的机会，但都没有成功。45 岁时的一次晋升机会，校领导在她和另外一位男同事之间权衡了很久，最后还是选择了那位男同事，原因是校领导大多是男性，出差和开展工作更便利。虽然国家有明确的法令法规，禁止职场中的性别歧视，但是现实情况下隐性性别歧视依然存在，因性别原因而导致女性在职业晋升之路上遭遇“玻璃天花板”和“艰难十年”的现象并不少见。

开篇思考

1.你曾碰到过工作中的性别不平等现象吗？

2.影响女性领导力发展的外部环境包括哪些？

3.如何才能突破女性职场中的性别不平等困局？

女性领导力发展的影响因素包含主观和客观两个方面,主观因素来自内在的自我认知,而客观因素来自外在的环境影响。长期以来,女性都一直被教育通过自身努力去赢得社会尊重、地位和家庭工作的平衡,但现实下的职业女性却在这条路上走得非常艰难,我们期待一个公平友好的外部发展环境,一个可以让女性领导者施展才干的公平舞台,但我们却不得不面对当今环境下的性别偏见。

而在我们的访谈中,多数受访者也提到,比起她们自身的努力,外在的发展环境对女性的发展影响更大,女性参与政治、经济、教育、法律等社会活动的公平机会和话语权影响着女性的发展空间和晋升机会,只有拥有社会参与权,女性才有在社会上展示才华,以及随之而产生的领导力锻炼和发展的机会。本章中,我们将讨论社会环境、职场环境和家庭环境对女性领导力发展的影响,让女性对发展环境保持全面、清醒而客观的认识,只有这样,女性才能在成长为领导者的道路上做好充足的心理准备,不抱怨,不气馁,找准方向,坚韧前行。

第一节　女性领导力发展的社会环境

女性领导力发展的社会环境主要是指与性别平等相关的国家层面的法律、政策和制度,具体包括政治选举与参与权、受教育公平权、经济领域同工同酬的公平权利、分担女性家庭负担的公共福利政策等。

一、全球视野下的女性社会环境

世界经济论坛每年发布的《全球性别差距报告》对于女性的社会地位进行了综合展示,而联合国妇女署与各国议会联盟每两年会发布一次《女性参政地图》,对政治领域内女性领导者的比例进行排名。前者让我们了解了女性面临的社会环境，后者让我们了解了全球女性领导者的比例情况。

（一）全球性别差距报告

《全球性别差距报告》由世界经济论坛发布，首次报告于 2006 年在瑞士发表，其后每年发表一次。报告的评估指标体系由政治赋权、经济参与和机会、受教育程度、健康及生存状况构成，报告综合反映了全球范围的女性社会地位与男性的差距，虽然不是女性领导力的评估报告，但比较综合地反映了全球女性发展的社会环境。

2021 年 3 月 31 日发布的《2021 年全球性别差距报告》①显示，由于新冠肺炎疫情持续产生影响，实现全球性别平等所需的时间已经从 99.5 年增加到了 135.6年。报告指出，一些大型经济体和几大行业在推动性别平等方面停滞不前，部分原因在于女性最常从事的行业最容易受到疫情封禁措施的影响，也在于女性需要承担更多照顾家庭的压力。2021 年的性别差距报告显示，男女主要在以下四个衡量指标上存在差距。

（1）政治赋权差距。在被评估的 156 个国家里，有 81 个（超过半数）国家没有女性担任过领导人，在另外 17 个国家中，过去 50 年女性执政时长少于 1 年。收录的 156 个国家中的共 35,500 个议会席位里，女性只占 26.1％。全球 3,400 名部长中仅 22.6％为女性。

（2）经济参与和机会差距。在报告所涵盖的国家样本中，41％的高级职位的专业人员是女性，女性担任高级职位的中位数为 33％，妇女在管理和获得资产或金融服务方面也处于严重不利地位，报告中 74％的国家的妇女在获得银行账户方面受到限制，而在 81％的国家中，还有妇女无法拥有完全的继承权。

（3）教育程度差距。全球 40.6％的女性接受了高等教育，64 个国家（超过

---

① 世界经济论坛. 2021 年全球性别差距报告［EB/OL］.（2021-03-31）［2022-02-23］. https://www.weforum.org/reports/ global-gender-gap-report-2021.

被评估国家和地区数的三分之一)在教育领域基本实现了性别平等,但是仍有很多国家或地区对女性教育投资不足,主要体现在初等教育和中等教育方面。

健康与生存差距。在所有参加评估的国家中,在健康方面都已经消除了超过93%的性别差距,其中56个国家已经实现了健康与生存方面的性别平等。

2021年的报告还显示出女性存在差距的新特点:

女性受疫情影响更大。与男性相比,女性失业率更高(根据国际劳工组织统计数据,男性失业率为3.9%,女性失业率为5%),这主要是因为在消费行业等直接受到疫情封禁措施影响的行业中,女性的就业比例要高得多。报告指出,市场研究公司益普索(IPSOS)的数据显示,随着社会看护机构的关停,照顾家庭、孩子和老人的重任更多地落到了女性身上,加大了女性的家庭压力,降低了她们的工作效率。

未来就业机会领域女性比例偏低。比如云计算,女性就业者占比仅为14%,在工程领域比例为20%,在数据和人工智能领域为32%。

疫情加速加剧了女性既要工作又要照顾家庭的双重压力,降低了她们的再就业机会和收入。所以,在未来疫情依然严峻复杂的情况下,在推动经济复苏的同时实现性别平等将是重中之重。报告也提出了一些努力消除性别差距的建议,包括:加大对医护行业的投入力度,为职业男性和女性提供同等的护理假;采取相关政策和做法,积极、重点解决职业中的性别隔离问题;实施有效的职业中期技能开发政策,满足女性的就业需求;以及采取稳健有效、毫无偏见的招聘和晋升管理制度等。

(二)妇女参政地图

《妇女参政地图》由联合国妇女署与各国议会联盟联合发布,就女性在政府立法和行政部门所占比例对全球各国进行排名,于2005年第一次推出。

2020年3月10日发布的《2020年女性参政地图》[①]显示，女性在政治决策中的代表性继续增加，但速度还是比较缓慢，四分之三的议会席位仍由男性占据，《2020年女性参政地图》主要展示了以下内容：

女性国家元首。21个国家有女性国家元首和政府首脑，截至2020年1月1日，当选国家元首中女性占6.6%(152人中有10人)，政府首脑占6.2%(193人中有12人)，其中两个国家(玻利维亚和瑞士)的国家元首和政府首脑是同一人。

女性部长。女部长比例为21.3%(4003人中有851人)，越来越多的政府拥有性别均衡的内阁。14个国家的部长职位中，女性占50%或更高，另有16个国家的女部长比例超过40%，西班牙和芬兰女性占部长席位的60%以上，芬兰是唯一一个同时拥有男女平等内阁和女性政府首脑的国家。

女性议长。2020年，女议长比例增长到20.5%(192个国家278个议长职位中有57个)，这是25年前联合国北京会议启动其开创性的两性平等行动计划时女议长人数的两倍。

《2020年女性参政地图》显示，拥有女性国家元首和政府首脑的国家数目，以及部长、议长和议员的女性比例在2020年都创下了历史新高，但女性在各级权力中的代表性仍然不足。

国家元首方面。虽然21个国家有女性国家元首和政府首脑，较2019年的19个国家有所增加，但占比仍然不到世界国家和地区的十分之一。

部长方面。自2015年以来，内阁中没有女性代表的国家数量首次下降到个位数，但男性继续主导重要部长级职位，女性仍然只能主导家庭和社会事务部，由女部长领导的财政和预算部只有25个，国防部只有22个，仍有9个国家没有女部长。

---

① 世界女性参政：有进步，仍缓慢[EB/OL].(2021-03-19)[2022-02-25].http://www.women.org.cn/art/2020/3/19/art_23_164075.html.

议长方面。女议长占到了五分之一，不过，与2019年相比，女副议长的比例下降了3个百分点，至25.3%，四分之三的议会席位仍由男性占据。2019年，7个国家首次有了女议长。

只有女性担任领导职务，才会为女性的权益投入更多关注和发出更多呼吁，在《2020年女性参政地图》发布会上，联合国妇女署执行主任努卡发言说："更多的女性担任高级政治决策职务，会制定有利于整个社会的政策。妇女和女童对变革已等得极不耐烦，我们呼吁各国领导人和议会议员采取必要行动，确保她们的声音被倾听，她们的优先事项被考虑。"

2022年3月8日国际劳动妇女节当天，联合国秘书长安东尼奥·古特雷斯在致辞中也表示："要采取性别配额等有针对性的措施，让妇女的思想、经验和领导力在各项决策中发挥作用。在男性处于支配地位的世界和男性主导的文化中，性别不平等本质上是一个权力问题。必须转变权力关系。我们需要更多的女性环境部长、商界领袖、总统和总理。她们可以推动各国应对气候危机，发展绿色就业，构建一个更公正、更可持续的世界。"①

二、北欧国家的性别平等法律与相关政策

北欧国家的性别平等也取得了不俗的成绩，然而这些成果绝非一朝一夕，其中国家及立法层面的政策法规的先进性和执行力度是性别平等得以实现的坚实基础。以下我们将对北欧国家的性别平等相关政策略做介绍。

（一）北欧国家的性别平等政策法规

瑞典。1974年，瑞典开始推行育儿津贴。1980年，平等机会监察专员办公室成立。1998年，《保护女性免遭暴力法》出台。2002年，育儿假增加到480天，父母双方各享有为期两个月且不可转让的育儿假福利。2008年瑞典签署

① 联合国庆祝国际妇女节：今日性别平等助力明日可持续发展[EB/OL].(2022-03-08)[2022-02-26].https://news.un.org/zh/story/2022/03/1100222.

《瑞典反歧视法》,要求拥有 25 名以上员工的公司,每年必须调查公司内部的薪酬性别差异,对于差距过大且没有采取改善行动的公司,政府将处以罚金。瑞典政府也将自己定义为“世界上第一个女性主义政府”。这意味着国家将推动性别平等列为优先事项,以便在政策制定和资源分配上确保投入。

丹麦。1976 年,丹麦制定了男女同工同酬的法律。第一部平等就业法在 1978 年通过。2000 年制定了劳动力市场之外的《两性平等法》,设立性别平等事务大臣,国家和地方政府有义务每年向性别平等事务大臣提交两次性别平等报告。

挪威。1979 年 3 月 15 日实施的《性别平等地位法》,对性别平等问题做出了具体规定,规定涉及就业、教育、政治、家庭生活等方面。为切实保障《性别平等地位法》的实施,挪威政府还设置了专门的监管机构——平等事务专员和平等地位上诉委员会来保证法律的执行。《性别平等地位法》第 21 条明确规定:“官方机构任命或者选举由 4 位以上成员或更多成员组成的委员会、董事会、理事会时,男女各自代表的比例应当至少为 40%,这一规定同样适用于立法机构的代表组成。”挪威各个主要政党包括执政党在内,明确规定政党候选人中至少应有 40%是女性。

芬兰。1972 年成立两性平等理事会。1980 年,芬兰实现了第一个政府性别平等计划。1987 年生效的《性别平等法》禁止基于性别的歧视,性别平等事务督察处负责监督《性别平等法》的实施。在芬兰,儿童的抚养和家务工作由男女共同承担。女性上班或学习,无须征得配偶或父母的同意。法律也规定了职场上的男女平等,职场中应对男女给予无差别待遇,禁止性别歧视。另外,《姓名法》允许女性在结婚后依旧保留自己的姓氏,孩子可选择父母姓氏中的任何一个。2017 年 3 月 1 日,《性别中立婚姻法》生效,新法律还允许同性伴侣收养子女。芬兰的性别平等辩论现在已经延伸到了儿童早期教育和学校话题上。

冰岛。冰岛的性别平等进程中,最著名的是三次女性运动和女总统的任职经历。1975 年 10 月 24 日,2.5 万名冰岛妇女开展薪酬不平等集体抗议游行。一年后,冰岛通过新版《平等法案》,规定男女如果从事同等价值的工作,必须被支付相同报酬。1980 年,冰岛诞生了全球首位民选女总统维格迪丝·芬博阿多蒂尔(Vigdis Finnbogadotir),这位女总统之后又当选了三次总统,直到 1996 年退休。冰岛还拥有世界上第一个女性政党——“妇女联盟”。越来越多的女性被选入国会。2005 年、2008 年、2016 年,在 10 月 24 日同一天,冰岛女性三次走上了街头,为薪酬平等和工作时间平等开展罢工活动。在冰岛,近 80%的妇女有工作,由于有强制配额,上市公司近半数的董事会成员为女性。

(二)北欧国家女性发展的社会环境访谈

北欧各国一直在《全球性别差距报告》和各种女性地位排名的报告中名列前茅。本书作者若霍教授介绍了芬兰国家领导人中的女性情况。

芬兰在 2000 年就拥有了第一位女总统塔雅·哈罗伦(Tarja Halonen)。三年后,安勒妮·雅特玛基(Anneli Jatenmaki)成为芬兰第一位女总理。2013 年,有着“铁娘子”绰号的保守党领袖埃尔娜·索尔贝格成为挪威历史上第二位女首相。2019 年 12 月 10 日,34 岁的芬兰社会民主党主席桑娜·马林(Sanna Marin)宣誓就职总理,成为芬兰历史上,也是当代世界上最年轻的现任总理。马林是芬兰第三位女性总理,她领导的五党联合的政治联盟中,五个政党领袖均为女性,其中四人都不到 35 岁,都是 80 后,这是当今世界上由年轻女性组成的最新政党联盟。[①] 这不仅标志着芬兰女性政治地位的再一次提升,也让我们对芬兰未来的国家治理年轻化和对女性的友好充满期待。此外,芬兰议会现有 200 个议席,在 2019 年年初的议会选举中,女性议员增至 93

---

① 程靖.34 岁的芬兰女总理背后:5 名女性党首,议会女性议员占 47%[EB/OL].(2019-12-10)[2022-03-01].http://PanOrama.eastday.com/P/n1193816/u1ai20214424.html.

人，比例高达47%。可以见得，在北欧国家中，女性担任领导人参政议政的机会更多，比例更大。

雅娜(Janna)是芬兰一家女性社会组织的负责人，曾获得坦佩雷大学的政治科学和性别研究的博士学位，访谈中，她介绍了芬兰性别平等相关法律："芬兰于1960年推出了女性生育相关保险，孩子出生之后有相应的社会福利，可以减免家庭开支。1986年，芬兰第一部性别平等法律颁布，该法案规定政府体系中应该有一定的性别比例，但由于约束性不强，这部法律没起太大作用。所以女性组织和女性政治家开始思考如何制定有约束力的法律，并对法案进行了修正。关于性别配额的法条在1995年出台，这条法律在全国公共机构和地方级市政机构中造成了影响，我认为他们影响了公众对女性领导人的看法，至少在政治上成了一种规范。芬兰从20世纪90年代开始，大约有40%的政府公职人员是女性。在芬兰，还有儿童保育法，规定女性在生育的前三年可以在家照顾孩子，三年后可以把孩子送进幼儿园，然后专心于事业。对于这项社会福利政策，公众曾有过激烈的讨论：为什么母亲要在家里待三年？职场女性的职业生涯停顿太长，就再也回不到之前的工作轨迹，这样的规定是否合理？在芬兰还有"母亲贷款"可以提供少量的家庭津贴，一般都是母亲使用，父亲很少用这种贷款。

芬兰全国妇女委员会秘书长特赫·赫尼娜(Terhi Heinila)说道："我在妇女委员会工作，工作环境中没有明显的性别歧视，但我们还有进步空间。例如，我们的议会选举，芬兰议会有200名成员，现在芬兰议会中女性议员已超过80人，占议员总人数的40%左右，我们还在努力，希望能让100名女性议员当选。我们也有为数不少的女部长，但不是在主要部门。总理、财政部部长和外交部部长被视为三个主要部长，这三个职位都由男性担任。三位议长中两位是女议长。最高级决策由总统、总理、其他两个主要的部长以及大部分政党领袖参与，这些决策者全是男性，最高水平的讨论只局限在男性之间，这不是好现象,我们把它称为‘全男性小组’。女性与男性在领导力方面并没有显著差异,女性可以成为很好的领导者,但令人遗憾的是她们却没有占据与男性一样的领导地位。女性领导者能取得不错的业绩,也往往具有更广阔的视角,还能给年轻女性和女孩树立好榜样。如果领导人中40%—50%都是女性,女性领导人拥有决定性发言权,也就是当我们同时拥有男性和女性领导人,我们就会得到更加正确的观点。”由于对赫尼娜的访谈是在2016年,在本书完成的2022年,赫尼娜期待的局面已经得到了部分实现。

2017年3月8日,芬兰在庆祝独立100周年之际,总理办公室正式宣告设立国际性别平等奖,该奖项表彰性别平等领域的工作,将颁发给那些以自己为榜样推进性别平等事业的模范个人。国际性别平等奖的基本宗旨是为进一步推动世界各地的性别平等事业搭建一个平台,为此该奖项将授予“性别平等事业的杰出捍卫者与建设者”。这个奖项最让我赞赏的做法是,获奖者并不直接领取奖金,而是指定一个推进性别平等事业的议题或行动,这笔奖金将被用于该项议题或行动。组织者希望,获奖者的选定以及获奖者开展的行动将为投资平等事业从而支持社会进步树立典范。国际性别平等奖是一个值得关注的奖项,部分原因与其内在的“团结”理念有关:甄选委员会致力于创建一个可持续的平台,以从全球各地的不同视角解决性别平等的问题。芬兰政府认为,当女孩们和男孩们见到过去男性一统天下的职业里有了女性楷模,性别平等就会成为他们世界观的组成部分。

北欧国家的性别平等发展成果绝非一朝一夕实现的,其中立法和国家层面的政策法规的先进性和执行力度是性别平等得以实现的坚实基础。瑞典斯德哥尔摩大学的雷利塔·弗雷顿凡尔(Lenita FreidenVal)教授是我们在芬兰举办“中国—北欧女性领导力分论坛”时认识的主旨发言人,是研究政治领域配额制的专家,她介绍说:“女性要改变社会地位,最重要的是要从政治入手,女性在政治上有了话语权和决策权,才能在法律、经济、教育、社会福利政策等方面享有性别平等的权利。而配额制分为法律规定的席位配额制、比例配额制和各党派自选配额制，女性议员比例较低最主要有两方面的原因：一方面是因为合格的女性候选者少；另一方面则因为选举的主体是男性，他们更愿意结成男性联盟，他们习惯性地要保有自己的地位而把女性排除在外。1995年北京世界妇女大会召开以后，有86个国家开始引入配额制选举的概念，有30个左右的国家开始在他们的政治选举名单中采用配额制，如瑞典、挪威、冰岛。"

三、我国女性发展社会环境的变化

九三学社中央参政党理论研究中心副主任方炎接受访谈时，为我们介绍了九三学社（民主党派）的基本情况："政策规定各级领导班子至少有一位女性成员，实际上，九三学社各个层次都做到了，有的领导班子中甚至女性多男性少。但到了高层，比如党派中央层级，女性确实偏少，女性高级知识分子（比如院士）的数量也偏少，比例较低，女性的领导能力得到锻炼的机会少，提高女性领导力也是我们九三学社支持蒲公英女性领导力提升计划的初衷。"

访学结束回国后，我曾向九三学社中央副主席、时任九三学社中央妇工委主任印红做了汇报，我特别详细地介绍了北欧国家的政治参与和配额制度对提升女性社会地位的影响。可喜的是，恰逢印红主席和各民主党派女性领导者正在酝酿2017年的"两会"提案，其中也有女性领导干部的配额制方面的内容和建议。2017年，由印红副主席牵头，多名全国政协委员联名在全国"两会"提出了"推动民主党派女性成员参政比例提高"的提案。"从1990年到2012年的22年间，民主党派女性成员的数量从9.7万增加到42.1万，增长了3.3倍，在党派中的相应占比从29.4%上升到了44.0%，女性已日益成为民主党派中的重要力量。与之形成反差的是，民主党派中央委员会中女性成员的增长比例明显偏低。近三届民主党派女性成员在中央委员会中的比例基本保持在20%—25%之间，而且组织内层级越高，女性占比越低。这种格局直接导致女性成员难以充分发挥建设民主党派的作用。建议国家顶层设定推进女性参政的战略目标,明确并逐步提高女性参政的配额。参照人大、政协经验,实施民主党派女性参政配额制,逐步推进女性成员进入党派领导决策层的比例,与党派成员女性比例趋近平衡。在民主党派换届年,如果在换届政策的制定与执行中明确提出女性成员具体比例要求,将切实改变民主党派中央委员会中女性比例偏低的现状。"

由此可见,中国女性领导力发展的社会环境在社会各界人士的努力下,正在逐步改善的进程中,我们对受访者提出了如下问题:"请谈谈您感受或观察到的性别平等法律、公共政策与社会福利对女性领导力发展的支持,以及您所期待的这些法律、政策与福利的改善方向。"我们希望通过访谈,全方位了解我国女性在性别平等法律法规、公共政策和社会福利等方面的认知以及工作中的感受。

(一)与女性相关的政策和法律法规

时任北京市药品检验所所长吴彬:"人事招聘政策中有明文规定,不允许问带有性别歧视的问题等。"

北京市西城区白纸坊街道办事处主任杜春晓:"禁止就业性别歧视的最新规定,帮助女性跨越了职业发展障碍,这些都能让我们切身感受到国家在保障性别平等上所做的努力。"

北京师范大学新闻传播学院党委副书记祁雪晶:"国家的法律和政策对女性的保障性举措在逐步完善,而且比以前更加人性化。比如流产假,国务院颁布的《女职工劳动保护特别规定》明文规定,女职工怀孕未满 4 个月流产的,享受 15 天产假;怀孕满 4 个月流产的,享受 42 天产假。过去很多女性跟领导说流产的事难以启齿,现在有了法律的明文规定,女性能名正言顺地休假了,性别平等环境正在改善。"

北京师范大学出版集团党委副书记、副社长江燕:"我国宪法第 34 条、48

条和49条都明确规定了男女平等。习近平主席2018年11月在接见全国妇联新一届领导班子时，强调要组织动员女性走在时代前列建功立业，对女性的支持更是上升到了一个新高度。”

上海喜嘉国际物流有限公司董事长商轶侠：“虽然知道国家有妇女权益保障法，但自己能感受到的，只有三八妇女节女性员工可以有一天带薪假，其他的不太了解。”

北京大学第六医院副院长岳伟华：“对于国家政策中的性别平等，我感受到的是工会换届选举有专门的女性委员会。”

从以上访谈中我们不难看出，大家对国家性别平等的法律和政策都有认知，但是在实际工作中感受到的真实情况却有所不同。那么我国在性别平等政策和法规方面到底经历了哪些阶段？让我们对新中国成立以来与女性相关的法律法规进行梳理。

1949年新中国成立后，国家运用立法和行政法规，在婚姻、经济、教育方面为妇女提供保障，形成了以《中华人民共和国宪法》为基础，《中华人民共和国妇女权益保障法》为主体，包括国家各种单行法律法规、地方性法规和政府规章在内的保障妇女权益和促进性别平等的法律体系。

1950年，我国颁布《中华人民共和国婚姻法》，保障了妇女婚姻自由的权利，同年的土地改革进一步保障了妇女平等分配土地的权利，从而提高了妇女的经济地位。1951年颁布的《中华人民共和国劳动保险条例》为女性职工提供保险，而后又颁布了《劳动保险条例实施细则修正草案》。1953年的《中华人民共和国选举法》规定妇女享有选举权。1978年改革开放以来又颁布了一系列有关妇女劳动权益的法律法规，包括《女职工劳动保护规定》(1988)、《女职工禁忌劳动范围的规定》(1990)和《中华人民共和国妇女权益保障法》(1992)，为中国妇女的合法权利、劳动权益和劳动保护提供了法律保证，尤其是对女职工孕、产、哺乳期的劳动保护。

2005 年出台的《中华人民共和国妇女权益保障法(修正)》对于维护和保障妇女的合法权益、促进男女平等、充分发挥妇女在社会主义现代化建设中的作用有重大意义,也标志着中国妇女权益保障进入了新阶段。

2016 年,《中华人民共和国反家庭暴力法》实施,为女性提供了更加完善的法律保护。中国司法大数据研究院报告显示,反家暴法实施两年来,全国离婚纠纷一审审结案件中,14.86%的夫妻因家庭暴力向法院申请解除婚姻关系,全国法院共核发 2,100 多份人身安全保护令。

2019 年 2 月,人力资源和社会保障部、教育部、司法部、卫生健康委、国资委、医保局、全国总工会、全国妇联和最高人民法院印发了《关于进一步规范招聘行为促进妇女就业的通知》。通知规定,各类用人单位、人力资源服务机构在拟定招聘计划、发布招聘信息、招用人员过程中,不得限定性别(国家规定的女职工禁忌劳动范围等情况除外)或标明性别优先,不得以性别为由限制妇女求职就业、拒绝录用妇女,不得询问妇女婚育情况,不得将妊娠测试作为入职体检项目,不得将限制生育作为录用条件,不得差别化地提高对妇女的录用标准。国有企事业单位、公共就业人才服务机构及各部门所属人力资源服务机构要带头遵法守法,坚决禁止就业性别歧视行为。并制定了相应的监督和惩戒措施。

2021 年出台的乡村振兴促进法、军人地位和权益保障法、法律援助法等法律,坚持男女平等宪法原则,落实男女平等基本国策,对促进男女平等、维护农村留守儿童、妇女等困难群体和女军人等特殊群体利益做出规定,把体现妇女儿童利益、反映妇女儿童愿望、维护妇女儿童权益、增进妇女儿童福祉落实到全面依法治国各领域,让妇女儿童感受到社会的公平正义,进一步彰显了促进男女平等、保障妇女儿童权益的国家意志。

不难看出,自 1949 年新中国成立以来,国家在法律和政策层面逐步完善了对女性权益的保障,以法律的形式落实对女性的保护,在为女性发展营造安全公平的发展环境方面付出了努力。

(二)中国妇女发展纲要(2021 年—2030 年)

在我们访谈全国妇联副主席谭琳时,谭主席向我们全面介绍了我国的性别平等的重点工作和推动思路,以及中国妇女发展岗位经历的阶段。

性别平等既是中国宪法的规定,也是我们的基本国策。法律和政策为女性发展及女性领导者群体的形成提供了良好的环境。如果不做妇女工作,也许不会有这么切身的感受。中国从 1995 年开始,展开了为期三轮的国家妇女发展纲要工作。第一轮是 1995 年至 2000 年,为 5 年发展纲要。第二轮是 10 年发展纲要,2001 年至 2010 年。第三轮是 2011 年到 2020 年发展纲要,从健康、教育、经济、决策和管理、社会保障、环境、法律七个领域保障女性的发展。虽然各部门在推进落实上与目标还有距离,但都在进展中。近几年我们又在积极推动性别平等评估机制,现在全国有 20 多个省区市建立了性别平等评估机制。虽然推进过程中会碰到一些问题,但强化了大家的意识,我们要评估国家各部委、各层级政府专门出台的法规政策是否体现了宪法、妇女权益保障法和妇女发展纲要的要求。这些工作由全国妇联牵头,由各级妇联组织执行推动,这样的环境对女性领导群体的形成起到了很重要的作用。

中国也有配额制,我们要求领导班子里至少有一名女性,很多还是民主党派女性代表。我们也正在思考能否将现有的配额制变成比例配额制,让效果更好。关于改善现状的建议,第一是继续强化国家的法律政策的性别意识;第二是提升性别平等政策的落实效果。现在是法律政策在某些地方落实得不够,从国家层面到各个省市区,一直到农村,需要层层落实。需要以实事求是的眼光看待中国女性的发展问题,需要更多具有性别意识的干部来落实各项政策,也需形成更多有性别意识的领导团队。现在一个领导班子里至少有一位女性,未来我们希望能有两位、三位,甚至更多。无论男性还是女性,只有主管领导有性别意识,团队才会更有性别意识,我们所做的各项决策才更能体现性别平等。

《中国妇女发展纲要(2021 年—2030 年)》是由国务院常务会议于 2021 年 8 月 25 日审议通过,2021 年 9 月 8 日印发的国家关于女性未来 10 年发展的重要文件。妇女纲要提出,到 2030 年,要实现以下目标:

- 男女平等基本国策深入贯彻落实,促进男女平等和妇女全面发展的机制创新完善。
- 妇女平等享有全方位全生命周期健康服务,健康水平持续提升。
- 妇女平等享有受教育权利,素质能力持续提高。
- 妇女平等享有经济权益,经济地位稳步提升。
- 妇女平等享有政治权利,参与国家和经济文化社会事务管理的水平逐步提高。
- 妇女平等享有多层次可持续的社会保障,待遇水平稳步提高。
- 支持家庭发展的法规政策体系更加完善,社会主义家庭文明新风尚广泛弘扬。
- 男女平等理念更加深入人心,妇女发展环境更为优化。
- 法治体系更加健全,妇女合法权益得到切实保障。
- 妇女的获得感、幸福感、安全感显著提升。

围绕健康、教育、经济、参与决策和管理、社会保障、家庭建设、环境、法律 8 个领域,《中国妇女发展纲要(2021 年—2030 年)》提出 75 项主要目标和 93 项策略措施,标志着未来 10 年中国政府改善女性社会地位和发展环境的方向和决心。

(三)新中国 70 年妇女政治地位的变化

中国国务院新闻办公室 2019 年 9 月 19 日发表了《新中国 70 年妇女事业的发展与进步》白皮书,从保障妇女权益的法治体系、妇女在经济发展中的半边天作用、政治地位、受教育水平、健康状况、社会保障水平、妇女在家庭文明建设中的作用和妇女参与国际交流与合作 8 个方面介绍了新中国成立 70 年来妇女地位的提升。

在女性参政议政领域,白皮书数据显示,2017 年,全国党政机关女干部人数从改革开放初期的 42.2 万增加至 190.6 万,占干部总数的 26.5%。2017 年,中央机关及其直属机构新录用公务员中女性比例达到 52.4%,地方新录用公务员中女性比例达到 44%。2018 年全国事业单位领导班子成员中,女性比例为 22.2%。第十三届全国人民代表大会女代表比例达到 24.9%,政协第十三届全国委员会女委员比例达到 20.4%。

作为政协委员和女性领域专业工作者,我也曾多次受邀参加与女性发展有关的政府专会议,听取关于女性政策的解读,也被邀请对于国家部委出台相关专业领域政策的性别公平性评估,比如三胎放开后,有人呼吁产假应延长为一至两年,但任何组织都不可能让这个位置空置那么长的时间,所以女性生育后是否还能回到原岗位是个不确定的问题,因此女性就必须在产假延长和岗位安全性之间做选择。再比如,女性在各层级中的任职比例,是按“真实情况”贤能者上,还是考虑现实情况,强制配备合理比例以体现性别平等,这些都是非常复杂的综合性社会问题,任何政策都会对单位和个人产生不同程度的影响,但我们能真切地感受到这些年我国在性别平等推进方面的努力和改变。

四、蒲公英外部环境研究模型和测评结果

共有 542 名蒲公英学员作为参评人员参与了外部环境测评,她们的平均年龄为 39.4 岁,40%来自事业单位,12%来自国家、地方及党派行政机关,46%来自企业及其他营利机构,2%来自社会组织。最高学历为博士的占 22%,硕士占 49%,学士占 28%,大专及以下占 1%。

社会环境是女性生存的大背景,也是影响领导力最大的环境因素。现在的社会环境对于女性的发展有哪些方面的影响?从表 2-1 可以看出,社会环境由社会观念和机制建设两部分组成。

表 2-1　社会环境评估

维度		行为	
社会环境	社会观念		刻板印象
			教育影响
			媒体导向
			法规健全
	机制建设		监督到位
			辅助机构建设

社会观念反映着女性的生存环境,包括如下因素:

刻板印象:社会对于女性的社会价值和家庭角色不存在刻板印象,不认为女性的价值是在家里,而是对女性的价值充分认同,支持女性对事业和生活方式的多元化选择,充分鼓励女性追求更高事业发展和生活方式的自主选择。

教育影响:学校教育中不存在“男子汉”“淑女”引导现象,对专业选择和培养方向不存在性别刻板导向,而是鼓励女生独立、自主、创新。

媒体导向:媒体导向在新闻报道、影视剧或广告等方面,不存在女性的家庭责任大于男性的导向,不存在性别歧视。

机制建设主要包括以下三个衡量指标:

法规健全:国家有明确的鼓励女性追求高层次职业发展的法律法规,尤其是女性担任高层领导的配额保障。

监督落实:国家或社会有专门的监督机构,监督国家性别平等政策法规在各个单位是否落实。

机构支持:社会有充足的分担女性抚育孩子或赡养老人家庭负担的各类机构,或支持女性担任领导者的各类社会组织。

基于以上模型,开发了正对外部环境组成之一的社会环境评估工具,针对542 名蒲公英学员的测评结果如图 2-1 所示:

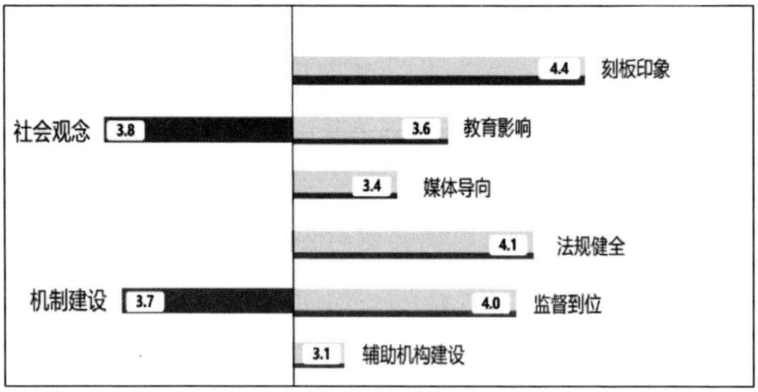

图 2-1 社会环境测评结果

测评结果显示,“社会观念”与“机制建设”分别为 3.8 和 3.7 分。

社会观念。“媒体导向”一项得分最低,仅有 3.4 分,这表示大家对于媒体在宣传中还是存在比较严重的性别不平等导向;而“教育影响”为 3.6 分,也处于较低水平,说明在学校教育中还存在性别刻板印象的引导。

机制建设。“法规健全”与“监督到位”基本持平,为 4.1 和 4.0 分,说明大家对于维护女性权益的相关法规和落实措施比较肯定,而“辅助机构建设”得分最低,仅为 3.1 分,需要引起足够的注意,应完善机构支持,让女性发展自己的事业没有顾虑。

延伸思考

1. 社会、职场和家庭,哪个对你发展领导力影响最大?

2. 你如何看待我国女性的社会地位?

3. 如果请你对蒲公英社会环境指标评分,哪项最高?哪项最低?

4. 你的评分中哪项与本书中的评分差别最大?

第二节　女性领导力发展的职场环境

与过去相比，如今的工作方式和环境已经发生了翻天覆地的变化。科技的发展让我们可以在任何时间和地点灵活地开展工作，不再固定于每周五天和朝九晚五。疫情的突然袭来更让居家办公和灵活办公成为工作环境变革的主题词，灵活的工作环境正在组建成为趋势和常态。什么样的工作环境对女性发展是友好的？除了物理环境和空间的变化，职场环境中还有哪些因为对女性发展领导力是积极的、推动性的？

在调研中我们发现，影响女性领导力发展的职场因素主要是职场的公平性，包括薪酬福利、晋升机会的公平性和培养机制的公平性，这些因素与决策者的性别意识相关，也与女性担任领导岗位的认知和接受度相关，还与员工和管理层的性别比例相关。本节将从调研报告的定量和访谈的定性两方面对女性领导力发展的职场环境进行分析。

一、从全球视角看职场性别平等

让我们首先对全球职场的性别平等情况做一个了解。我们选择了国际机构对于全球职场女性的性别差异报告，从宏观的角度了解职场女性不同层级的性别差异。

(一)《2021 年瑞信性别 3,000》[①]调研报告

瑞士信贷集团是一家全球顶级的金融服务机构，总部位于苏黎世，业务遍布全球 50 多个国家，瑞信研究院(CSRI)是瑞信内部的智囊团，主要研究具有全球影响的长期经济发展专题，涵盖金融服务行业以及其他众多领域。瑞信

---

① 瑞信研究院.2021 年瑞信性别 3000：在更广泛的层面讨论多元化[R/OL].(2021-09-28)[2022-03-02].https://www.credit-suisse.com/cn/sc/content-hub/research-institute.html.

研究院 2021 年 9 月 28 日最新发布的《2021 年瑞信性别 3,000》(*The Credit Suisse Gender 3,000 in 2021*)报告,报告将管理岗位性别构成作为衡量性别多元化改善的重要指标,对 46 个国家和地区 3,000 多家企业的 33,000 名高管进行了性别构成分析,其中包括亚太区 12 个市场的 1,440 多家企业。报告指出,几乎所有职能部门中担任高级管理职位的女性比例都在增加。具体有如下的指标显示:

董事会比例。2015 年至 2021 年,全球董事会中的女性成员比例增加了 8.9%,平均比例约 24%,具体各区域分布如下:

- 欧洲和北美各国在董事会女性占比领先全球,欧洲董事会女性成员占比为 34.4%,其中法国的女性董事比例最高,达到了 45%,北美的董事会女性成员占比 28.6%。
- 亚太区董事会女性成员比例为 17.3%,亚太区各国的女性董事占比差异较为明显,澳大利亚和新西兰的董事会中女性比例达到了 34% ,而中国、印度、日本和韩国等亚洲主要经济体的在 2015 年至 2021 年期间只提高了 3 到 5 个百分点。其中韩国为 9.1%,中国为 13%。
- 拉美为 12.7%。

管理层女性占比。女性高管在管理人员总人数中的占比从 2019 年报告统计的 17.6%提高到了 2021 年的 19.9%。

- 从总体上看,欧洲和北美的女性管理人员仍然占比最高,但相比董事会中的女性占比,欧美在这一比例上的领先优势不那么显著。
- 从首席执行官(CEO)中的女性占比来看,欧洲以 6.7%位居各区域之首;亚太(除日本),女性首席执行官占比也在持续提升,目前比例为 6.2%,高于美国的 5.6%。在这项指标上有三个亚洲国家跻身全球前五,其中越南(16.7%)排名第三,紧随其后的是新加坡(16.3%)和泰国(16.1%)。

- 全球女性首席财务官(CFO)人数增加了27%,但在总数中的占比依然只有5.5%。女性首席财务官人数增加了17%,目前占到了全球首席财务官总数的16%,从首席财务官中的女性占比来看,亚太区(除日本)这一职位上的女性比例尤其高,女性首席财务官占到了近四分之一,显著领先于欧洲和美国。其中越南(58%)、泰国(49%)和新加坡(40%)的女性首席财务官比例领先于其他国家和地区。

创业领域的性别占比。女性与男性创办的初创企业的比例在过去五年从0.62上升到了0.73,报告显示,女性创始人仍然面临多重挑战,相比男性创立的企业,女性创办的企业规模较小、收入和估值较低。在全球百大独角兽企业中,没有一家的创始团队完全由女性组成。虽然截至2021年第一季度,专注于“性别视角投资”(一种以女性为核心创建投资组合的投资方式)的资产管理规模已经增加到100亿美元,但要进一步提高创业群体中的女性比例,还有更多工作需要做。

对中国465多家企业的调研显示,董事会中的女性比例从2015年到2021年上升了3%,达到13%,还是远低于24%的全球平均值。但值得一提的是,中国的女性首席财务官以及共享服务部门的女性比例相对较高,占比都达到了24%。中国的女性首席财务官占比较2019年上升三个百分点,全球排名第九。

瑞信全球主题研究部主管理查德·克斯勒(Richard Kersley)指出:“《瑞信性别3,000》报告反映了性别多元化与企业超卓业绩之间的正向关系,在分析中没有断言其中的因果关系,而只是指出了可观察的长期相关性。虽然我们确信全球管理层和董事会性别多元化水平在持续提升,但目前依然存在很大改进空间,特别是对于新兴国家和主要亚洲国家而言。”

(二)《全球性别差距报告》

2021年的《全球性别差距报告》[1]也对疫情对女性就业的影响和一些技术含量较高的未来行业的女性就业占比做了分析,并给出了一些建议。

女性受疫情影响更大。与男性相比,女性失业率更高(根据国际劳工组织统计数据,男性失业率为3.9%,女性失业率为5%),这主要是因为在消费行业等直接受到疫情封禁措施影响的行业中,女性的就业比例要高得多。报告指出,来自市场研究公司益普索(IPSOS)的调查数据显示,随着社会看护机构的关停,照顾家庭、孩子和老人的重任更多地落到了女性身上,加大了女性的家庭压力,降低了她们的工作效率。

未来就业机会领域女性比例偏低。比如云计算,女性就业者占比仅为14%,在工程领域比例为20%,在数据和人工智能领域比例为32%。

报告也提出了一些努力消除性别差距的建议,包括:加大对医护行业的投入力度,为职业男性和女性提供同等的护理假;采取相关政策和做法,积极、重点解决职业中的性别隔离问题;实施有效的职业中期技能开发政策,满足女性的就业需求;采取稳健有效、毫无偏见的招聘和晋升管理制度等。

二、职场性别平等访谈

为了更深入地了解女性在职场中对于性别平等的感受和法律法规及公共福利政策的落实情况,我们对中国和芬兰的受访者提出了以下问题:

您所在的工作领域是否存在性别歧视?

国家政策和法律是如何支持女性的职业发展的?

需要特别说明的是,因为访谈是于2016年6月前实施的,所以后面的访谈记录只能代表2016年6月前的情况,本书发行时的数据以当时公开发布的

---

① 世界经济论坛. 2021年全球性别差距报告[EB/OL].(2021-03-31)[2022-03-06]. https://www.weforum.org/reports/ global-gender-gap-report-2021.

数据为准。

芬兰全国妇女委员会秘书长特赫·赫尼娜:“我在妇女委员会工作,工作环境中没有明显的性别歧视,但我们还有进步空间。芬兰议会有 200 名成员,现在芬兰议会中女性议员有 80 多人,占议员总人数的 40%左右,我们希望女性议员能达到 100 名。我们也有为数不少的女部长,但不是主要部门的部长,三位议长中两位是女议长。最高级决策由总统、总理、其他两个主要的部长以及大部分政党领袖参与,这些决策者全为男性,最高水平的讨论只局限在男性之间,这不是好现象。女性与男性在领导力方面并没有显著差异,女性可以成为很好的领导者,但令人遗憾的是她们却没有占据与男性一样的领导地位。女性领导者能取得不错的业绩,也往往具有更广阔的视角,还能给年轻女性和女孩树立好榜样。如果领导人中 40%—50%都是女性,女性领导人拥有决定性发言权,也就是当我们同时拥有男性和女性领导人,我们就会得到更加正确的观点。”赫尼娜期待的局面在 2022 年已经得到了实现。

芬兰教育和文化部常任秘书长安妮塔·莱希科宁(Anita Lehikoinen):“我们有超过一半的大学生是女性,教学岗位上也是女性较多,但还是存在玻璃天花板现象。21 世纪初期,不平等的情况开始发生改变,这种变化在初期阶段发展得非常迅速,以前绝对是男性占大多数的,我们有一半的常任秘书的岗位上过去都是男性,没有女性参与。但现在公共部门和中央政府有了更多的女性领导者,女性比以前更了解国家的情况,女性公职人员也得到了更多的支持和提拔。”

坦佩雷大学原校长克里斯塔·薇兰托拉(Krista Varantola):“在过去 20 年中,芬兰的情况变化很大。在未来,如果女性担任校长的比例与男性比例一致,我们就真正实现了平等,这一点目前还没有做到。记得在我担任校长时,大家特别强调我是第一位女校长,我不想存在这样的区别。如果不去区分成就者的性别,而是一律看成普通人的成就,性别平等情况就会好很多。比如当思考谁是院长或者系主任的合适人选时，不以候选人的性别作为标准，而是考虑他或她是否有能力和专长。跟从前相比，现在的领导层级中男女比例更平衡，但是性别平等仍是我们追求的目标，比如，规定重要的团队中男女代表的比例必须均衡。在芬兰，有些领域是男性主导，有些领域是女性主导。从学生构成来看，教育领域绝大部分学生是女性，工程专业大部分学生是男性，医学专业男女比例比较均衡。通过进一步研究大学的人员构成会发现，担任教授职务的大部分是男性，当然，这一点正在慢慢改变，现在教授职位的女性候选人也多了，但是要达到男女比例相等还需要一段时间。我认为鼓励女性参与领导力培训非常重要，因为更多男性已经参与了领导力训练课程，他们更容易形成紧密联系。而女性因为生育等原因，没有时间参与，就会错失进入领导岗位的机会，所以我认为所有的训练课程都需要男性与女性共同参与，男性与女性的参与度要均衡。"

一位来自中国的坦佩雷大学社会学研究人员(应本人要求本书中不提姓名)对比介绍了她在中国和芬兰的生活和工作后说："对于女性，解放时间最重要。在中国，女性照顾小孩和老人需要花费相当多的时间，在芬兰好一些，但也并不是想象得那么完美。我在芬兰休产假时，正好语言考试时间快到了，当时我很着急，打电话到芬兰的社会服务机构求助，他们说无法为我这样的情况提供帮助，我得自己想办法，他们的服务是给有更大困难的家庭提供的。比如你刚生了第二个孩子，无法照顾其他孩子或者夫妻两人的健康都出了问题，他们是会上门帮助的，但需要符合条件才能申请和排队。服务免费或者很便宜，大约 4 个小时 11 欧元，远低于市场价，市场上上门服务标准是 8 欧元—15 欧元一个小时。芬兰有这样的帮扶女性的社会机构，不知道中国现在是否有这样的机构。"

芬兰某女性社会组织负责人雅娜："性别歧视在芬兰是法律禁止的。但人们对男性和女性会有不同的期望，至少在政治领域是这样。据统计，目前在企业中，也鲜有女性成为最高决策者，表明性别歧视确实依旧存在。其实作为领导者，所需能力本无性别差异，重要的是能力、教育、经验等，但现实中，你还是会发现性别差异的存在。"

欧盟议会候选人司妮卡·托克拉(Sinikka Torkkola)："大学中的性别歧视不是显性的，是隐形的，平时可能很难注意到。比如在有同样多的科研任务时，女性研究者会被要求更多地照顾社团和学生等。还有，女性研究者最大的障碍可能来自家庭，这种情况虽然有所改善，但依旧存在。在政治领域，我们的党派中有性别比例法规，要求男性或女性的比例最低都是 40%。尽管如此，还是有很多歧视存在，例如我们在进行党代会和总统选举的时候，有人提出不可以让总统和党委秘书长都是女性，在这之前这些职位都是由男性担任的。现在因为性别平衡的问题，年轻女性更容易参与到政治工作中来，有一部分原因是相对于年长女性，年轻女性更容易被主宰。30 年前，我在党代会时，亲身经历过这种歧视，他们告诉我，非常高兴有一位年轻女性加入，因为这样看起来比较好看，我觉得这是对我的侮辱，似乎在一些人眼中，女性成员存在的意义就是装饰，用来证明性别平等已经达成。现在社会上对性别平等和性骚扰讨论很多，有一些人联系我，询问是否可能有政党性别平等相关的观察员。我们将会设立一个相关的岗位，目前看来还有很多工作需要做。"

从以上访谈可以看出，即使是被认为世界上男女最平等的北欧国家，也没有完全实现性别平等。男性的经济地位依然高于女性，比如在管理人员的比重和薪资方面，男性依然优于女性。冰岛在 2016 年又通过了一项新的法案：25 人以上的公司必须要证明它们为每个相同岗位的员工支付了相同的报酬，无论该员工的性别、性取向、种族如何。这项法案于 2018 年开始生效，并且计划到 2022 年彻底消除性别薪酬差距。

我们再来看看来自中国的受访者的回答。

北京市白纸坊街道办主任杜春晓介绍了政府基层工作机构的情况："体制

内的大环境并不存在明显的性别歧视，但基于不同的工作性质，确实存在不同程度的性别差异。差异主要是由工作特性决定的，在街道要值夜班，作为女性，对于夜间值守巡视还是有恐惧感。另外，在进行一些应急、抢险、防汛、拆违任务时，女性也有些不便。我们也看到国家出台了一系列体现性别平等的社会政策，比如女性处级干部的退休年龄，以前是 55 岁，现在退休年龄与男性一致，也可以选择提前退休。还有 2022 年出台的禁止就业性别歧视的新规，也在帮助女性跨越职业发展障碍，这些都能让我们切身感受到国家在保障性别平等上所做的努力。”

北医六院副院长岳伟华说：“医学领域女性偏多，在本科生与研究生中，女性具有相对优势，但是再往上发展，性别差异就开始凸显了，女性面临的压力会越来越大，需要平衡的东西也会更多，常常会面临职业发展与家庭角色的矛盾。我们精神科招聘护士时希望尽可能招一些男护士，因为在面对一些药物效果不是特别好、冲动行为比较明显的病人时，由男护士护理会更安全。”

北师大新闻传播学院党委副书记祁雪晶认为：“在高校主要有两方面的性别歧视，一是周围人的性别刻板印象，总会有人不时流露出女性不如男性职业化和精力充沛，女性生育会非常影响工作的想法，并影响到他们的选人用人行为。但事实上并非完全如此，只要合理安排好计划，生育不会耽误正常工作。二是学生在找工作的时候受到的就业歧视。很多单位来我们学院选人时，首先问男生情况，然后再问北京生源的女生，最后问特别能吃苦的女生，这就是性别歧视的表现。”

北京市呼家楼中心小学教育集团校长马骏认为：“从小学老师的性别比例看，小学及幼儿园老师女性多于男性。从校长的性别比例看，北京小学男女校长比例差别不大，但是外地男校长的数量远远多于女校长。从教育的层面上看，北京的小学性别差异并不明显，但是我接触到全国其他地区的学校比较多，有人认为在小学，女孩相对占优势，因为女孩发育比男孩早，更听话，所以在当选班干部的机会上女生更优于男生。国家在努力使每个孩子享受教育平等的机会，虽然最终效果还有待进一步努力，但是教育部门的领导是朝着这个方向去促进平等和均衡的。”

卡地亚公司(中国)公关总监张小宇认为：“卡地亚公司更重视女性，因为公司大部分员工是女性，而公司的产品和服务多数也是针对女性。”

北师大出版集团党委副书记江燕介绍道：“出版行业的女性多一点，不存在性别歧视现象。从我们出版集团的领导岗位看，提拔干部时不会特别考虑性别因素，主要看能力。但在员工招聘层面对于已婚女性会多关注一些，会向她们介绍我们的工作特性，看她们能否接受。”

中国农业银行广东分行的工会工作部主任，曾担任过广东省二级分行行长的康丽雅认为：“银行是服务行业，较易发挥女性的特长，基层营业网点中，女行长比例较高，但是到了二级分行，男女比例就不太理想了。另外，过去退休年龄存在差异，女性 50 岁就已经到了自己职业的天花板，现在政策虽然变化了，但管理者和女性本身还存在惯性思维，如果不能处理好这些限制因素，女性不可能轻装上阵去发展自己的事业。”

东方华盖投资总经理许莉介绍了创投行业的特点：“我所在的领域是一个男性数量占绝对统治地位的领域，在投资的优秀创业企业中，创业家是女性的不超过 5%，投资合伙人中的女性更是凤毛麟角，有一些基金合伙人里根本没有女性。中基层的辅助管理岗位女性居多，这种状况在严格意义上不能说是性别歧视，这与工作性质有关，投资领域是一个工作强度高、压力大的行业，对于逻辑思考能力的要求高，要求从业者敢于承担风险，对新事物、新模式、新方向永远充满热情，要乐于做出预判，对人的精力和抗压能力的要求也很高，这是投资行业女性偏少的原因。”

上海喜嘉国际物流有限公司是一家民营创业公司，董事长商轶侠表示：“在我们公司，内部用人不存在性别歧视，选择管理者的标准是能者上不能者下，不看性别，薪酬看业绩和产出，跟性别没有关系。”

从以上访谈中我们可以发现，来自政府机关、医院、教育机构的受访者普遍感受到了国家政策方面在陆续出台各项法律法规保障女性权益，促进性别平等，优化女性职业环境，但现实中也确实存在管理层的男女分布差异和相应工作性质带来的性别比例差异，还有一些在选人用人上的隐性性别歧视。

企业领域的受访者普遍认为自己所在领域不存在性别歧视，但由于企业所处领域不同，岗位要求不同，会存在男女比例的差异，并且随着管理层级的升高，确实存在性别比例的差距。企业受访者对于国家法律及相关机构对女性平等做出的努力均表示了肯定。大多数受访者反映的期待改善的问题都集中在子女教育、因生育带来的压力等，同时对于女性自身提升也做出了思考和建议。

三、国内职场环境调研

我们选择了两家中国的头部互联网招聘企业，他们每年都持续发布基于其网站用户的职场性别差距调查，这些数据可以让我们对中国女性职场的具体现状有所了解，也可以让我们更进一步了解职场部环境对女性领导力发展的影响。以下以 2022 中国女性职场现状调查报告①为例：

智联招聘是中国互联网招聘龙头企业之一，每年都发布职场女性现状调查报告，该报告从职场发展、婚育观念、家庭责任等维度透视、分析女性的职场环境。让我们来看看 2022 年的《中国女性职场现状调查报告》中表述女性职场环境的指标。

薪酬差距。2022 年，职场女性平均月薪 8,545 元，低于男性的 9,776 元，

① 婚育与性别是女性求职之“坎”《2022 中国女性职场现状调查报告》出炉[EB/OL].(2022-03-24)[2022-03-08]. https://new.qq.com/omn/20220324/20220324A08OJ800.html.

相差 12%,女性是男性收入的 87.4%;33.1%的女性收入占家庭总收入的 40%以上。

学历差别。参与调查者中,拥有大学本科及以上学历的职场女性占比 55.9%,高于男性的 33.6%。

层级差别。如图 2-2,在参与调查者中,普通员工层级的女性占比高于男性占比 14.2%;基层和中层的管理者比例中,女性占比低于男性,但性别差异不显著,到高层管理者,男性占比是女性的 2 倍;初级技术人员的性别差异不大,但是中级和高级技术人员,男性占比是女性占比的 2 倍。

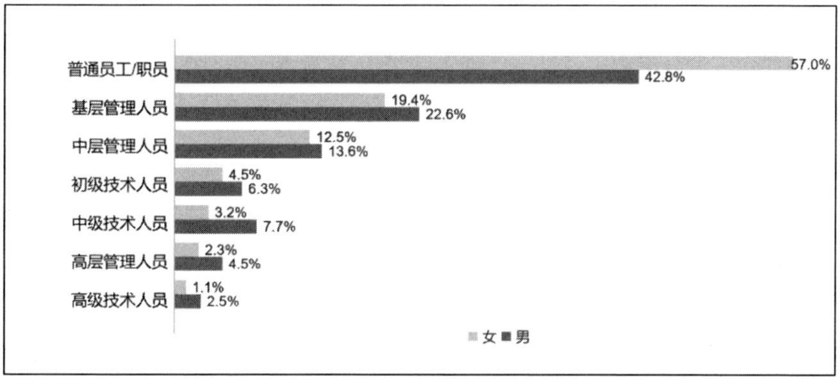

图 2-2　不同层级管理职位的职场性别差异

(数据来源:智联招聘 2022 中国女性职场现状调查报告)

领导力认知差异。如图 2-3,我们可以看出大家对于男性和女性担任领导岗位认知的差异。在参与调查者中,51.5%的调查受众认为男性"富有领导力",而只有 5.7%的人认为女性富有领导力。59.9%的职场人认为男性的优势是"目标明确,善于完成有挑战的任务",72.2%的人对于女性更多的评价是"有耐心,善于协作"。

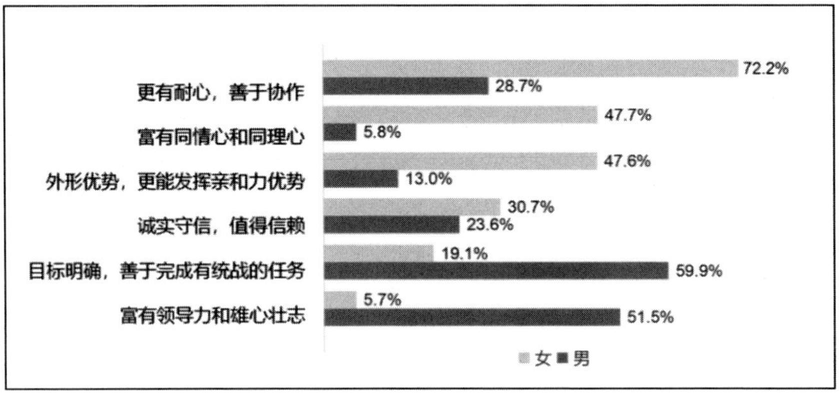

图 2-3 职场领导力认知的性别差异

（数据来源：智联招聘 2022 中国女性职场现状调查报告）

晋升机会。报告中，29.7％的职场女性认为未来一年升职“可能性很小”，43.6％的职场女性认为未来一年晋升“几乎没可能”，总占比达 73.3％，而有同样想法的职场男性占比为 66.2％。深入分析具体阻碍晋升的原因，如图 2-4，无论男女，排名晋升的阻碍因素的前三位都是“公司提供的晋升机会有限”“个

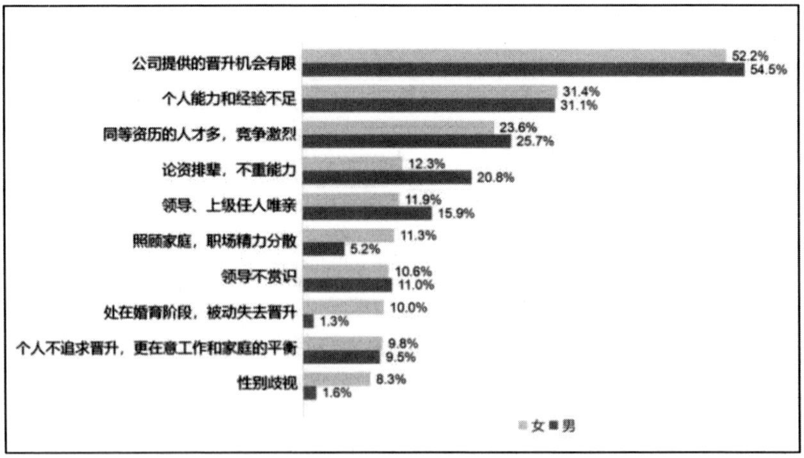

图 2-4 职场人晋升障碍的性别差异

（数据来源：智联招聘 2022 中国女性职场现状调查报告）

人经验和能力不足”“同等资历人才多,竞争激励”,这三个因素的性别差异不大,差异不超过3%;阻碍晋升性别差异显著的原因是“照顾家庭,职场精力分散”“处在婚育阶段,被动失去晋升机会”“性别歧视”。

被问婚育情况。如图2-5,在调查参与者中,61.2%的女性在求职中被询问婚育情况,远高于男性的32.3%。此外,38.3%的女性表示婚育影响职场前景,也远高于男性的17.9%。

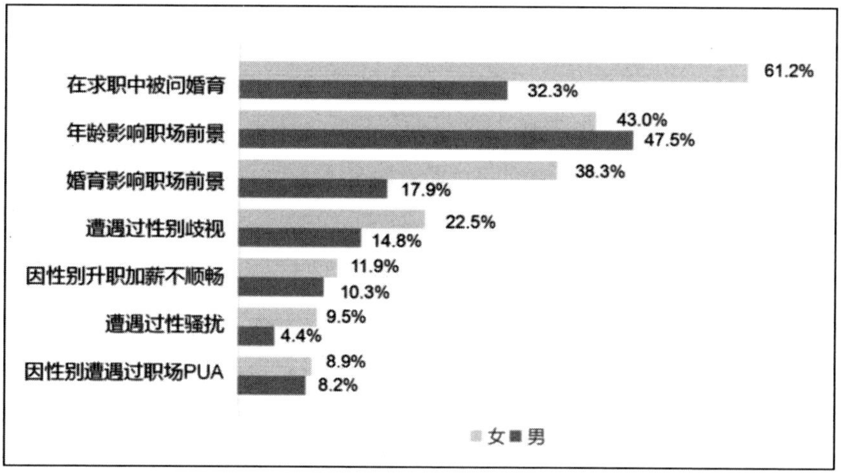

图2-5　职场人遭遇过的不公对待的性别差异
(数据来源:智联招聘2022中国女性职场现状调查报告)

薪酬收入是决定女性经济地位的决定因素。让我们再来看另外一份针对职场薪酬性别差异的报告。

四、蒲公英职场环境模型及测评结果

蒲公英的职场环境模型由组织氛围和发展支持两部分组成,如表2-2。

表 2-2 职场环境的素质与关键行为

<table>
<tr><th colspan="3">外部环境评估</th></tr>
<tr><th colspan="2">维度</th><th>行为</th></tr>
<tr><td rowspan="6">职场环境</td><td rowspan="3">组织氛围</td><td>决策者性别意识</td></tr>
<tr><td>全员性别比例</td></tr>
<tr><td>管理层性别比例</td></tr>
<tr><td rowspan="3">发展支持</td><td>生育友好</td></tr>
<tr><td>培训支持</td></tr>
<tr><td>晋升平等</td></tr>
</table>

组织氛围包括：

决策者性别意识：单位决策者在干部任用或制定发展战略时，具有性别平等意识，无性别偏见。

全员性别比例：单位的人员性别比例均衡。

管理层性别比例：单位高层管理者性别比例均衡。

发展支持包括：

生育友好：单位落实国家关于女性生育的政策，不因生育导致晋升机会受到影响。

培训支持：单位重视女性管理能力和领导力培训，有针对女性职业发展和管理能力提升的培训计划。

晋升平等：单位具有性别平等的晋升制度，有能力的女性具有与男性一样的晋升机会，提供同等的领导力锻炼的轮岗或挂职等多元化机会。

职场环境的测评结果如图 2-6。

测评结果反映了职场中“组织氛围”与“发展支持”分别为 3.6 分和 3.9 分。

“组织氛围”中，“全员性别比例”和“管理层性别比例”评分较低，反映了现实中职场男女比例不均衡，特别是管理层性别比例失衡的现象仍较严重，这与

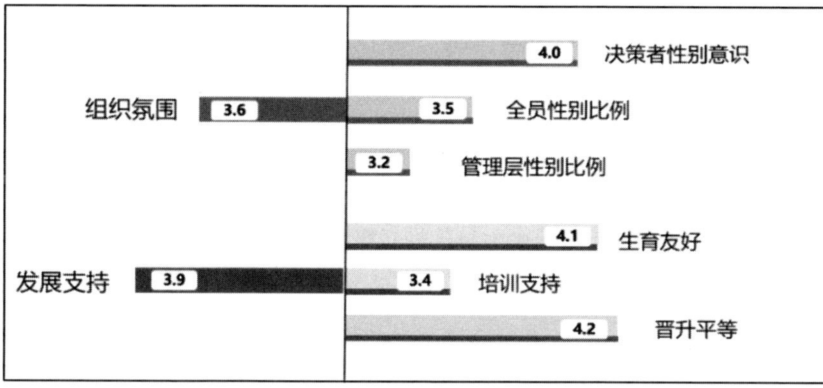

图 2-6　蒲公英职场环境测评结果

我们的访谈结果是一致的。让女性在职场成为领导者进入管理层，仍是我们需要努力的目标。

“发展支持”中，“生育友好”与“晋升平等”得分比较好，这说明参评者认为职场中的女性生育政策和晋升机会相对公平，但是“培训支持”则评分较低，反映出职场缺乏帮助女性提升领导力的相关培训。

我和坦佩雷大学传播科学系主任、也是本书的共同作者伊瑞斯·若霍教授曾经对比讨论过中国和芬兰女性的社会地位问题，若霍教授介绍说：“对于一个才独立 100 多年的国家，人口稀少，战争让男人走上战场，让女人有机会走出家门，走进社会参加工作，这是芬兰女性地位快速提高的原因。”

是什么在支撑北欧女性社会地位持续走高？又是哪些环境因素在影响女性继续保持独立的意识和意志呢？

为了推动女性进入未来先进的技术领域，芬兰在 2010 年 10 月就创立了 Rails Girls 项目，这是一个免费的研习班，鼓励女性们学习如何构建网络应用程序和编写软件，目前该项目已经扩展到全球，中国北京也有 Rails Girls 的项目活动。如今，该项目为各地组织者提供的指导已包含日语、俄语等各种语言。Rails Girls 试图让青年女性在第一次接触软件技术时就能感到妙趣横生并体会到一种亲和的魅力。在为期两天的研习时间里，参与者们听志愿教员们讲述五花八门的主题，从设计应用程序到围绕软件开发的社交文化无所不包，参与者们听女性程序员们描述她们的职业生涯，并且了解如何编程、如何将代码写进编译器中。活动的主要内容是创造，在活动结束前，所有参与活动的女性都必须编写并安装一个简单的网络程序，这个项目对推动女性进入未来先进科技领域非常有益。

在中国，对于女性职场环境的改善，除了法律政策层面自上而下地推动，还有什么路径呢？为了回答这个问题，我们特别邀请了一位在外企、国企和民营企业都担任过人力资源高管的男性领导——来自远洋集团控股有限公司的高级副总裁李建波，请他深入谈谈他观察到的职场性别差异、原因分析，以及从哪些方面着手，能对改善女性职场发展环境有促进作用。

由于不同性别群体的价值观念，在给予女性更加公平的发展机会和承担重要职责的机会上存在差异，包括在干部任用时对女性的偏见，还没有做到专门去为女性创造更好的发展环境。在高管层面，领导班子中女性比例很低，远低于公司的性别比例。在招工录取大学生时，女性比例还是很高的，但三五年后，留下的女性占比就降低了，这导致在选择后备人才时，没有那么多合格的女性候选人可供选择。

这个问题很复杂，必须从多个层面去努力。第一个层面是对女性权利的社会保护，中国有法律，也在不断提升改善法律规定，但还停留在基本权益保障上。第二个层面是对女性在社会发展过程中的价值定位，从农业社会、工业社会到现在的信息技术社会，女性在社会发展过程中的价值变迁等话题没有引起社会的严肃讨论，这些话题不能引起社会关注，就不会真正发挥女性群体的价值。第三个层面，需要外界存在更多更好的实践作为参照标杆，不同社会组织共同促进推动女性的价值开发、价值创造和领导力的发展，这一层面上政府的推动更具引领性，大学教育中也应该更强调这些做法。现在欧美国家通过要求上市公司在企业中制定有利于女性领导力发展的政策去推动企业内部环境的改善,这些实践都起到了很好的作用。最后一个层面,女性作为社会群体本身,在新的社会环境下需要重新思考,应该怎样进行自我定位?应该怎样更好地承担不同角色?在今天的社会环境、行业发展、企业生产发展方式、新技术下,女性有什么优势?怎么更好地发挥优势?在工作中,我观察到,很多优秀女性,她们的教育背景、工作能力、学习能力都非常出色,女性管理者还有很强的优势和特点,比如聆听沟通、协调激励、感性创新。但是在组织中真正走到高层的女性却非常少。第一是因为组织在选择女性干部时依然有很多预设偏见;第二是某些行业,如地产行业,是一个以男性为主的工作领域,自然会让组织在做决策时有偏向。所以综合以上四个层面的影响,如果仅有法律法规方面的基本权益保护,而其他三个层面不发生变化,职场上女性的成长空间很难得到改善。

中国有句谚语,"每个成功男人的背后都有一位伟大的女性",而这也揭示了另外一种理念,"每个成功女人的背后都有一位伟大的男性",女性发展环境的改善不只是女性自己的事。2014 年 9 月 20 日,联合国妇女署亲善大使兼演员艾玛・沃特森在纽约联合国总部发起"他为她"(HeforShe)全球倡议活动。"他为她"在全世界范围寻找愿意积极参与并付诸行动的男性,为全世界在因性别而遭受不公平对待的男性和女性做出改变。2015 年 6 月,蒲公英领导力研究院和中央财经大学社会发展学院共同承办了"他为她"项目公益校园行活动,联合国妇女署中国国别主任汤竹丽回顾了现实中存在的性别不平等问题,呼吁更多的男性加入"他为她"项目中,为性别平等助力。著名演员佟大为为本次活动代言,1,500 多名同学报名参与了本次活动。①

在对女性发展友好的辅助性氛围方面,一些国际性公司走在了前面,很多公司都提出包容性多元文化。麦肯锡全球副董事合伙人肖凌霄,在 2020 年国

---

① 蒲公英领导力研究院.全球 He For She 项目公益校园行[EB/OL].(2015-06-11)[2022-03-10].https://mp.weixin.qq.com/s/cIrbOBOm7LfdVFE64RZbxg.

际“三八”妇女节麦肯锡公司发布《从“Lean In”到“All In”：成就每一个精彩的自己》一文①中提到：“公司特别注重平衡员工的工作与生活，希望家庭不要成为员工职场发展的‘拦路虎’，希望员工们能够快乐地工作快乐生活。”2019年，“All In” 成立了超有爱的“麦爸麦妈亲子团”，开始探索一些行之有效的支持，组建了一个交流平衡育儿与工作问题的微信群，群成员不断增加，现已有180个麦爸麦妈；同时，协助中国区六家分公司开展具有当地文化特色的线下亲子活动。另外，为了解决女员工的后顾之忧，让她们在努力拼搏事业的同时，不耽误对下一代的培育，公司也拓展了对女性员工的辅助生育福利。

延伸思考

1. 本书中列举的职场报告数据和你的认知有差异吗？哪些数据出乎你的预料？
2. 你在工作中遇到过性别歧视吗？对你的工作有哪些影响？
3. 如果请你对蒲公英职场环境指标评分，哪项最高？哪项最低？
4. 你的评分中哪项与本书中的评分差别最大？
5. 你认为国内外职场环境目前最大的差异是什么？

第三节　女性领导力发展的家庭环境

家庭对于职业女性来说，既是缓解职场压力和复原的港湾，同时也是需要付出大量时间和精力去经营的大后方。如果家庭角色占用职业女性的时间和精力过多，会成为职业女性发展和晋升的主要困扰。特别是二胎、三胎政策放开之后，配套措施尚未跟上，对青年女性职业发展影响较为显著。本节我们将

① 从“Lean In”到“All In”：成就每一个精彩的自己[EB/OL].(2020-03-08)[2022-03-10]. https://new.qq.com/omn/20200308/20200308A09ILF00.html? pc.

对职业女性的家庭环境进行具体分析和探讨。

一、家庭活动时间的性别差异

2018 年，中国国家统计局开展了第二次全国时间利用调查①，覆盖 11 个省(市)，共抽样调查 20,226 户 48,580 人，其中男性 23,577 人，女性 25,003 人，活动内容涵盖个人生理必需活动、有酬劳动、无酬劳动、个人自由支配活动、学习培训、交通活动六个部分，调查结果如表 2-3。

表 2-3　2018 年国家统计局居民活动平均时间调查

活动类别	合计	男	女	城镇	农村
合计	**1440**	**1440**	**1440**	**1440**	**1440**
一、个人生理必需活动	**713**	**708**	**718**	**713**	**713**
睡觉休息	559	556	562	556	563
个人卫生护理	50	48	52	52	47
用餐或其他饮食	104	104	105	105	103
二、有酬劳动	**264**	**315**	**215**	**239**	**301**
就业工作	177	217	139	197	145
家庭生产经营活动	87	98	76	42	156
三、无酬劳动	**162**	**92**	**228**	**165**	**159**
家务劳动	86	45	126	79	97
陪伴照料家人	53	30	75	58	45
购买商品或服务(含看病知)	21	15	26	25	14
公益活动	3	3	3	3	2
四、个人自由支配活动	**236**	**253**	**220**	**250**	**213**
健身锻炼	31	32	30	41	16
听广播或音乐	6	6	5	6	5
看电视	100	104	97	98	104
阅读书报期刊	9	11	8	12	5
休闲娱乐	65	73	58	69	58
社会交往	24	27	22	29	24
五、学习培训	**27**	**28**	**27**	**29**	**24**
六、交通活动	**38**	**44**	**33**	**44**	**30**
另：使用互联网	162	174	150	203	98

注：

1. 陪伴照料家人包括陪伴孩子生活、护送辅导孩子学习、陪伴照料成年

① 国家统计局.2018 年全国时间利用调查公报[R/OL].(2019-01-25)[2022-03-12]. http://www.stats.gov.cn/tjsj/zxfb/201901/t20190125_1646796.html.

家人。

2. 使用互联网是上述六类活动的伴随活动。

3. 部分数据因四舍五入的原因，存在总计与分项合计不等的情况。

调查结果显示，居民一天的时间分配中，有酬劳动方面男女差别不显著，但是在无酬劳动方面，女性付出的时间是男性的 3.7 倍，其中家务劳动女性是男性的 2.8 倍，陪伴家人女性是男性的 2.5 倍，购买商品或服务(看病就医)，女性是男性的 1.7 倍。

从家庭事务中时间分配的性别差异可以看出，家庭事务占用女性的时间和精力远远大于男性，导致女性不能平衡好家庭、工作与自我提升的关系。

二、女性领导力发展的报告

为了了解更多关于家庭因素对女性领导力发展的影响，德勤全球《2021职场女性调查》①面向全球 5,000 名女性(包括 500 名中国女性)展开调查，调查综合考量了多项因素，并通过分析企业在支持、留存和赋能女性员工方面所采取的举措，对职场性别平等状态进行了探究。500 名中国受访者中，有 49％年龄在 38—54 岁之间，55％担任管理职位，47％供职于年营收在 10 亿—50 亿美元的企业。并就女性承担的家庭责任方面得出如图 2-7 的结论：

- 受访的 10 个中国女性中有六个(61％)表示她们承担了主要的家务责任。
- 五分之一(20％)的受访女性承担了除子女外其他家属的主要照顾责任。
- 超过三分之一(35％)的受访者在子女照顾方面承担了主要责任。
- 承担了主要家庭照料责任的受访者中，有 30％的人表示她们是唯一可

---

① 德勤.2021 职场女性调查[R/OL].(2021-03-08)[2022-03-15].https://www2.deloitte.com/cn/zh/pages/about-deloitte/articles/pr-women-at-work-global-outlook.html.

以抽身照料家庭的人；另外有15%的受访者表示她们的伴侣工作安排不灵活。

- 五分之一(21%)的中国女性表示，待受疫情影响的环境恢复安全后，她们回到办公室上班的可能性比她们的伴侣低。

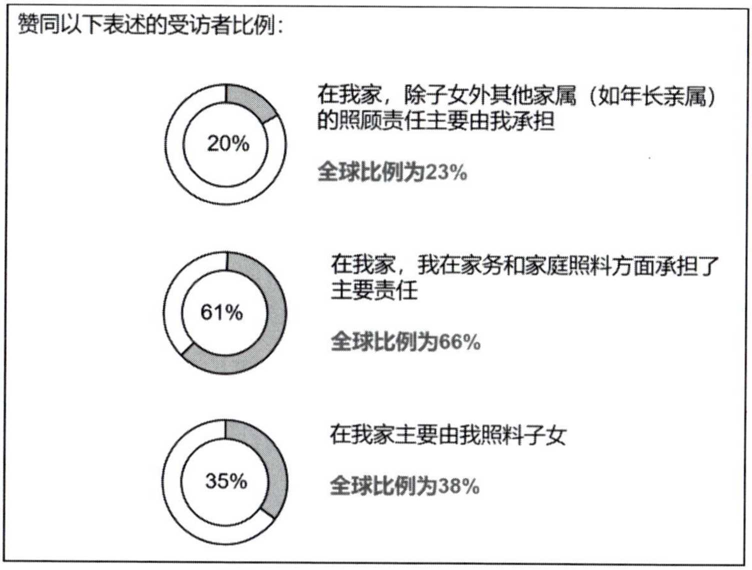

图 2-7　女性承担了主要的家庭照料责任

（数据来源：德勤《2021职场女性调查》）

三、女性对家庭环境的认知

首先让我们来看看北欧对家庭的认知和态度。

除了访谈中大家对于性别平等的法律和政策的职场落实的感受，性别平等意识也体现在北欧人民日常的生活感受和文化氛围上。不论在芬兰、瑞典还是丹麦，都可以看到大街上有很多抱孩子或带孩子的男性，非常自然。地上的很多路标是爸爸牵着孩子，还有些地方的公共厕所不分性别，这些小细节反映出北欧国家的性别平等意识已经深入社会的每个环节。我在采访芬兰一位小学校长时，她介绍说，这里的孩子性别意识很强，比如，一个一年级的小女孩，写信向她投诉一位学校的老师，说这位老师在一次教学活动中给女孩子分配粉色，给男孩子分配蓝色，这是性别歧视，而在中国，这可能就是大家都习以为常的行为。

在北欧的调研过程中，让我感受比较深的另外一点是女性对婚姻的态度。通过访谈我了解到，芬兰的中年女性离婚率很高，超过了50%，经济和思想上的独立使得她们在对待婚姻时非常自信勇敢，而且在对再婚对象的选择上也没有中国大多数女性意识中的只有双方社会地位对等才能有共同语言的思想，她们追求的是在一起生活的品质，这与当下部分中国社会女性在对待婚姻问题上的观念有很大差别。在中国，有相当多的女性，即使经济独立，例如一些著名的娱乐明星、高层次知识分子等，当婚姻中发生男性出轨问题时，还是会选择隐忍并维持婚姻。而北欧国家女性对待婚姻的态度则截然不同，这与她们的独立意识和完善的社会福利体系分不开。我访谈的女教授中有两位是离婚后再婚的女性，她们再婚的对象都是普通工人，在社会地位上与她们有较大差距，但是这两位教授再婚后的婚姻生活非常幸福，家庭关系很平等。

我们再来看看中国女性对家庭角色的态度。

时任北京市药检所所长吴彬认为："现在的女性在休产假过程中会与社会脱节，这让她们没有安全感。除了制度上的职业机会保障，女性自身也要有主动意识，学习和成长不能停，要找到在过渡阶段与社会不脱节的成长方式。"

卡地亚中国公关总监张小宇认为："国家既然放开二胎，也应该考虑为女性提供更多的保障条件，或者通过一些福利机构，让有困难的女性得到支持和帮扶。"

北师大出版集团党委副书记江燕则提出："3周岁之前儿童的保护和照看是个问题，过去有托儿所，现在很少见，这让生育女性压力很大。"

喜嘉国际物流公司董事长商轶侠认为:“作为女性,一旦升为中高层领导,都很想在业余时间继续充电成长,但她们很难平衡工作与照顾家庭和孩子的时间。如果有更多的机构能帮助女性,在她们去读书时帮带小朋友,而不用妈妈们周六周日带着孩子们到各个培训机构去学习,就非常有价值了。”

中国石油化工集团有限公司宣传部部长、新闻发言人吕大鹏提到,男性职工作为总部的干部派到外地去工作相对较容易,女性考虑家庭较多,一般不愿去外地工作,所以大家在选拔干部时也会考虑性别差异问题。

远洋集团高级副总裁李建波也认为:“随着中国经济的发展,社会上出现了这样的现象,大家认为不用两个人都挣钱养家,政策也鼓励生二胎,这都会无形中对女性的发展产生影响,女性需要承担更多的家庭责任,生育等事情会使得她们在职业追求上目标不高,这些偏见会让组织在考虑是否给予女性重要责任和培养资源时产生顾虑。”

卡地亚中国公关总监张小宇则介绍了卡地亚公司的情况:“德国的同事生孩子后会休息一年,回来以后继续工作。而在中国,女性如果休假时间过长,可能就要担心工作机会被别人替代。”

四、蒲公英家庭环境模型及测评结果

关于家庭环境对女性领导者的影响,不同领域的领导者对国家在妇女基本权益保障上做的努力给予了积极认可,对于未来的改善期待主要集中在对职业女性家庭责任分担方面,希望国家能出台政策和制度化的举措(见表2-4)。

表 2-4　家庭环境的素质与关键行为

外部环境评估		
维度		行为
家庭环境	家人支持	配偶认知
		父母支持
		养育责任
	家庭基础	家庭教育
		经济基础
		社会资源

从表 2-4 可以看出，蒲公英家庭环境模型由家人支持和家庭基础两部分组成，其中家人支持包括：

配偶认知：配偶思想开放平等，没有“男主外，女主内”观点，不认为女性第一要务是照顾好家庭，积极支持女性事业发展和担任更高层次职务。

父母支持：父母身体健康，能帮忙分担家务压力，并能在遇到挫折时给予鼓励和支持，当个人发展目标与家庭角色冲突时，父母会一起商讨解决方案，支持女性追求目标。

养育责任：孩子健康独立(或无孩子)，向更高层级发展时无后顾之忧。

家庭基础反映了家庭可以为女性提升自我提供的条件与帮助，包括：

家庭教育：父母受教育程度高，或担任过管理者，或独立进取，非常支持女性有更高的事业追求。

经济基础：家庭经济情况良好，经济负担不大，在追求事业时，财务不是决定性因素。

社会资源：家庭具备支持女性向更高层级发展的人际、资金或社会资源(见图 2-8)。

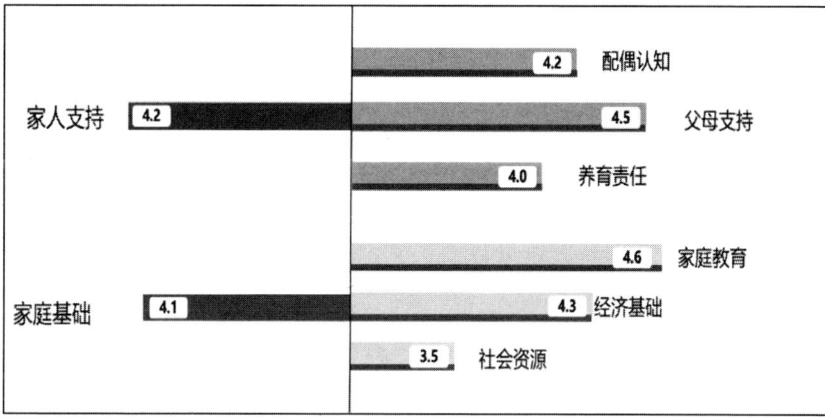

图 2-8　蒲公英家庭环境测评结果

家庭环境的测评结果如下。测评结果反映了家庭中“家人支持”与“家庭基础”分别为 4.2 分和 4.1 分。

家人支持。“养育责任”“父母支持”和“配偶认知”差距很小,得分都比较高,这也印证了蒲公英计划的学员在本职工作比较繁忙和家庭责任比较重的情况下,还能抽出时间来参加女性领导力的培训,家人的支持一定是非常强大的。

家庭基础。家庭教育得分很高,反映了家庭教育对她们塑造自己、提升领导力有充足且长远的帮助。而“社会资源”得分较低,说明参评学员中,家庭给予女性在发展领导力上的社会资源支持较少,主要依靠个人的努力。

虽然访谈对象来自不同领域,但是我们能明显发觉女性在走向领导岗位时会面临一些共性的问题和挑战,这是她们未来需要努力解决的现实问题。分担女性家庭压力的配套政策和机构匮乏。几乎所有已婚已育的受访女性都提到,孩子 3 岁前没有能负担得起的专业机构照顾,自己休产假过长职位又不安全,只能靠父母帮扶或雇用保姆,但是如果父母身体不好,或者夫妻双方都在体制内工作,那么各方面压力就更大了。孩子的教育问题也是让年轻父母焦虑和不能安心工作的原因。现代职场节奏越来越快,职场女性的压力本来就很大，加上家庭责任和孩子教育，女性承受的双重压力让她们没有时间去开阔视野，探索更多创新的工作方式。

延伸思考

1.你的家庭是否支持你向前一步发展事业？

2.你认为国家开放三胎政策对女性的家庭和事业有哪些影响？

3.越来越多女性选择不结婚或不要小孩，这会影响女性领导力的提升吗？

4.本书中列举的家庭报告数据和你的印象有差异吗？哪些出乎你的预料？

5.如果请你对蒲公英职场环境指标评分，哪项最高？哪项最低？

6.你的评分中哪项与本书中的评分差别最大？

本章关键知识点小结

1.影响女性领导力发展的外在环境由社会环境、职场环境和家庭环境构成。

2.通过全球性别平等报告、世界妇女参政地图、北欧国家性别平等时间和新中国70年妇女地位的变化，展示社会环境中社会观念（刻板印象、教育影响、媒体导向）和体制建设（法规、监督和社会辅助机构）对女性领导力发展的宏观影响。

3.通过国内外职业女性外界环境调研报告和对不同领域女性领导者的访谈，展示职场环境中的组织氛围（决策者性别意识、员工及管理层性别比例）和发展支持（培训、晋升和生育友好政策）对女性领导力发展的微观影响。

4.通过国家统计局对居民时间和职场女性调研报告，展示家庭环境中的家人支持（父母、配偶和养育压力）和家庭基础（家庭教育、经济基础和社会资源）对女性发展领导力的愿望和动力的影响。

第三章　女性领导力开发的内在因素

开篇故事

在体制内工作16年后，我主动去了中关村科技园区昌平园管委会挂职副主任，经历了从“中央一根针到地方一个面”的工作思路转变，从参与决策到主动决策，增强了自己的洞察力和决断力。挂职时，我看到科学家的研究成果和生物医药领域的临床需求之间的匹配存在差距，我希望自己能发挥助推作用，于是我成了在市场打拼的创业者，这需要打破安全环境的勇气，接受撕裂式成长。只有渴望成长、主动求变，才能实现自我突破，找到新的人生价值。

——北京新生巢生物医药科技产业运营有限公司总经理马丽

我带的团队有200多名护士，对我而言，带领护士团队的挑战主要来自精力、视角和价值观三方面。首先，女性的家庭角色很重要，平衡好工作和家庭对我而言是个挑战；第二是护士工作要求细致专注，没有太多扩展视野的机会，所以视野偏窄；第三是带领独生子女一代的护士需要更动脑筋，有时我会收到同事的抱怨：“您不要对我们要求太高，我们只想完成一份工作。”引导年轻护士建立职业使命感对我来说也是一个挑战。

——首都医科大学附属北京儿童医院护理分部部长宋楠

开篇思考

1.你如何定义领导力？

2.作为女性领导者，你面临的特殊挑战是什么？

3.女性领导力发展包含哪些方面？

虽然领导力开发的外部环境改善是一个全社会参与的漫长过程，不完全由女性自己决定，但女性自我发展的目标，包括自我效能感、社会认知、自律行为和自驱意识，能让女性站在更高的层面看待社会公平和环境改变进程中自己所处的位置和担负的使命，这些构成了女性领导力开发的内在因素。探索女性领导力提升的内在因素，首先要清晰地建立对领导力的认知，才能进一步探索如何从女性视角出发建设内在领导力。

本章首先基于不同领域的领导者访谈建立统一的领导力认知，再结合蒲公英女性领导力模型和测评数据，分别从突破自我、带领团队、建设家庭和影响社会四个维度探讨女性在提升内在领导力过程中的挑战和应对方法。

第一节 领导力认知

相信每个人对于领导力都有自己的定义，我们首先通过访谈来了解大家对领导力的认知。受访者来自中国和芬兰的政府机构与公共服务组织、教育系统和企业这三个领域，通过大家对领导力的描述和关键词选择，让我们对领导力产生的共性和不同领域的特性做一个全面的了解。

一、关于领导力认知的访谈

我们在访谈中提出了这样问题：

请谈谈您对领导力的理解。

请用4个词汇描述您认为工作领域的领导者应该具有的特质或领导行为。

(一)政府机构及公共服务组织的访谈

全国妇联副主席谭琳:“领导者要有坚定的信念和明确的价值观,作为妇联工作的领导者,除了决策能力和个人魅力,还要有性别平等意识。我选择的领导力关键词是理想信念、决策能力、个人魅力、四自精神(自尊、自强、自立、自信)。”

九三学社中央副主席印红:“领导力是领导团队成就事业的能力,作为参政党的领导者,必须要保持政治敏锐和善于沟通。我选择的领导力关键词是政治敏锐、战略眼光、善于沟通、亲和力。”

时任北京市药检所所长吴彬:“过去我对领导力的理解是带着大家一起做事,现在更多关注的是对于方向的把握和改革的推动。环境在变,无论是相对稳定的时期,还是波动比较大的改革,作为一把手都要审时度势,勇敢决策,指引方向,而勇敢和决策不是计划出来的,而是直面现实,敢于担当的结果。我选择的领导力关键词是担当、智慧、平衡、沟通。”

北医六院副院长岳伟华:“我负责医院的科研管理工作,学术性比较强,医学领域不能像企业那样采取自上而下的管理模式,更多是激发科技创新的能力,帮助专家们进一步提高自己团队的国际学术影响力。另外,医学领域的领导者还要坚守医学道德、人文理念,并勇担社会责任。我选择的领导力关键词是学术专业性、大方向把控、决策能力、感召力。”

首都医科大学附属北京儿童医院护理分部部长宋楠:“领导力是一种有驱动力的行为,一种有灵魂的精神,一种积极向上的态度,一种有宏观决策的能力和一种能够引导及被模仿的职业形象,它不仅仅是技能和技巧的体现,更是一个人的品性,人生观、价值观、世界观的综合体现。领导力也是智商和情商两方面的组合,二者相互影响、相互促进。我选择的领导力关键词是决策力、影响力、感召力、控制力。”

北京市白纸坊街道办主任杜春晓：“领导力是一种关系的营造、方向的选择和人员的带领。领导力需要修心、正行、赋能，发展自己和发展他人，让下属信你、敬你、服你。我选择的领导力关键词是秉持公心、坚韧不拔、创新开拓。”

我们再对比看一下芬兰政府机构和公共服务组织的受访者的回答。

芬兰国家妇女委员会秘书长特尔赫·赫妮娜：“在芬兰，我们属于独立的非政府组织，有很多层级。就我们的工作而言，领导人应该能影响社会讨论，需要有很强的游说能力，能从妇女权利和性别平等的角度影响国家关于性别平等政策的讨论。我选择的领导力关键词是实力、灵活性、激情、待人以善。”

芬兰教育和文化部常任秘书长安妮塔·莱希科宁：“我就职于教育文化部，领导力需要远见，需要向大家描绘教育文化部的愿景，以及分享在未来发展中哪些工作更重要，这需要领导者具备有关教育、文化、艺术的专业知识，而不能根据自己的喜好做决策。我选择的领导力关键词是愿景、勇气、毅力和同理心。”

坦佩雷市副市长安娜恺撒·赫拉马基：“领导力是如何看清、看待大局和未来发展动态，并确定该采取什么行动的能力。当你看清了大局，你将知道如何鼓励和带领同事努力工作，实现目标。我选择的领导力关键词是理解他人、情绪稳定、看清全局、决策力。”

坦佩雷市政府学前教育系统和幼儿园系统发展主管丽娜·威塔沙瑞：“服务者和生产者需要的领导力是不同的。我们的工作是服务于儿童、青年和父母，所以对于我的工作而言，领导力意味着关怀、理解、交流和商量。我选择的领导力关键词是决策力、交流技巧、理解力、服务。”

金穆兰，时任芬兰坦佩雷市政府芬兰教育推广官员，现任芬兰教育学习和发展中心创始人：“领导力是成人之美，帮助他人解决困难，让他们有胆量去尝试不敢尝试的事情，达到他人所能达到的最高成就。我选择的领导力关键词是成就他人、宽容、激励、圆润。”

芬兰反家暴组织的项目负责人艾琳娜·尼库莱伦:“领导者最重要的是挖掘员工潜力,团结大家,给予员工自我决策权和空间。我的工作领域,需要有善心,因为我们听到的很多故事都是关于女性身体和心灵遭受巨大创伤的,因此从事我们这个领域的领导者需要有强烈的同情心。我选择的领导力关键词是促成者、梦想家、合作、抉择。”

芬兰女性社会组织负责人雅娜:“在领导岗位上的人,必须进行团队合作,建立网络,与为之工作的人更亲近。所以领导力的关键词首先是动态,世界发展得太快了。其次是人相处融洽、快速学习和有魅力,这种魅力可能来自你自己的外表或个性。同时你必须成为别人可以信任的领导者,并让别人在短时间内感到舒适和信任你。”

欧盟议会候选人司妮卡·托克拉:“我从 1997 年开始在大学从事健康传播学研究和教学,除此之外我还代表大学工会与大学领导沟通合同或工作条件等问题,同时,我也在新闻领域做性别与职业方面的研究。我选择的领导力关键词是:社交技巧、沟通能力、情绪稳定、包容性。”

通过以上中芬两国 14 位受访者的回答,我们把意义相近的关键词合并统计,可以看出,其中“决策”“沟通”两词出现频率较高,具体统计如下。

决策力(6 次)、善于沟通(5 次)、理解他人(2 次)、感召力(2 次)、情绪稳定(2 次)、宽容(2 次)、理想信念、个人魅力、四自精神(自尊、自强、自立、自信)、政治敏锐、战略眼光、亲和力、担当、智慧、平衡、学术专业性、大方向把控、秉持公心、坚韧不拔、创新开拓、实力、灵活性、激情、待人以善、愿景、勇气、毅力、同理心、看清全局、服务、成就他人、激励、圆润、促成者、梦想家、合作、影响力、控制力、团队合作、有魅力、快速学习、社交能力。

除了通用的领导力素质,上述访谈也体现了一些单位属性的领导力特点:政府机构着重于政治原则、敏感性和社会使命感,包括对社会问题的洞察力和解决智慧;公共服务组织则强调服务意识和人文关怀;而对于从事妇女工作的领导者,还特别需要具备性别平等意识、坚韧的品质和同情心。

(二)教育领域访谈

本书的两个关键词是“女性领导力”与“终身教育”,所以我们选择的来自教育领域的受访者也较多,让我们通过他们的回答,了解教育领域领导力的行业特点。

首先看看来自国内教育领域受访者的回答。

北京师范大学新闻传播学院党委副书记祁雪晶:“作为领导者,要在团队中发挥解决问题的核心作用。我选择的领导力关键词是有容、担当、创新、团结协作。”

北京大学生命科学学院教授张研:“领导力是可以基于有限的信息做出正确的判断,而且能够预见未来的能力。我选择的领导力关键词是坚持、信念、负责、眼界。”

北京师范大学第三附属中学副校长张玉平:“我对领导力的理解分为三个层次:第一,对教学团队的管理,让每个人有发展、有成就感,让团队达到功效最大;第二,要站在整个学校的角度去磨合和平衡;第三,管理时间,分清轻重缓急。我选择的领导力关键词自信、底线思维、包容、效率。”

北京市海淀区西苑小学校长李辉:“领导力就是公平公正地带领好团队,做事坚持和果断,以及保持终身学习的能力。我选择的领导力关键词是公平、公正、坚持、果断。”

北京市呼家楼小学校长马骏:“领导者应该是引领者、带动者和构建者,要能通过个人魅力和专业能力凝聚成员,打造一个有激情、有能量的高效团队,实现组织的愿景和使命。我选择的领导力关键词是执着、创新、行动、激情。”

北京市世纪阳光幼儿园园长董燕:“领导力是引领你周围的人向你的目标前行的能力,我选择的领导力关键词是积极、真诚、决策能力、大局观、专业性。”

让我们再对比看看来自芬兰教育领域受访者的回答。

坦佩雷大学原校长克里斯塔·薇兰托拉:“在学术界当领导者必须尊敬他人,要倾听所有相关人士的声音,然后做出决定——即使是艰难的抉择。我选择的领导力关键词是决策、快速反应、承受打击、倾听不同观点。”

坦佩雷大学媒体教育学教授舍里库·科特莱伦:“教授是学术课题领域的领导者,以我的研究领域为例,我需要将媒体教育在学校内外进行推广,用不同的方式带领整个研究领域的发展。学术领域的领导力与其他领域有所不同,更多是交流、推动和鼓励团队成员,需要采用对话的方式,鼓励团队成员发展他们正在研发的项目,引领团队的发展动向。教授肩负着推动自己领域发展的责任,还包括鼓励团队成员与自己所在研究领域成员保持密切对话。我选择的领导力关键词是鼓励、策略、意志坚定、思想开放。”

坦佩雷大学信息科技与交流学院软件工程专业硕士学位项目负责人张哲颖:“我认为领导力是把一件事情或一个项目的愿景和目标很清晰地表达给团队,让团队能够了解你的目的和意图,而且愿意为这样的目标共同努力,愿意为共同的一件事努力地工作。我选择的领导力关键词是智慧、感染力、勇气、自信心。”

伊娃(Eva)是一位已经退休的领导力培训专家,在大学工作多年,还在她所工作的大学里创立了继续教育部门,并且和一些教授共同创办了很多领导力培训项目,她于1994年创办了自己的公司。她这样回答:“在芬兰,也许你说过 sisal 这个词,工作不是那么容易,你需要努力坚持、克服困难、想出新办法、走出新道路。所以通常来说,领导力就是你对待目标的态度和方式,或者你为了达成目标需要做什么,这取决于你的工作领域。在经历了不同的单位和多年的工作后,我对领导力的理解是,你需要给人们提供更多有远见的观点。我选择的领导力关键词是决策、乐观、公正、思想开放。”

坦佩雷大学社会学研究员威娜(Vera):“我认为领导力是能够着眼于大局的能力。有领导力的人能够管理大型机构,而且最重要的是,拥有领导力意味着能够理解一个整体以及其中的不同角色、系统和功能。一旦你理解了这些构成,团队成员和围绕在他们周围的功能就能被你调动,你必须学会理解、接纳并欣赏团队的成长和成就。因此在我看来,领导力就是理解整个系统和其中各个部分的能力。我选择的领导力关键词是野心、理解、坚强、公正。”

芬兰汉明林娜(Hamenlinna)高中校长阿雅·奥尔托·拉基索伦(Arja Aalto Laksonen):“领导力在学校里的意义与在社会和企业中的有所不同,学生是最重要的,我们必须考虑什么对学生最好。领导力意味着你必须有远见和策略,校长应该理解未来,必须明白如何到达目标,还要拥有同理心,理解了解老师们的辛苦,以身作则,做他们的榜样。我选择的领导力关键词是远见、秩序、守时、注重工作质量。”

芬兰儿童早教专家雅妮娜·维拉索(Jannia Vlasov):“领导者总是承担最重要责任的人,但也要给员工足够的权利,这样他们才能为同一目标而努力。具体到幼教领域,领导者更应该像教练,要充分挖掘员工的潜力,既能领导员工,又能支持员工,还能与员工分享成长。我认为一个组织要建立在信任的基础上,这样才能形成共同的使命、目标和战略。我选择的领导力关键词是尊重、信任、决心、志向。”

总结教育领域13位受访者选择的领导力关键词,我把大家选择的意义相近的领导力关键词词合并统计如下:

开放包容(5次)、信念坚持(4次)、果断决策(3次)远见(2次)、创新(2次)、坚持(2次)、担当、团结协作、负责、自信、底线思维、效率、公平、公正、行动、激情、积极真诚、大局观、专业性、快速反应、鼓励、策略、秩序、守时、注重工作质量、尊重、信任。

从上面的领导力关键词统计结果可以看出,不同于政府机构,教育系统的受访者对于领导力的认知聚焦于开放包容,信念坚持、果断决策、远见、创新等,挖掘潜力和点燃激情,但决策力仍然是出现频率较高的词。

（三）企业受访者

本书的企业受访者均为来自中国的企业高管,暂时没有芬兰的受访者做对比,作为课题研究,今后有机会,还会继续补充芬兰受访者,本书暂时只分享中国企业领导者的访谈。

中石化宣传部部长吕大鹏:“领导力是能够率领大家一起实现组织目标的能力。作为领导,第一需要洞察力,即对问题的认识境界、眼界和深度;第二需要组织协调力,即能把各方的资源组织协调好去成就一件事;第三需要制订目标,能为组织制订合理的目标和计划,并往前推进;第四需要公众表达力。我选择的领导力关键词是洞察力、组织协调力、目标制定和公众表达能力。”

远洋集团高级副总裁李建波:“从企业角度看,领导力是能够影响和带动周边群体实现目标的能力。作为领导,第一需要有非常强的使命感和目标追求,无论对生活还是工作;第二,对于成功、目标有非常强烈的热情和渴望;第三要有足够的耐心和韧性,因为实现追求是一个漫长的过程,在追求目标的过程中,遇到问题和挑战要能坚持;第四要具备快速和持续学习的能力,学习新事物,掌握新方法,拓展新思维,通过各种方式去学习不同层次的新知识、新观点和新技能。我选择的领导力关键词是影响力、目标渴望、韧性和快速学习。”

农行工会工作部主任康丽雅:“我理解的领导力是布局和掌控的能力,在金融领域,还需要较强的专业技术和良好的沟通协调能力。所以我选择的领导力关键词是掌控力、沟通协调能力、决策力、专业技术能力。”

北京师范大学出版集团党委副书记江燕:“领导力是带领团队实现目标的能力,是领导者通过关注大家整体的行为方式,带领团队实现共同目标的能力。我选择的领导力关键词是决策、带领、目标、关注。”

卡地亚中国公关总监张小宇:“领导力是激发团队成员完成各种工作目标

的能力。我选择的领导力关键词是灵活、沟通、激励、说服。”

东方华盖投资总经理许莉：“领导力是带领他人做事的能力。我选择的领导力关键词是快速学习、高效沟通、资源整合、分析决策。”

喜嘉国际物流公司董事长商轶侠：“领导力就是带领团队实现目标的能力，要有胸怀天下的情怀。我选择的领导力关键词是正直、好奇心、创新、赤子心。”

汇总来自企业的7位受访者选择的领导力关键词，统计如下：

目标(2次)、决策力(2次)、快速学习(2次)、高效沟通(2次)、洞察力、组织协调力、公众表达能力、影响力、韧性、带领、关注，灵活、激励、说服、资源整合、正直、好奇心、创新、赤子心。

不同于政府机构和教育系统领导者，企业受访者对于领导力的认知描述出现频率最高的是带领团队实现目标、高效沟通、快速学习等能力，另外企业领域的领导者对于对成功和业绩的渴望、整合资源都比较重视。

领导力访谈洞见

虽然不同领域的受访者对于领导力的认知和关键词选择各有侧重，但通过统计来自中国和芬兰的31位受访者对于领导力的描述和领导力关键词汇的选择可以看出他们对领导力认知的共性：信念坚定、把握大方向、带领团队实现目标、重视人际影响、困难面前的责任担当、敢于做艰难的决策，这些特质不论在哪个领域都被提及，其中决断力、沟通力、大局观、远见、激情、激励等是受访者选择频率较高的关键词。

所以我们得出这样的结论，领导力具有共性的特质，但也因不同领域的专业特性，领导力的具体实践要求有所不同。领导力的系统化理论研究起源于西方，在第一章中我们介绍了不同流派的领导力研究各有侧重，在本章我们结合蒲公英计划领导力模型，为大家介绍成就动机、素质模型、权变理论、情景领导力、卓越领导者行为和分层级的领导力十字管道等经典的领导力理论和模型。

二、麦克利兰领导力理论与模型

首先让我们来了解介绍麦克利兰成就动力理论和领导力素质模型。戴维·麦克利兰(David McClelland)是一位美国社会心理学家，其研究主要聚焦于成就动机、权利和素质模型，特别是素质模型研究被开发成测评工具，广泛应用于政府、企业以及各种机构和组织的专业人才和领导人才选拔项目中。

(一)成就动机(Achievement Motivation Theory)

麦克利兰在成就动机理论中总结出影响人类行为动机的三种需求：

成就需求：能迅速解决问题，产生成就感；

亲和需求：能建立友好亲和的人际关系；

权利需求：能影响和掌控他人的行为。

麦克利兰的动机研究表明，激发他人产生需求和自己的需求是两种完全不同的动机，具备强烈自我动机的人很少能成为很好的领导者，无论是成就动机、亲和动机还是权利动机，自我需求过强，都不能成为有效的领导者，只有社会化权利动机强的人才能够成为高度有效的领导者。这些研究分别被发表在麦克利兰不同时期的著作中，包括《渴求成就》《权利的两面性》《取得成就的社会》《权利：内省经验》《成就动机是可以培养的》等。

麦克利兰关于成就动机研究的现实意义是提醒领导者，每个人都具备独立思考能力，要让他人自愿且忠诚地追随，需要聚焦于激发追随者的自信和激情，帮助他们认清自己的使命，满足他们的动机需求，只有这样领导者的个人才华和品质才能真正发挥领导效果。

(二)素质模型(Competency Model)

麦克利兰的素质模型(又称胜任力模型)研究源于为美国国务院驻外服务官员设立的选拔项目,当时的主要考察指标包括智力、学历、文化背景知识和外交专业知识,但依据这些指标测试结果选出的人才被外派后的工作绩效并不理想。麦克利兰受邀设计有效的指标体系,他带领研究图队采用了关键行为事件访谈法(Behavioral Event Interview,简称 BEI) 来提取评价因子,为美国政府建立的驻外联络官素质模型,其中包含三种核心素质:跨文化的人际敏感性、对他人的积极期望、快速进入当地政治网络的能力。

1973 年,麦克利兰在《美国心理学家杂志》上发表了著名的《测量素质而非智力》一文,提出素质是人的潜在特性,包括: 自我形象)、社会角色、特质、动机。素质也被称为胜任力,这些潜在特性可以比知识和技能更有效地预测一个人未来的工作绩效。为了更加形象和清晰地表达这些因素如何发挥作用,素质模型也被描述成一座冰山,冰山分为水面之上和水面之下两个部分。水上的部分是表象特征,指的是人的知识和技能;水下的部分是潜在特征,主要指的是社会角色、自我概念、特质、动机等,这部分特征越到下面越不容易被挖掘与感知。

麦克利兰的素质模型对他所处的时代乃至今天的人才选拔产生了巨大的影响,改变了传统的人才选拔标准,提出了除专业知识和技能外,人才选拔更要考察潜在素质。关键行为事件访谈法和对素质的分级定义也被应用至今,蒲公英女性领导力素质模型在建模过程中就应用了这些专业方法。

延伸思考

1.列出你心目中最优秀的领导者,他们具备什么特质?

2.你如何定义领导力?你所在的工作领域领导力有什么特点?

3.如果让你选择4个领导力的关键词,你会选什么?

4.结合麦克利兰的素质模型,你如何描绘你“冰山”以下的特质?

5.你还了解哪些关于领导力的模型?

第二节　女性领导力认知

第一节介绍的领导力素质模型基本是以男性为研究对象,并没有特别的性别视角,这是因为在这些研究者所处的时代,居于领导岗位的大多为男性。领导力是否存在性别差异,一直存在争议,让我们看看女性自身女性领导力性别差异的看法。

一、领导力是否存在性别差异

关于这个问题有三种不同的回答:一种是领导力存在性别差异;另一种是领导力不存在显著性别差异;还有一种是领导力存在个体差异,但这种差异的来源不一定是性别。对于这个问题的回答,因为不具有领域特征,并且大家的回复有雷同的,因此我们进行了归类合并。

(一)领导力存在性别差异

“女性更细腻,男性更粗线条。女性的细腻,也使得她们考虑情绪和情感过多而不够坚强,比较而言,男性对事物发展大方向的把握更具战略性,这值得我们女性学习。”

“女性领导力更多体现在专业知识方面，男性领导力则更多与资源有关。”

“女性领导者更注重工作环境的氛围，认为让人们感到安全并充满斗志是非常重要的。因此领导者本人的感受不是领导力的关键，而是人们对领导者的感受如何。如果工作中存在分歧，女性领导者将会更关心人的感受，而男性领导者通常会更关注问题本身。”

“男性和女性领导的方式不同。会发号施令的男性领导者会被看作是好领导，但如果女性领导者这样，就会被说成冷酷，没有感情。女性领导者必须要学会和下属讨论商量，必须要很感性。”

“与男性相比，女性更擅长内部事务，更能深入理解内部人际关系的运作方式。她们能够理解每个人的行为以及行为导致的后果，理解事物之间的关联等。而男性却更容易被领导者这个头衔吸引，他们更倾向于代表公司或机构处理外部事务，他们与外部世界的联系更紧密，更喜欢向媒体或其他平台展现他们的领导力。男性更侧重于宣传，而女性更侧重于实干。”

（二）领导力不存在显著性别差异

“领导力本身没有性别差异，但女性在实现领导力的过程中会受传统意识的影响，人们倾向于要求女性善解人意、包容和温暖，同时也要更坚强，才能突破‘玻璃天花板’。其实男性也应该学习弹性、柔性的策略，现在暖男很受欢迎。所以我们可以提女性领导力，但不应该过度强调性别因素。”

“只要是领导者，都需要具备最基本的领导素质，所以并不存在性别差异。一个人领导力的高低取决于其他人、社会或者团队如何看待你，外界带来的压力导致了个体领导力的差别，因为女性天生可能是比较柔弱的形象，按人们传统的想法会要求女性顾家多一点，这无形中会给女性领导者带来一定的压力。芬兰的女性和男性都会担任相同的工作，职场上也没有对女性要更包容的规定。”

“在由工业化向服务化转型的现代社会中，我认为领导力不存在明显的性别差异。人们学习的内容不同决定了其能力各不相同，在很多领域，女性和男性在能力上都很趋同，男性和女性都得到了比以前更好的教育。男性和女性都应该思考如何在他们自己的工作中更进一步，所有的目标必须由他们自己达成。”

“首先，我认为领导力在生理上没有很大的差异，而是因为我们所受的教育、所处的文化要求我们像‘女性’一样。我在研究中发现，性别不同的领导者追求的目标也不一样，例如女性领导者如果没有高超的技艺，可能没有什么大不了，但如果是男性就是大问题了。其次，我认为女性领导者在社会上被投放的角色期望更多。人们总希望女性领导者像‘妈妈’一样，关心所有的细枝末节，但男性领导就可以不关心这些琐碎的事情。我认为这是目前的文化导致的，文化层面对于女性和男性领导形象的理解是有很大差异的。”

关于领导力是否存在性别差异，芬兰教育和文化部常任秘书长安妮塔·莱希科宁的回答非常有代表性，也是我想表达的观点，从领导力本身的素质要求看，不存在性别差异，差异来自性别刻板印象导致的人们对女性领导者的期待与对男性领导者的期待不同。

“即使在芬兰，社会对男性与女性领导者的期望也有很大差异。你必须清晰地意识到别人会根据性别来评判你的所言所行。人们认为女性更有同理心，更能听取别人的意见，并且会将其他人的感受考虑在内，这其实也是一种刻板印象。管理岗位和领导岗位更应该以业务能力为导向，而不宜在职场过多表达情绪或感受，女性领导者要特别注意这一点。同时，女性领导者必须具备在职场中巧妙运用女性特质的能力，否则人们会觉得，我们不能听她的，她表现得像男人一样，她对女性有误判。”

（三）领导力存在个体差异，但这种差异的来源不一定是性别

“你无法得出这样的结论：男性与女性领导表现出的不同特征是因为他们的性别差异而不是其他因素所导致的。有一些男性领导者也拥有善于交流的

技巧和能力，可见导致领导力差异的原因比较多元，不一定是性别。”

“我认为领导力的差异跟经历与社会认知有关。在芬兰，男性到 20 岁会去服兵役，因此他们很早就会意识到自己要承担责任。虽然服兵役时间很短，但这会让男性对领导力有提前的意识准备；而女性接触领导力则比较晚。另外，人们对男性和女性的认知不同，人们总认为男性很权威甚至比较专横，而女性一般对工作有更细致的了解。领导力还会有文化差异，女性更了解同事的私人生活和喜与忧，这也是为什么在几乎所有的工作小组中，都需要有女性和男性共同参与，男女比例要均衡。”

“现代社会，男女有些共同特质，性格也会相互影响，所以我们很难用性别来判断领导力的差异。我出生在中等收入家庭，父母没有大学文凭，这一因素对我的影响要比性别影响更加强烈一些。社会对待男性和女性的方式不同，社会鼓励女性体谅和同情他人，这可能会影响一些女性领导者，使她们把女性特质带入领导工作中；男性则用另一种方式来领导，社会一般鼓励男性更加坚强勇敢，敢于冒险，男性也会把这种特质带到领导岗位中。所以男女领导方式的不同，源于社会对待他们的方式不同而非生理特征所致。”

“我认为没有差别，但在文化期望方面，可能对男性和女性领导者有所不同。同时这也取决于你工作的领域，如果你是商业领袖，或者你在政府工作，或者你是政治家，在这些工作场所有性别差异。在我研究的政治领域，我已经注意到有些研究表明，作为政治领导人，无论是外形、处事还是沟通表达方面，对男性和女性都有不同的要求，这些区别不是生理性的，而是文化造成的。在芬兰，很多人都在讨论我们女总理的生活照，为什么人们要通过她的个人生活而不是工作内容来讨论一位领导者呢？这是一种对女性政治领袖的不平等。芬兰有一位女总统塔里亚·哈兰德，她很主动，有时也很严格，即使她表现得像男性领导者一样，人们还是会批评她行为幼稚，不够成熟，这就是性别差异的体现。”

(四)脑科学和认知学的性别差异研究

性别的生理差异是否会带来认知模式和行为上的差异,社会上也存在争议,正如我们前面介绍的洪兰教授那段比较流行的 TED 视频介绍的男女行为差异的脑科学研究,就这个问题,我们邀请了两位专业人士接受了访谈。

来自首都医科大学附属北京天坛医院北京市神经外科研究所的副研究员刘潜从大脑神经结构的角度,就性别是否会带来情绪、语言、直觉的差异进行了分析。

男女大脑结构的差异研究是从 19 世纪中解剖学兴起开始的,不断有科学家表达这样的观点,女性脑中连接左右脑的胼胝体更粗,[①]所以女性大脑半球间的联络会多一些,而男性在单个半球内的连接要丰富一些。在全脑结构连接组层次,男性大脑幕上区域半球内连接显著强于女性,而女性半球间连接显著强于男性。大脑的这种连接模式使得男性大脑可以把出现于脑后方的知觉感受和由脑前方控制的行为意向连接起来,这样男性的大脑就形成了一个促进协调运动的有效系统;相比之下,女性大脑的连接模式很可能促进了左半球的分析和逻辑推理能力与右半球的空间、直觉信息处理能力之间的整合,这样就使得女性更加擅长语言情感的表达,并且也更加感性。[②]

由此看出,两性大脑结构的确存在性别差异的神经基础,因此导致两性在情绪输出、语言表达和直觉判断等方面有着不同的倾向性。但两性的大脑差异是基因和环境共同作用的产物,人类对大脑性别差异的认识仍在探索之中,目前基于两性差异的脑结构研究大都只是针对人生的某个时期(比如儿童或青少年时期等)的,样本量、实验设计和统计方法具有很大的局限性,并且由于

---

① LIU S Y, SEIDLITZ J, et al. Integrative structural, functional, and transcriptomic analyses of sex-biased brain organization in humans[J]. PNAS, 2020, 117(31): 18788-18798.

② INGALHALIKAR M, SMITH A, et al. Sex differences in the structural connectome of the human brain[J]. PNAS, 2014, 111(2): 823-828.

遗传和环境的交互影响，很难涵盖两性的整个发展历程，科学家对两性脑结构差异发展变化的完整动态过程还难以进行全面精准的梳理。

南昌大学从事认知学研究的副教授章隽宇从认知学的角度，对性别差异是否会带来认知和行为模式上的差异进行了研究和分析。

长久以来，人们对于两性在认知方面的差异存在一些刻板印象，比如觉得男性在数学、逻辑和空间能力上比女性更有优势，而女性在语言能力中的表现优于男性，①而且认为这种认知能力上的性别差异可能是由于大脑结构的性别差异引起的。事实上，这种印象的形成有一些历史原因，比如在早年，女性受教育的机会和水平都很有限，得到的思维训练完全比不上男性，因此在数学、逻辑上呈现出男女差异情有可原。而到了现代，男女受教育水平相当后，这种差异就几乎不存在了。确实有研究显示，男女大脑在结构上有一定差异，比如男性的大脑半球更具有不对称性，但大量统计学研究也显示，这种不对称性并不会引起认知上的差异。② 目前对男女认知差异的研究大多聚焦在逻辑、空间、语言能力这些方面，均未呈现出明显的性别差异。

在行为模式方面，男女之间可能确实存在一些差异性，比如男性在攻击性或追求社会地位等方面表现得更强一些，而女性则更温柔、更容易有情绪波动或关注家庭更多。但从很多研究来看，这些差异的形成并不是由两性大脑差异导致的，而更多是由于男女激素水平的差异造成的。有研究表示，大脑中的性别差异（一些功能代偿）甚至可能是为了防止行为中的性别差异而产生的。③ 其实不论是认知能力还是行为模式，都受生理、心理、社会文化因素等

① HYDE J S. Sex and cognition: gender and cognitive functions[J]. Current opinion in neurobiology, 2016(38): 53-56.

② HIRNSTEINA M, HUGDAHL K, HAUSMANN M. Cognitive sex differences and hemispheric asymmetry: a critical review of 40 years of research[J]. Laterality, 2019, 24(2): 204-252.

③ GRABOWSKA A. Sex on the Brain: are gender-dependent structural and functional differences associated with behavior? [J]. J neurosci res, 2017, 95(1-2): 200-212.

各种复杂因素的综合影响，现阶段我们对大脑的认识还非常有限，科学家们也一直在努力进行各种探索，我们的认知也一直在更新。就目前看，认为男女在认知能力和行为模式方面有明显的差异是过于简单的论断。

从两位专业领域工作人士的回答中，我们可以看出，从目前人类对于脑科学的神经结构研究、认知和行为模式的研究中，还不能得出其中普遍存在性别差异的结论，所以那些流行的关于男女语言、情绪、行为、直觉等差异的观点，仅仅是停留在特定的研究对象和特定时代的结论，同时也受到长期性别不平等导致的社会刻板印象的影响。

女性领导力性别差异

无论是岗位能力要求，还是脑科学和认知学研究，都没有足够的证据证明领导力存在能力和行为特质上的性别差异，现实中我们观察到的性别差异，主要来自社会赋予女性领导者的性别偏见标签，以及社会公众对于女性领导者由于性别刻板印象导致的不同于男性领导者的期待。

二、女性领导者的行为

美国领导力研究专家詹姆斯 · M. 库泽斯(James M. Kouzes)和巴里 · 波斯纳(Barry Z. Posner)在《领导力》①一书中提出如图 3-1 的“卓越领导者行为模型”，从该书的第 1 版到第 6 版，历经 30 年，两位专家对来自各个层级、各种岗位，代表各种不同类型的组织的受访者提出了这样的问题：

当你处于最佳领导力状态时，你做了什么？

从他们的故事和他们所描述的行为及行动中，形成了“卓越领导者五种习惯行为”框架。提炼出以身作则、共启愿景、挑战现状、使众人行、激励人心

① 库泽斯，波斯纳.领导力[M].徐中，沈小滨，译.北京：电子工业出版社，2018.

图 3-1 卓越领导者行为模型

（图片来自网络公开发布，版权詹姆斯·库泽斯和巴里·波斯纳正式授权方所有）

五种习惯行为。

每一种典型的习惯行为都由两种承诺做支撑。

表 3-1 卓越领导者五项行为与十项承诺

五种行为	十个承诺
以身作则	1.明确自己的价值观，找到自己的声音 2.使行动与共同的价值观保持一致，为他人树立榜样
共启愿景	3.展望未来，想象令人激动的、崇高的各种可能 4.描绘共同愿景，感召他人为共同愿望奋斗
挑战现状	5.通过掌握主动和从外部获取创新方法来猎寻改进的机会 6.进行尝试和冒险，不断取得小小的成功，从实践中学习
使众人行	7.通过建立信任和增进关系来促进合作 8.通过增强自主意识和发展能力来增强他人的实力
激励人心	9.通过表彰个人的卓越表现来认可他人的贡献 10.通过创造一种集体主义精神来庆祝价值的实现和胜利

这个模型的样本本身并没有区分性别，对男女领导者都具有指导意义。那么具体到女性，在领导者行为方面，要注意哪些问题，又有什么具体特点呢？让我们来看看关于女性领导者行为的访谈。

关于女性领导力行为，我们在访谈中提出了这样的问题：

作为女性领导者应该注意哪些行为？

我们访谈了 9 位女性,期待从大家的回答中讨论女性领导者的行为特点。

北医六院副院长岳伟华:“社会对女性有偏见,认为女性爱唠叨,做事抓不住重点,所以女性领导者首先需要建立高效的思维方式和即刻的贯彻能力,优秀的女性领导者大多雷厉风行,决断力很强。同时,女性领导者往往顾虑太多或过于强势,有两种极端表现的领导者都不适合带领团队发展。”

北京大学医学部护理学院院长助理万巧琴:“女性领导者需要大局观和高站位,过度关注细节而影响全局观,过于谨慎而果敢不足,都会成为女性领导者发展的阻碍。”

北京大学生命科学学院教授张研:“在我们科研领域,女性领导者需要坚持和自律,女性放弃事业的理由会很多,比如为家庭分心、任务太重等,女性其实很适合做科研,她们心细,沉得下来,有时候再多一些坚持,就可以迈过一道道坎。”

北京师范大学新闻传播学院党委副书记祁雪晶:“女性领导者需要控制好情绪,经常有人说,女领导到了更年期,情绪让人无法琢磨。女性要做好心理建设,提升抗压能力。在夫妻关系或在孩子教育方面走极端,可能让女性产生强烈的心理负担,需要提早意识和储备心理知识,使之不变成女性领导者的软肋。”

北京市呼家楼小学校长马骏:“作为领导者,不能束缚和道德绑架他人,特别是他人的尊严,应给予其尊重和自由,人性才能够释放出光彩和活力,生命的能量才能被点燃、激活和唤醒。尤其我们从事教育工作,呵护孩子的自信和勇气是最重要的。”

北京世纪阳光幼儿园园长董燕:“情绪控制对女性领导者来说很重要,感性化有时是优点,如动情时的同理心,但大部分时候,情绪失控会导致严重后果。另外,女性领导者要果断,要善于授权。喜欢亲力亲为,或在授权的过程中瞻前顾后,权力不能真正下放,管得太细,也是女性领导者要注意避免的问题。”

北京市白纸坊街道办主任杜春晓:“女性领导者要有大局观,应避免过度自我关注和对外界过度敏感。女性要善于提出明确要求,无论对上级还是下级,另外还要避免完美主义和斤斤计较。”

南非共和国驻华大使馆海关税务署黄凌:“领导者需要持开放和包容的心态, 要让团队不断进步,要善于发现和培养人才。女性领导者要注意克制事无巨细地插手下属工作,凡事都要过问和催促、不会放权的毛病,会让下属产生不信任感。”

农业银行工会工作部主任康丽雅:“女性领导者要一身正气,不能耍娇气,有人认为在领导面前流眼泪是女性的有力武器,但哭诉委屈是导致女性领导者降低威信的行为,也是女性的自我贬低。”

为了对比不同的性别视角,我们又邀请了 5 位男性受访者,看看几位男性领导者在访谈中的回答。

中石化宣传部部长吕大鹏:“首先,女性工作细致细腻,非常敬业,但有时候会让人感觉过于琐碎或拖沓,希望女性能够比较明快地安排工作,让下属清楚工作内容并心生佩服;其次,作为一位女性领导者要避免情绪化,一受委屈就哭,这会影响女性成为领导者;第三要职业化,在职场上不要过多谈论孩子和家庭。”

九三学社中央理论研究中心副主任方炎:“职业化很重要,不要过多在工作场所谈论家庭和孩子,而是要更多跟上级领导讨论你的工作思路。”

时任中共北京市委社会工作委员会社会组织处处长王森林:“女性领导者应该要有胸怀,要规避控制欲太强和猜忌的心理,尤其是面对优秀的同性不能嫉妒心过强,要能欣赏同性的优秀,给同性创造空间。”

北京师范大学第三附属中学副校长张玉平:“第一,女性领导者要对自己有足够的自信,开展工作逻辑要清晰,有时候女性想法太多,思维比较混乱而且善变;第二,在处理问题的过程中不要又想要权利平等,又因为自己是女性需要关照,大家只是在工作,不能像生活中或者朋友之间那样相处。第三,切忌搬弄是非,不要为了迎合他人而在不同群体中说不同的话。”

北京布本智能科技有限公司首席知识官、数据专家王安:“女性会不自觉地回避冲突,这会弱化女性领导力,因为冲突处理会体现出领导者对于未来发展方向有把握的信号,而追随者会从领导者的言行里得到信号,所以适当面对和处理冲突是展现信心和传达组织价值观的机会,只有在冲突处理的决策过程中,才能集中展示领导者的态度。”

以上 9 位女性和 5 位男性的访谈结果提到的女性需要塑造的行为你是否拥有?女性规避的行为你是否“躺枪”?其实上述行为一部分出于社会对于女性的刻板印象,另外一部分是由于女性的无意识或认知误区所致。领导力并不只是体现在轰轰烈烈的大事件中的刚毅和果决,日常工作中与他人交往和互动的行为,也能让人感知到领导力的存在。

以上行为研究和访谈,让女性对领导者行为建立框架,对有志于成长为领导者的女性具有很强的建设性和警示作用,同时也有助于女性就一些认知误区及行为防微杜渐。

三、重心平衡型女性领导力模型

领导力素质模型是本书讨论领导力发展的重要研究方法,各领域的领导力素质模型很多,但女性领导力模型研究还不够丰富和深入,本书介绍的两个女性领导力素质模型都是基于培训需求而开发的,在对女性担任领导者还存在社会偏见的社会环境下,聚焦女性领导者面临的现实挑战,建立能够反映女性领导者角色的素质模型,指导女性领导力提升的方向,具有非常现实的意义和价值。

在《打造完美女性》一书[①]中，麦肯锡公司的高级合伙人乔安娜·巴斯和麦肯锡公司旧金山办事处的组织咨询顾问苏西·克兰斯顿介绍了她们在开发女性领导者培训计划时建立的“重心平衡式领导力模型”(图 1-3)，书中把女性领导力的独特之处归结为工作、成就、快乐三个维度。

重心平衡的领导力模型的先决条件是领导者必须拥有一定的天赋，领导意愿和适应变化的能力，通过平衡掌握上述五个要素，该模型可以帮助女性领导者达到扩大影响、不断进步和发现快乐的成长目标。

四、蒲公英女性领导力模型

中西方女性面临的社会环境和文化背景不同，使得西方的女性素质模型不能套用于中国女性，蒲公英女性领导力素质模型最初建立是基于培训的需要，而不是严格的人才筛选，所以最初建模时更多是基于经验和对蒲公英学员的培训需求。蒲公英计划学员处于事业的上升期和个人思维多元化阶段，同时这一阶段也是家庭中孩子抚育的关键期，个人、事业、家庭交织在一起，常常会让女性产生角色冲突进而面临挑战和压力，她们需要更加开阔的视野和更强的综合能力，才能处理好事业和家庭间的关系，顺利地渡过这段充满挑战的成长关键期。

基于这个群体的领导力成长需要，我们在建模过程中，融合了领导力开发经验和对蒲公英学员成为领导者过程中的关键行为事件进行的访谈，并在蒲公英女性领导力素质模型的基础上开发了针对性的领导力测评工具，对蒲公英计划的学员进行入学前测评，测评包含三个目的：

- 让学员了解自己的领导力现实水平；
- 为每期蒲公英计划的课程设置调整做参考；

---

① 巴斯，克兰斯顿，刘易斯.打造完美女性[M].王茜，译.北京：机械工业出版社，2010.

• 让学员在通过蒲公英计划的学习,对自己的领导力成长进行对比。

历经八年,通过对超过千名学员在领导力学习和实践中的行为表现的观察,不断修正和完善指标体系,下面我们将对蒲公英女性领导力模型的构成和进化过程进行介绍。

蒲公英女性领导力素质模型由三级指标构成。从女性领导力的全视野角度看,一级指标(也称维度)由四个维度组成,分别是"突破自我""带领团队""建设家庭""影响社会"。

二级指标我们称为素质,每个一级指标(维度)包含两个构成要素(素质),共计 8 个素质。

三级指标我们称为关键行为,三级指标由 24 个关键行为构成,行为又分成正向行为和负向行为,在学员进行测评时可以对照正向行为和负向行为给自己评分。

在蒲公英女性领导力素质模型的一级指标中,"突破自我"和"带领团队"这两个维度没有显著的性别特征,"建设家庭"和"影响社会"这两个维度,我们赋予了女性特点,因为女性的家庭角色更重,付出的时间和精力也更多,如果在这方面做得不够理想,无论对个体心理感受还是社会评价都会产生消极影响。

蒲公英女性领导力模型最初是基于培训需要而产生的,随着每一期学员参加领导力培训后的反馈和我们对培训过程中的行为观察,蒲公英领导力模型经历了一个在实践中逐渐进化的过程,下面我们对模型的完善过程进行回顾。

最初的第一期模型只有两级指标,一级指标包括"以身作则""适应环境""人际影响"三个维度,二级指标包括"大局意识""率先垂范""女性风采""着眼未来""发展友谊""沟通协作""鼓舞士气""辅导他人""学习成长"九种素质。

第二期模型引入了"性别认知"维度,开始关注"女性优势",并把"惯性局限”和“中层发展瓶颈”作为负向指标去考察。

第三期模型一级指标增加了“个人魅力”,二级指标增添了“人格品质”和“成就动机”。在“女性优势”维度中,重点是洞察“天赋与能力”以及如何“保证成果”,还包括其他素质如“时间管理”“信守承诺”“双赢思维”和“平等接纳”等。此外,还在性别意识里增加了“女性认知误区”,包括“情绪管理”和“同理心”等方面的指标。

第四期增加了一级指标“职业素养”,包括“职业态度”和“精力管理”两个二级指标。

第五期增加了一级指标“自我成长”维度,包含“自我管理”和“终身学习”两个二级指标。

第六期将一级指标“自我认知”改为“觉察自我”。此外,“带领团队”“建设家庭”和“影响社会”进入了一级指标。第六期已经很接近第七期开始一直沿用到现在的统一模型了。

第七期以后,一级指标固定为“突破自我”“带领团队”“建设家庭”“影响社会”四个维度,并一直沿用至今。随着情境的变化,二级指标中的个别素质和三级指标中个别关键行为有所调整。比如 2020 年经历了新冠疫情后,我们在二级指标中增加了复原力,2022 年增加了“新媒体素养”。

五、蒲公英女性领导力测评结果

基于蒲公英女性领导力模型,我们开发了针对蒲公英学员的领导力测评工具。从蒲公英计划第一期到最新的第十六期,共有 1,387 人参加测评,回收的有效参评问卷共计 1,387 份。

(一)参加测评的女性样本构成

测评学员年龄最小 25 岁,最大 59 岁。平均年龄 38.8 岁,年龄段分布如图 3-2。

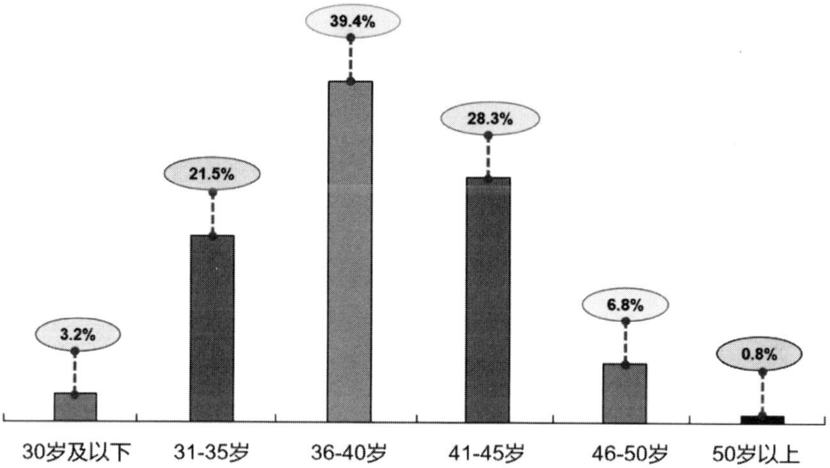

图 3-2　样本年龄构成

图 3-3 和图 3-4 是参与测评人员的学历构成和政治面貌构成。具有硕士及以上学历的优秀女性在 73%以上,学员一直保持高知识层次。

蒲公英学员主要来自政府机关、教育领域、科研事业单位、医疗卫生领域、其他公共事业单位、企业及其他营利机构六个领域,覆盖 20 多个不同行业。

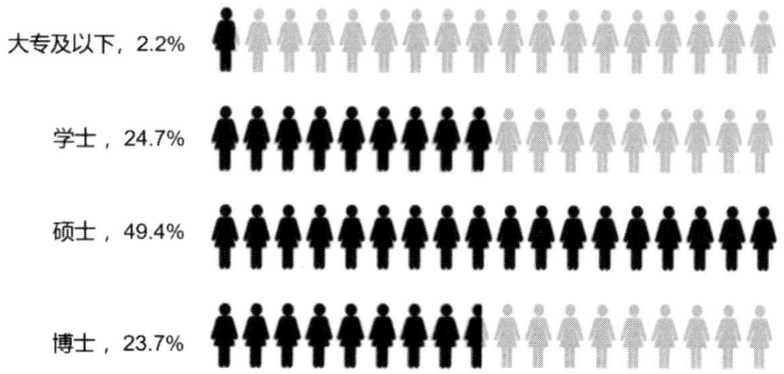

图 3-3　样本学历构成

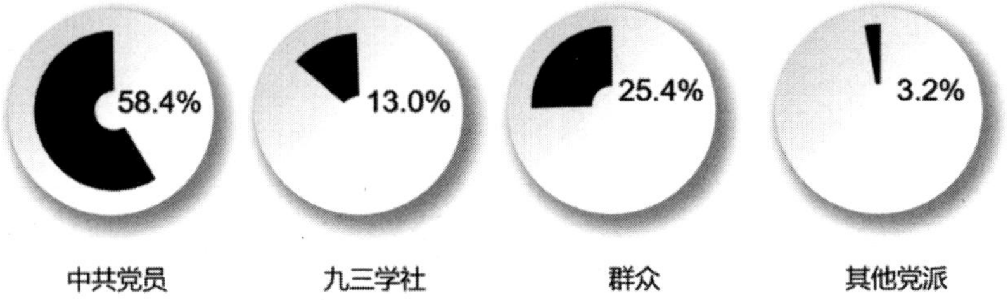

图 3-4 样本政治面貌构成

(二)蒲公英女性领导力测评结果分析

蒲公英测评采取被测评人自我评分的方式进行,需要特别说明的是:

首先,展示的测评结果不是对 1,387 名学员的一次性测评结果,因为每期参评的学员是年龄段、知识层次、管理层级和工作经历相似的女性群体,我们在对每期的测评结果进行对比分析时发现,结果显示出显著的一致性,所以我们又对每期结果进行了二次总均值统计,最终展示的是二次总均值统计后的测评结果;

其次,由于模型在前 6 期每期都有调整,第 7—16 期,虽然一级指标不变,但各期也有个别指标的变化,所以我们在做总均值分析时,对从最初开始的不同期模型,按照行为的描述重新进行分解、提取和对应,与最新模型的素质和维度进行对应,并重新进行数据拟合;

最后,我们还对行业、单位性质、年龄、学历、政治身份、不同年份等因素基于无偏均方差进行交叉分析,评估对测评结果的不同影响,希望能从现有的测评样本推及更大的群体,由于这一部分的研究还不够成熟,还需继续深化和更多的数据做支撑,所以本书暂时不介绍这一部分结果。

(三)一级指标测评结果

图 3-5 展示了蒲公英计划 1—16 期领导力测评的一级指标总均值。由图可见,一级指标“影响社会”得分最低,为 3.9 分,其他一级指标得分均在 4.1 分

以上。这个结果揭示出女性群体在当下无论是影响社会的意识还是能力，都有待进一步提升。

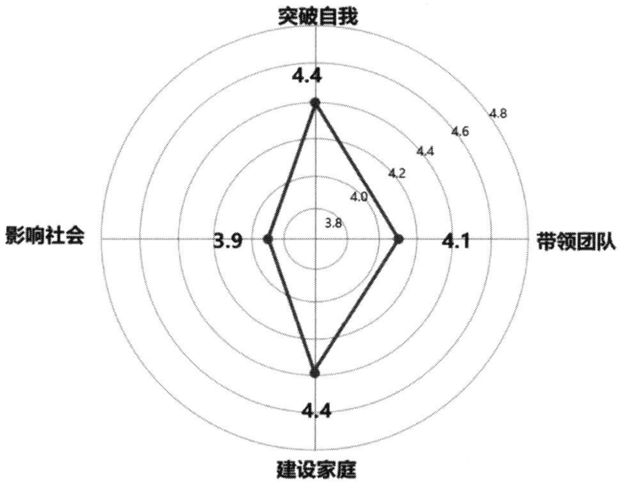

图 3-5　一级指标总均值

（四）二级指标测评结果

图 3-6 展示了蒲公英计划 1—13 期领导力测评结果二级指标的总均值。

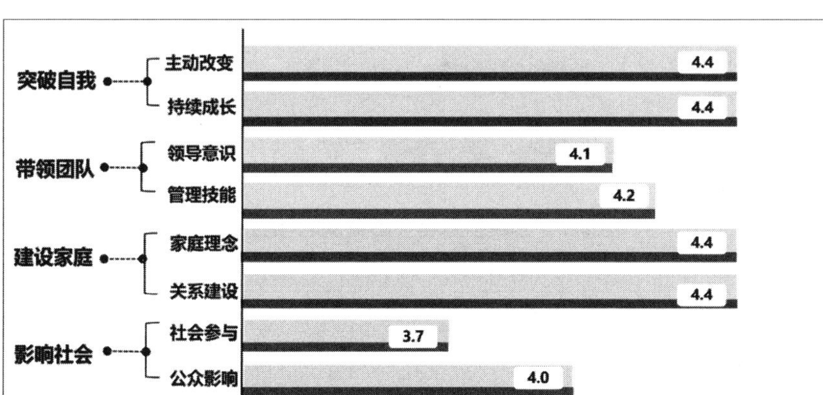

图 3-6　二级指标总均值

由图可知，二级指标中“主动改变”“持续成长”“家庭理念”和“(家庭)关系建设”评分较高，说明处在中层管理岗位的女性群体对自我成长和家庭给予同等重视。但“社会参与”“公众影响”和“领导意识”相对较低，特别是“社会参与”最低，这也是导致女性社会影响力偏弱的原因之一。

(五)三级指标测评结果分析

图 3-7 展示了蒲公英计划 1—16 期领导力测评结果三级指标得分最高的五项行为，“婚姻认知”“不自我设限”“相互成就”“复原力”和“平等意识”是得分最高的 5 个关键行为。其中，“复原力”和“不自我设限”来自突破自我，“婚姻认知”“互相成就”和“平等意识”来自建设家庭，这些行为代表着参与测评的蒲公英女性对平衡家庭和事业的不懈努力。

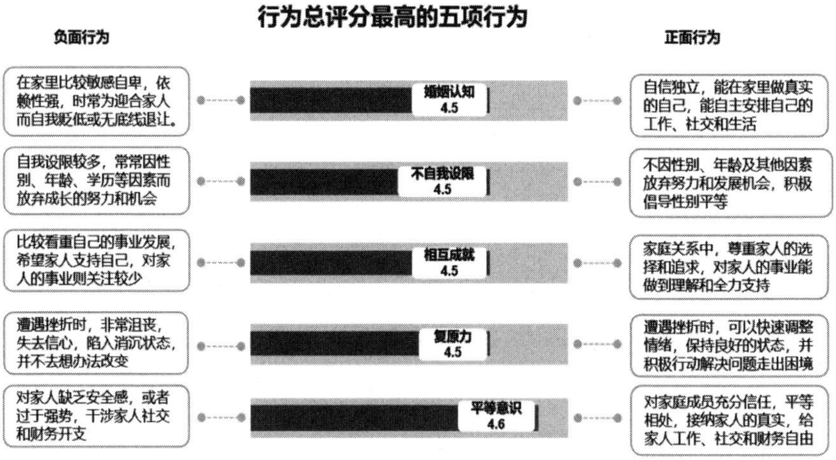

图 3-7 三级指标得分最高的五项行为

图 3-8 分别展示了蒲公英计划 1—16 期领导力测评结果三级指标得分最低的五项行为，其中包含了来自一级指标“影响社会”的“演讲能力”“新媒体素养”“政治参与”和“公益参与”，以及来自一级指标“带领团队”的“果敢决断”。这一结果表明，虽然当下女性影响社会的话语权和机会都有限，但作为女性，

其自身对影响社会的意识和能力的储备也不够。同时，我们希望借此引发想提升自身领导力的女性对这些方面能力建设的高度重视。

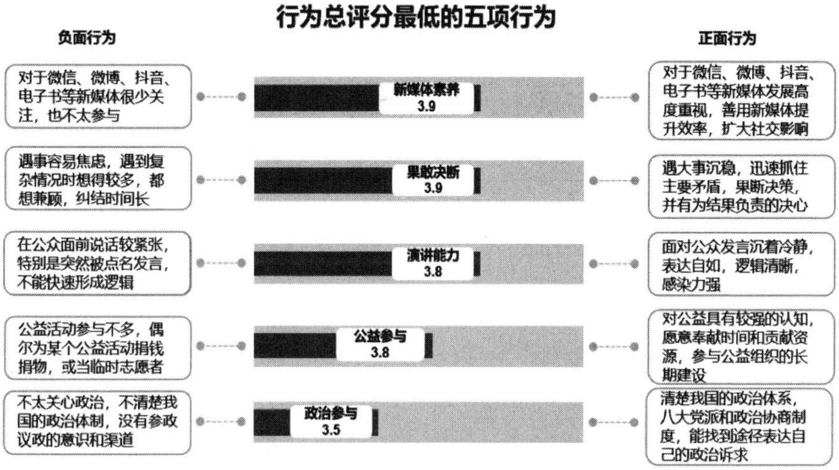

图 3-8　三级指标得分最低的五项行为

女性领导力能力建设重点

蒲公英女性领导力素质模型为女性领导力提升建立了框架，包括突破自我、带领团队、建设家庭和影响社会。在这四个维度中，最弱的维度是影响社会，其中"演讲能力""新媒体素养""政治参与"和"公益参与"是最需要建设的重点。另外，在带领团队的维度中，"果敢决断"和"冲突管理"也是女性的两个弱项，需要重视和提升。

（六）对于蒲公英女性领导力测评结果的进一步思考

很多申请蒲公英计划的学员反映，参与领导力测评本身对她们就是一次学习的机会，因为在回答题目时，有些问题她们之前从来没有过这方面的意识，或者没有参加过类似活动，所以在答题时不知道该如何评分，或者是给自己的评分特别低，这也反映出职业女性偏重专业的精进，但视野不够开阔，对整个社会发展不是太关注的现状。

(1)社会影响较弱。从第1—16期的整体情况来看，参评女性在社会影响这个维度的得分都偏低，可见社会影响力是女性在未来成长中要注意提升的方向，社会影响力需要锻炼和积累，如果优秀的知识女性群体对社会的参与度都较弱，只在自己的专业领域里面出色，而不能对整个社会产生积极影响，那么社会的公平发展进程就会延迟。女性只有意识到自己的使命，才能参与到推动全社会均衡发展的活动中。

(2)家庭建设新问题。在价值多元化的当今时代，我们的测评也碰到了一些具体问题，比如在"家庭建设"这个指标上，因为我们重点考虑的是亲子关系和夫妻关系这两个素质，但有些参与蒲公英计划的单身女性，暂时没有成家的想法，要当solo(独身)人士，这给我们的模型和测评设计甚至课程建设都带来了一些挑战，也促使了我们努力思考解决办法。

(3)女性提升领导力的着力点。最初设计女性领导力测评，只是想为蒲公英计划的种子学员了解自身领导力水平提供参考，经过八年积累了上千份领导力测评数据后，我们发现，挖掘这些数据的潜在价值，能指导更多女性少走弯路，帮助我们找准领导力建设方向，提前积累作为领导者必要的经历、经验和社会资源。测评结果显示，"演讲能力""新媒体素养""政治参与""公益参与""果敢决断"得分最低，其实并不是女性能力不足，而是不够重视而导致不自信，从而不敢主动争取晋升机会，只是被动等待上级发现自己的才华而得到提拔。这些能力需要在实践中提升，如果一直得不到发展，女性就会积累劣势，在这个过程中导致的性别壁垒对女性的影响更大。所以本章的第三节到第六节，我们将针对蒲公英领导力模型中的一级指标中的四个维度：突破自我、带领团队、建设家庭和影响社会的建设方法一一展开讲解。

延伸思考

1.你认为领导力存在性别差异吗?

2.你认为哪些行为会削弱女性领导者的领导力?

3.你认为自己在突破自我、带领团队、建设家庭、影响社会四个领导力维度上,哪项最强?哪项最弱?

4.如果运用蒲公英女性领导力素质模型(图3-6)为你自己评分,你会给自己打多少分?

5.蒲公英领导力测评结果和你自己认为的结果一致吗?差异最大的是哪一项?

第三节　找到真我,从突破自我开始

自我突破是蒲公英女性领导力模型的第一个维度,也是女性领导力发展的第一步,为了了解女性自我突破的触发时机和机制,我们对13位女性进行了访谈,访谈包括以下问题:

1.谈谈您是如何走上领导岗位的?

2.谈谈您您是如何度过人生最困难的时光的。

3.自我突破会在什么情况下发生?

4.哪些因为会阻碍女性的自我突破?

5.谈谈您对女性自我突破的建议。

我们希望通过对受访者回答中的关键事件和行为进行梳理,找到女性实现自我突破的关键点。在访谈过程中我们同样也采访了几位男性领导者,希望以此与女性领导者的经历进行对比,探讨自我突破的性别差异。

一、自我突破的发生

在访谈中,大家将自我突破的发生归结为内在的主动选择和外在的环境影响的结果,自我突破的发生主要有以下三种情况,在人生的每个阶段,突破的方向和重点都不一样。

(1)不满工作现状。对工作内容不喜欢或发展空间受限,或者长时间从事同一工作缺少挑战,希望拓展新的领域,拥有更多发展机会和话语权。

(2)工作角色发生变化。在新岗位得不到接纳认可,或暂时不够自信能胜任新岗位,希望快速适应和进入状态。

(3)身处艰难时光。身处不由自己把控的艰难时光,比如女性晋升遭遇玻璃天花板,或者人生遭遇重大变故时,面对未来的复杂性和不确定性找不到解决问题的思路和方向,希望提升解决问题的能力。

马丽现任北京新生巢生物医药科技产业运营有限公司总经理,曾挂职中关村科技园区昌平园管委会副主任,曾任中国科学院生物物理研究所学术支撑处处长,兼任中国生物物理学会常务副秘书长和中国科协生命科学学会联合体副秘书长。让我们从她的故事中看看自我突破在她身上是如何发生的。

自我突破在我身上好像一直都在发生。在原来的研究所,我就属于没事会给自己找活儿的人,喜欢变化和追求更好。我不是一个能接受一眼看到退休的人,我希望自己有一定积累后做更有新意和更有意义的事。我的职业经历就是从校门到所门。记得蒲公英计划第十二期开营课上,甘老师告诉我们,作为领导者要注意积累多元化的工作经历,这样能开阔视野和增长见识。这对我触动很大,在体制内工作了 16 年,我开始思考如何主动变化。就在蒲公英训练营学习期间,我争取到了去中关村科技园区昌平园管委会挂职副主任的机会。

在园区工作一年多的时间里,我深入生物医药科技产业运营公司,从零开始学习企业经营，经历了从体制内中层干部到企业一把手，从“中央一根针到地方一个面”的工作思路转变，从参与决策到主动决策的转变中，增强了自己的洞察力和决断力。经过一年多的摸爬滚打，如今我已经从体制内彻底走出来，成为在市场上打拼的创业者，这需要打破安全环境的勇气，要勇于接受撕裂式成长。

我来到现在的公司，是因为看到了很多科学家在基础研究领域做出了有可能实现产业转化的成果，而生物医药领域又有太多未被满足的临床需求，我愿意在中间发挥助推的作用，恰好此时，我碰到这样一个机遇。所以说，机遇永远是留给有准备的人的，一个人只有渴望成长、主动求变，才能持续不断地突破，从而实现更高的人生价值。

吸引我邀请中央广播电视总台记者董彬接受访谈的原因是她在蒲公英计划的“精彩七分钟”演讲时分享的“上天入海”的故事，上天是指珠峰高程测量报道，入海则是载人深潜报道，让我们来听听董彬自我突破的故事。

自我突破是内在和外在共同作用的结果。在珠峰高程测量的报道中，我作为总台前方报道团队中唯一的女性，在西藏连续工作了 44 天。这里“一天四季”，这种气候对我们的电视新闻工作形成了不小的挑战，任务安排、节目策划、话题设计，紧张的工作就这样开始了。高原上的电视新闻制作要精打细算，因为我们的工作要紧跟测绘队伍，绝不能“慢半拍、掉链子”，容不得“再想想、重新来”，话题怎么选取、请谁、向观众介绍什么、机位怎么设计，都要依次安排，一气呵成。还有突如其来的不可抗力，更是随时可能打乱原有的工作计划。高原上供电不稳，一旦遇到停电，我们只能停下营地里的工作，退回到山口的定日县编辑推片。不打好提前量，提升组织效率，想要如愿完成节目播放谈何容易。为了让观众与我们一起感受大本营的美与特别，体验不一样的生活，我们还制作了“大本营如何上厕所”“珠峰星空”等一系列广受欢迎的短片。

在载人深潜的报道中，我需要跟踪报道潜水器从研制到最后海试成功的全过程，这是一段跨度长达几年，要经常辗转于全国多地的科研院所、生产车间、试验现场的经历。想要真正将最真切的第一现场呈现给屏幕前观众，我就需要站在“第一现场中的第一视角”——不仅要抵达现场，还要亲身体验，也就是说我一定要争取跟随潜水器下潜。我不仅需要克服心理上的困难，而且要经过前期与潜航员相似的大量理论和实践培训，掌握相应技能。目标确定了，就要做好克服困难的心理准备，用行动解决实际困难。这个过程必然不容易，但也能突破自我，只要去做，总有解决办法。所以经过几个月的努力与反复沟通，我终于完成了“独家体验下潜”的系列报道，实现了第一视角的全程记录。这段经历告诉我，自我突破的方向与认知高度及知识积累的广度有关，特别要有心理准备，还要有强烈的意愿去打持久战并经历波折，需要做足心理建设。

以上两位女性主动求变的故事让我们认识到，女性的自我突破与认知高度、渴望成功的意愿和知识积累的广度有关。首先，女性不能自我性别设限，“上天下海”这样的事，女性也能干。主动求变是一种自我突破的行为，更是一种人生态度。只要目标坚定，并做足经历波折和严峻困难的心理准备，就能实现自我突破，成就不一样的人生。

（一）履新突破，避免四种常见误区

领导者的自我突破发生的第二种情况，通常是在履职新岗位时。履新初期，所有人都在观望新领导的“三把火”，在观望、质疑或期待中判断你是否胜任这个新岗位。你可能会遇到前任留下的烂摊子，也会遇到创新业务打不开局面的巨大压力，还可能遇到同事不欢迎你到来的尴尬局面，因为你“抢了”本应属于他们的机会。我们来看看受访者们履新时遇到的问题，以及他们如何在转“危”为“机”的过程中实现自我突破。

吴彬在接受访谈时，刚上任北京市药检所所长，下面的故事还是她在担任药检所所长时的经历。

我刚调任药检所所长时，很多遗留问题和当前问题交叉在一起，很考验

处理问题的勇气和智慧。这半年对我来说是一段很有挑战性的时光，面对抱怨，我每天都必须保持精力充沛，讨论面临的问题该怎么处理，既要保证组织有效运行，又要保证不出质量安全问题。我们的工作直接关系到民生，不能乱，而整个过程又不以我的意志为转移。但最难的时光，往往也是一个人突破自我的成长机会。在这半年中我有三点体会：第一是对困难的估计要足；第二是该不该我承担的责任，在紧急情况下，我都必须要承担；第三是无论多难都要保证队伍的稳定。我们有很多制度，一定会有一个磨合过程。在变革初期，人心会动荡，看不清未来，这对我的综合判断也是个考验，有了这次经历，相信未来我在面对更大的挑战时会更加沉着冷静，更有智慧，因为经历就是财富。

农行工会工作部主任康丽雅："我最困难的阶段应该是在 2014 年到 2017 年，因为业绩突出，领导就把我换岗到了省二级行当一把手。2014 年对于中国经济来说是一个严峻的时期，我所在的分行过去在业务经营和拓展方面存在一些未曾暴露的问题，前期大量信贷投放导致了一些不良贷款，我上任后处理这些问题感觉非常棘手，职业生涯中我第一次面临来自领导的信任危机，领导对我处理事情的能力产生了质疑，在大会小会上多次对我所在的分行进行了批评。全省 22 个分行中，我是唯一的女行长，其他分行都知道我所在的分行发生了什么状况，那时我压力非常大。每当我遇到比较大的挑战时，我会跟自己对话，从自我对话中理清思路，找到问题所在，寻求理性的解决方案。记得当时我问了自己几个问题：不良贷款是我造成的吗？如果换成别人，是不是会做得比我更好？我的做法是对分行有利还是有害？这些问题的回答让我能够坦然去面对这样的状况，让我度过了那段最艰难的时光，这是我自我突破的方式。"

北京世纪阳光幼儿园园长董燕分享了她接手一个情况不太好的幼儿园的故事。

刚到世纪阳光幼儿园时，名册上有 200 多个孩子，但退园的孩子有将近 80

个，实际在册孩子只有 100 多人。我刚接手时跟后勤园长和班主任们沟通，给每一个班开家长会，为每一个班签字，用我的管理经验和专业能力传递给家长们信心，我可以把这个幼儿园管理好。为了把愿意留下来的家长们安抚好，让家长们感受到我来了之后幼儿园的变化，我找到两个突破口：一是改善卫生，先让幼儿园整洁、明亮、干净，让老师们的精神面貌好起来；二是综合家长们的意见，开设半日开放课程，让家长们了解幼儿园，增加园内活动。这两件事做到位了，家长们对我的管理很快就认可了。我们园的良好口碑在家长们的相互交流中建立，入园人数快速增长，目前要想进我们幼儿园已经需要排很长的队了。

一个人的自我突破往往是困难发生时被激发的。回头来看，身处领导岗位困难常有，解决完眼下的困难，就只有未来还未发生的新困难了。所以面对困难是担任领导者的常态，领导者需要给客户传递信心，给团队鼓舞士气，需要自己突破畏难心理，因为你是领导者，你是让大家安心的那个人。

在关于自我突破的访谈中，我们也选择了两位男性领导者作为访谈对象，想对比看看男性和女性在面对职业困难时的突破方式有何不同。

九三学社中央理论研究中心副主任方炎曾有过从国家机关到地区挂职的经历，让我们听他讲述一下扮演新角色的自我突破过程。

从农业农村部农村经济研究中心转到昌平区政府任副区长的那段经历，对我来说压力比较大。因为从国家级研究单位到地方政府，从理论研究到具体工作，跨度大，理想和现实之间的落差也比较大。这段经历让我能够理解地方政府官员受人大监督，立足地区角度考虑问题的立场。比如关于教育，我希望所有的孩子无论有无户口，都应确保享有受教育的权利，但是区政府的财政经费首先要考虑本区居民，如果把财政经费花到外地打工子弟身上，人大就会提出质疑，这没有对错，但你会发现，做理论政策研究和开展实际工作，考虑问题的角度不一样。

我当时在区政府分管教育、卫生等部门的工作，但我的专业不是教育或卫生管理，以前也没有相关经历，因此，和主管部门负责人之间的关系如何协调，也是我当时面临的挑战。政府领导是通过解决问题树立威信的，当地干部在本地工作时间长，资源多，有问题比较好解决，而我是空降干部，短时间内除了工作关系没有其他资源，当我代表政府去协调其他相关部门的工作时，也没有自己的工作班子，推进工作非常困难。我陷入了僵局，每天忙于具体事务，对于方向性的思考难免少一些，导致在进行干部考察时，我是班子成员里分数比较低的，我的领导能力也受到了质疑。那时候我的压力很大，甚至产生过放弃的念头。

但这段经历让我对中央部委干部直接空降到地方工作有了很多的思考，那就是要为空降干部创造落地的条件；同时，空降干部也要做好自我突破的心理准备和新知识的储备。对我而言，就是要提升从理论研究落实到实际工作开展的能力，放下学究气，认清工作的重心不是论证，而是协调各方关系，着力解决每天发生的实际问题，要快速以专业实力和做事态度凝聚人，快速形成自己的正式或非正式工作团队。这段经历为我后期回归党内相关工作和理论研究工作岗位极大地开阔了思路，让我开展工作更有抓手，政策制定也更加容易落地。

中石化宣传部部长吕大鹏也是一位男性领导受访者，让我们看看他在接受新岗位、面临新挑战时的经历。

“2012 年 6 月，我接任中石化新闻发言人，这一年媒体关注中石化的信息总量是 55 万条，平均每天有 1,522 条，其中负面信息占到 42%，平均每天有 639 人次在骂中石化。产生负面舆情主要是因为大家对社会的一些负面意见转移到国企，认为国企比较傲慢，而中石化又是最大的国企。在互联网时代，人人都有话语权，每个来加油的司机几乎都有微博，那几年发微博很流行，只要有万分之一的服务不周到，就会引起轩然大波。再加上中石化当年也没有处理负面舆情的经验，每天面对这么多人骂我，骂我服务和热爱的企业，的确很痛苦，我甚至打过退堂鼓。这时候领导们给予了我很大的信任和激励，我自己也努力放下思想包袱，到处向专家们取经，虚心学习，每天都在不停地经历失败和解决问题中反复打磨，慢慢地，我摸索出了一些经验，走出了那段艰难的时光。”

“如今，中石化正在信息公开透明的道路上不断推进，到目前为止，正面信息大约占到 90%。对于这段难忘的时光，我的感受是，困难时期对一个人来说往往是难得的历练机会，面临艰难的至暗时刻，我们必须迅速冷静下来，不能轻易放弃，放弃面对困难就等于放弃了提升解决问题的能力和自我突破的机会，这时候要勇于放下压力和自我感受，要善于学习，要相信团队的力量，相信困难总会解决的。”

上面四位受访分享的经历，没有显示出显著的性别差异，无论男性女性，在发生工作角色转换时，都会面临新挑战，会不被新环境接纳或者缺乏新岗位所需要的经验和资源，这时自我突破的关键是心理调适和快速适应现状，不要用老思路看待新问题。只有冷静分析当下的困难局面，才能抓住主要矛盾和快速找到突破口。领导者要实现履新时的自我突破，我们为大家总结出四个关键步骤：

文化契合度评估。新领导总是热情洋溢地急于改革改组，但是这样做风险极大，要了解哪些行为有可能受到团队的负面评价。勇于冒险、处事灵活多变的领导来到井然有序、谨慎小心的团队后，大家会觉得新领导缺乏规划，不够稳健。反之，如果谨慎型领导加入创新团队，大家又会对其谨小慎微和行事缓慢的风格感到失望，所以与团队文化匹配是履新自我突破的第一步。访谈中九三学社中央理论研究中心副主任方炎的经历，向我们展示了这一点的重要性。

(1)更新自我认知，快速弥补不足。你被任命为新领导是因为你过去优秀，很多新任领导却误以为这意味着自己在新领域仍然优秀。但原来岗位适用的个人特质在新岗位未必奏效，过去激进的风格会助你取得成就，但现在则可能会导致你与管理层的同事发生冲突。再比如追求完美、亲力亲为有可能让你在新单位平台更大、节奏更快、工作更复杂的职位上不堪重负。所以快速认清新形势下的自我优劣势并针对必要能力补短是个人突破的第二步。中国农业银行广东分行工会工作部主任康丽雅的经历都给了我们这样的启示。

(2)建立个人公信力。新团队会关注你的一举一动，包括你的沟通方式、常与哪些员工谈话、是否在员工餐厅用餐、是否有突出的个人偏好等，树立坦诚、公正和负责的形象是领导者履新后实现自我突破的第三步，不能以个人偏好进行人事和业务决策，具备大局意识和保证组织安全是履新领导者的首要任务，北京市药检所所长吴彬的行为为女性树立了榜样。

(3)建立关键议题上的影响力。领导者在上任之初，应尽快与自己的直属下级、老员工、近期离职员工和外部利益相关方进行沟通，对组织存在的问题有充分的了解。在与上级领导取得一致意见的前提下，领导者要清晰简洁地阐述未来的工作重心，让大家相信你是一位强有力的领导者。你对单位发展的整体愿景将是上任初期沟通对话的重点，也是对人员、流程和文化做出决策的依据。我们从中石化宣传部部长吕大鹏和北京世纪阳光幼儿园董燕的经历中看到了这样的风范。

领导者履新突破四步法

到新环境担任新职务，首先对团队文化氛围要高度敏感，调整自我风格以契合新团队的文化；其次是在能力上要快速补短，不要用老经验看新问题；第三是要约束自我偏好，建立公信力，建立公正担当的形象；第四是迅速在关键议题上产生影响力，让团队对你的洞察力信服。

(二)艰难时光,守住内心的坚持

九三学社中央副主席印红在九三学社是女性们学习的榜样,她不仅视野开阔,思维有战略性,还特别关心女社员的成长,在接受我访谈的过程中,印红主席也谈到了她的职业经历中比较有挑战性的时光,让我们看到高层女性领导者度过艰难时光时是如何保持平和的心态并坚守信念的。

女性经常在争取晋升机会时摇摆不定,想放弃不甘心,想争取,又觉得困难重重。实际上,只要自己想好了,就要排除杂念,一直坚持走下去,这个过程中当然会遇到很多困难,但也会有经历艰难后的成长和突破。对我来说,比较有挑战的是我 40 多岁时的那段工作经历,当时我有能力却没有机会担任实职,因为当时担任实职的全是男性,职场中的男性普遍认为同性比较好沟通。这段时间大致持续了 10 年,后来机构改革,有些同事离开了,而我则留下来担任一个国际项目的负责人,这是一个世界银行资助的自然保护区建设项目,项目覆盖中国的五个省,工作内容涉及选点、布点等。这是一个全新的团队,采取国际化的管理方式,大量聘用外国专家,在这个项目中,我的专业能力赢得了世行项目经理的信任,他们对我的工作成果特别满意。从 1995 年到 2002 年的这段时间,是我成长最快的阶段,我在更高的平台上开阔了眼界,拓展了思维和能力,也因此在 2003 年机关竞争上岗时取得了成功。

女性在遭遇困难时,心态特别重要,需要勇于反思,学会放下,碰到困难不要沮丧,更不要自我否定,要先从改变和调整自我做起,只要保持平淡但不甘于平庸,慢慢积累,困难总会过去。

北京市白纸坊街道办主任杜春晓是一位从区政府办公室到基层街道主持工作的政府女干部,在受访过程中,她为我们分享了职业生涯中的两段晋升经历,让我们来听听她的故事。

第一段经历是我刚从西城区区委办公室副主任科员晋升到团区委副处级时,大家对我的印象是仅有理论功底,不太有实践经验。新环境的人际关系和工作中一些不太积极的反馈，以及我过去的一些工作想法也不太接地气，让我产生了严重的自我怀疑。这时我面临的困难主要是如何看待周围的人对我的看法，以及如何快速找到突破点。另一段是我在金融街街道办公室的工作经历。经过七年的副处任职，让我对工作驾轻就熟，对于我有什么优势、可以发挥哪些作用，慢慢建立了自己的认知。此时我产生了更高的发展愿望，期待自己有新的突破，但大环境又不是我能主导的，在没有新的机会来临时，我如何能在现任的岗位上继续充满激情地往下走，是我自己要面对的心态上的突破。

我现在任职的街道办公室是体制内管理机构的末梢，是最基层的政府单位，工作纷繁复杂，非常接地气。属地化、网格化的管理以及接诉即办、未诉先办等新的工作要求，让我必须保持感知快、反应灵、判断准确、解决问题及时有效，以及应变求变的工作状态。基层工作随时都需要自我突破，因为每天发生的事都不是你过去有过的经历，必须要保持积极向上的三观和主动学习的热情，无论在任何情况下，我都相信积极向上会给人力量，只有保持积极向上的心态，才能具备突破困境的勇气和实力。

东方华盖股权投资管理公司总经理许莉，是投资界的一位著名女性，我们来听听她关于战胜困难和直面挑战的故事。

“我们这个行业每天遇到的问题都很有挑战性，对于领导者来说，最困难的是在职业发展方向不清晰时，内心特别迷茫孤独，我经历了很长时间的彷徨。在我转入投资行业后，我发现这个行业并不像我想象得那样光鲜亮丽，而是充满艰难和挑战，我因此交了很多学费。但这段经历中我最大的收获是，要想让事情在正确的轨道上发展，必须坚定和专业的人一起干专业的事的理念，而自我突破的关键在于不怕犯错，边干边学，保持勇气和任何困难下都坚持到底的决心。

每个人的一生在不同阶段都会碰到不同的艰难和挑战，都需要突破自我。远洋集团高级副总裁李建波是我们的受访者中的另一位男性，他是一位资深的人力资源专家，还有一年就要退休。作为一生都在各大跨国公司和集团化企业工作的高管，他积累了丰富的人力资源管理经验，转换角色和“退而不休”是我们访谈的主要话题，让我们用他的故事来作为人生何时需要突破略做总结。

人在一生的每个阶段都会经历沟沟坎坎，也在不断过坎的过程中成长，你会发现当年觉得很难的事，现在看来也许都已不是问题。职业生涯初期，人的心理压力往往会来自经济方面，到了职业生涯中后期，压力会来自你自己的信心和寻找新的轨道。在职业角色自我转化的过程中，是被动接受挑战还是主动选择往前走，主要看你能否继续为他人或组织创造价值，能否对自己的能力和价值创造有自信，对自己的职业生涯有再做调整的心理准备，去学习和实践新技能，创造新人生。就我本人而言，在参与一些顾问公司、培训公司的项目时，我会突然发现，尽管这么多年自己在甲方不同层级都处于管理岗位，但视野还是有局限性，还需要更多新的视角，需要放弃一些固化的工作习惯和思维模式，这个过程会经历一些心路历程，一旦突破，人生境界也会慢慢得到提升。

二、阻碍女性自我突破的因素

北京新生巢公司总经理马丽：“女性自我突破的主要障碍是顾虑多，包括家庭、孩子、生活现实以及年龄等因素。我周边也有朋友想改变，但一直在犹豫，有些人已经一脚踏出，因为家人的一句话又退缩了。还有一个障碍就是自信心不足，中青年阶段正是女性发展事业的黄金时刻，经验的积累和资源的汇聚让我们有机会做一些有所突破的事，但很多女性却连换岗都不愿意，觉得换了以后无所适从，这主要自我设限所致。”

国家纳米科学中心研究员杨延莲：“妨碍女性实现自我突破的一个是自身因素，一个是外在因素。要实现自我突破，需要内驱力，这也是我做事的动力，女性永远不要觉得自己比别人差，一旦开始自我否定和自我贬低，就无法产生突破的驱动力。外在环境不支持女性的突破也是女性事业发展的阻碍因素，社会不太鼓励女性积极进取，认为女性更大的价值在家里，不应该在职场上有野心，所以女性要让自己心灵强大，心灵强大包括要有对待挫折百折不回的态度和坚韧地朝着目标迈进的意志。"

央视记者董彬："我从内在和外在两个角度来分析女性突破自我的主要障碍。内在阻碍包括两个方面。我认为女性的内在主观认知最重要，能否突破自我要看她是否有意愿突破。还有一个障碍就是女性的身体条件。我的大学老师说过一句话，'没有任何一条新闻报道值得用生命去换'。只有你知道自己的身体极限。外在阻碍主要来自获得他人的认同和理解，面对不同的人，女性要学会从他者的诉求和角度考虑问题以赢得支持，突破自我需要妥协和求同存异。"

远洋集团高级副总裁李建波："在我工作过的企业中，最初去校园招聘时，应聘者的男女比例是平衡的。但女性很快会从发展机会、工作环境、工作压力的角度，结合自身情况，对她们在企业里是否会有发展做一个综合判断，有些年轻女性会在职业早期放缓追求，在承担更大职责和进取心方面表现出顾虑。另外，安排年轻干部到外地轮岗时，女性员工不太积极，愿意接受外派的平均比例不足5%，从某种意义上看，相当于自动放弃了职业晋升的重要锻炼机会，把自己禁锢在一个不能突破的层级。"

上面四位受访者的回答显示，影响女性自我突破的因素主要有内在自驱力和外在环境，这其中内在自驱力起主导作用。那么女性要如何实现自我突破呢？让我们来看看蒲公英领导力模型中关于自我突破的素质和行为构成。

三、蒲公英自我突破模型与测评分析

虽然前面我们列举了自我突破发生的三种主要情况，但其实自我突破不仅发生在职业转型的过程中，也随时在日常生活中发生。我自己就有这样的亲身经历，当我进入一个不熟悉的群体或语境后，能够大胆发表自己的看法就是一种突破，如果我还采用惯常的思维和表达方式，就会发现自己的发言显得很另类，也不太容易被别人接受。而女性对于不被认同又很敏感，她们对这种不被尊重的感觉不会很快释怀，甚至会出现自我贬低或者因想得更多而焦虑的情况，虽然工作已经结束，但她们的情绪还在“劳动”。美国社会学家霍克希尔德在1983年提出一个概念叫“情绪劳动”，就是指当一个人陷入过度焦虑和纠结时，就会消耗自己大量的体力和精力，所以女性需要突破自己的思维习惯，减少情绪劳动。

蒲公英计划的女性领导力素质模型的第一个维度就是自我突破(一级指标)，由主动改变和持续成长两种素质构成(二级指标)。

表3-2 自我突破维度构成

内部环境评估		
维度	素质	行为
突破自我	主动改变	不自我设限
		拥抱变化
		善于学习
	持续成长	复原力
		自驱力
		人生复盘

主动改变的强烈意愿是自我突破的根本，如果改变的想法都没有，突破什么和怎么改变就没有发挥空间了。在蒲公英模型中主动改变包含三个关键行为(三级指标)：不自我设限、拥抱变化和善于学习。

不自我设限。有明确的人生规划，不因性别、年龄、出生、学历及其他因素为自己设限，不会因为这些因素放弃努力和发展机会。

拥抱变化。不会总是对人生的变化感到紧张和焦虑，因而选择逃避或放弃，而是保持积极的心态，主动适应，寻求变化中的机会和成长。

善于学习。对新知识新科技新领域高度关注并积极学习，总是尝试新方法提升工作效率，即使遇到困难或挫折，也能总结教训，找到改善方向，不会让自己的工作和生活一成不变。

主观上产生了自我突破的意愿后，如何拥有自我突破的能力？在蒲公英模型中构成自我突破的第二个素质就是持续成长，持续成长包含三个关键行为（三级指标）：复原力、自驱力和人生复盘。

复原力。遭遇挫折时，积极主动自救，快速恢复信心和状态，不会停留在沮丧情绪中或一直维持消沉的状态而不去想办法改变。

自驱力。自我成长和发展的意愿强烈，不待扬鞭自奋蹄，愿意折腾，愿意不停改变，而不愿意过佛系或者躺平的人生。

人生复盘。对于自己的人生使命能坚持定期复盘，在遇到困难时能坚定方向，而不会让工作和生活都跟着感觉往前走，不会对未来没有规划和想法。

我们来看看根据模型开发的领导力测评工具的测评结果，前面对测评样本已有论述，此处我们只展示总体的测评结果。

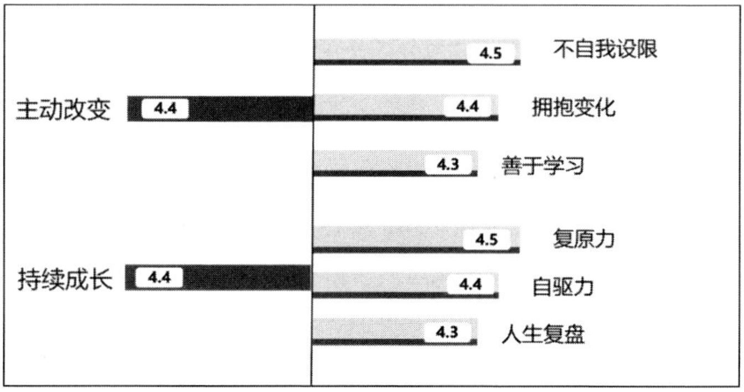

图 3-9 自我突破测评结果

测评结果显示，“主动改变”与“持续成长”得分较高，都为 4.4 分。

主动改变。“不自我设限”得分最高，表示参与测评者认为自己乐于且勇于突破，很少给自己设置太多限制，比较而言，“善于学习”得分低一点，为 4.3 分，这表示大家认为自己对于新事物的学习能力稍弱。

持续成长。“复原力”得分最高，证明参评女性在生活中遇到挫折和困难后能够及时调整状态，重建自信心，不做无谓的“情绪劳动”，能够精神饱满地迎接之后的工作生活。相对而言，“人生复盘”得分低一些，表明大家在生活和工作方面还需要培养适应的能力。

四、女性自我突破的建议

芬兰教育和文化部常任秘书长安妮塔·莱希科宁在分享她对女性自我突破的建议时说：“几年前我们改革大学部门和立法的经历对我来说非常有价值。改革过程中我们经历了许多困难时刻，但你必须冷静下来，这样才能做到真正的思考。这些困境不仅让我随着时间的推移更加沉稳，同时也学到了不表现出负面情绪的技巧。不工作的时候我喜欢阅读，喜欢与家人共度时光，同时我注重文化体验，我喜欢文学，文学可以帮我减轻压力，调节情绪。另外，积累知识和参加培训课程也有助于我们寻找处理问题的路径。而且我还认为，对自己有充分的了解非常重要，当你了解自己时，你就可以练习自控，并且更爱自己，只有更爱自己才能随时觉察自己的成长，才能觉察到自己的变化。”

北京新生巢公司总经理马丽：“女性要突破自我，首先自己要有主动改变的意愿，这是自我认知度的变化；其次要主动拥抱变化，这是突破自我最核心的因素，否则听再多课，遇到再多机会都不会采取行动；另外时机也很重要，遇到好的机会，会增强女性突破自我的信心和勇气。”

央视记者董彬：“第一，女性主观上有意愿突破是最根本的因素，要保持清醒的人生态度，知道自己的坚守和底线，不迎合所有人；第二要主动积极地学习不同领域的新知识，这才能为突破自我带来支撑；第三，女性在突破自我的过程中，需要克服困难，更需要坚守，还需要能够快速自我修复；第四是日常的复盘和反思，完成一件事后去提炼方向性或是原则性的观点和规则，也是一种突破。”

从访谈者的经历来看，虽然他们的工作领域、性别和所处层级不同，面临的挑战不同，但在其经历艰难时光和角色转换的过程中，我们也发现了一些共性，就是突破自我需要积极主动的心态、冷静下来的自控力和解决问题的行动力，以及坚持“扛住”的坚韧。我们对女性实现自我突破提出如下建议：

(1)不为自己设限。通过本节内容我们看到，不论性别、认知还是性格，都没有研究表明男女之间存在显著差异，所以女性要避免自我暗示，要学会拥抱变化，积极尝试新机会。

(2)转“危”为“机”。丘吉尔说过，“不要浪费任何一次危机”。每一次转型，都会面临艰难时刻，这也是激发人潜力的关键节点，要学会把握好人生转型的各种机会，让挑战成为自我突破的驱动因素，在应对和解决困难的过程中，突破思维，突破能力极限。

(3)主动求变。当重复工作和思考成为习惯，思维和行为容易固化，只有不偏执于过去成功的经验或优势，主动学习新知识，多参加各种新技术新趋势的研讨会，才能改变思维定式，积蓄突破自我的实力，赢得新机会。

延伸思考

1.试着回忆你人生中比较大的自我突破发生在什么时候？

2.你是否转换过工作岗位？履新时遇到过什么困难？你是如何应对的？

3.你认为什么时候是你人生中最艰难的时刻是这段经历给你带来了哪些成长？

4.根据蒲公英突破自我模型，你会给自己的各项行为打多少分？哪项行为与本章显示的测评结果差距最大？

5.你今年最希望自己在哪些方面有突破？

第四节 带领团队，令人信服

领导力研究的聚焦点大部分在于如何带领工作团队达成目标，所以关于带领团队的理论、模型和实践工具非常多，本节主要探讨女性领导者如何带领团队，我们邀请了11位女性接受访谈。访谈包括以下问题：

(1)您在带领团队的过程中碰到过哪些挑战？你是怎么处理的？

(2)女性带团队有哪些优劣势，如何发挥优势，避免劣势？

(3)带领团队时，你会回避冲突吗？

(4)如何带领不同的团队，比如90后或比你资深的“老人”？

(5)谈谈您对女性领导者带领团队的建议。

通过对上述这些问题的访谈，探索女性领导者带领团队的理念和行之有效的方法。

一、赢得团队认可，不把质疑当攻击

带领团队，首先需要赢得团队的认可，但现实工作中，不被团队认可的情况相信是每位领导者都要经历的一道坎，前面我们曾经分析过领导者履职新岗位时要面临的挑战，本节我们来说一下带领团队的第一关：如何赢得团队认可。

北师大出版集团党委副书记江燕：“我在北师大出版集团一直从事行政管理工作，2011年被调到分社任分管运营的副社长，这是集团第一次在分社设置分管运营的副社长，很多同事因为我不是编辑专业出身而对我有质疑，尤其几位具有多年编辑出版工作经验且策划过重大选题的编辑部主任，对于我实施的几项管理举措有抵触情绪。我清醒地意识到，上级的支持并不能完全消除大家的不信任感，我必须自己摆正心态，既然我的一些举措在这个岗位没有

先例,就让我创造历史吧。一方面,我努力通过快速阅读出版社管理书籍和向其他出版社的同仁求教,尽快掌握专业要领;另一方面,我找分社的同事一对一谈话,力争尽快了解出版进度推进过程中存在的问题以及大家的解决思路。经过一季度的广泛调研,我找到了运营工作的关键点,同时发挥自身在职能部门所积累的人脉优势,不到半年时间,为分社开发了库存预警系统,极大地提升了图书印制工作的有效性。日常工作中,我还积极为分社其他编辑同事补位,协同编辑部主任们一起在占领市场方面打了几场漂亮的胜仗,在分社社长的带领下,当年分社图书的销售码洋突破一亿元大关。这个经历也让我深刻认识,每位初到新团队担任领导者都会经历不被认同的过程,这时要放低姿态,在专业上快速恶补,还要充分调研,虚心听取大家的意见,尽可能为他人搭建展示的平台,才能让自己的下一步行动顺利落地,才能树立自己的威信。”

北京市呼家楼小学校长马骏是一位敢想敢干、意识超前的校长,总是在她的学校启动各种改革,但这些改革并不总是能顺利开展。

“在带领团队的过程中,对我来说最挑战性的是思维不同频时,让同事们认同和理解我想做的探索。比如我们推进 PDC 建设项目时,因为意识超前,大家认为存在风险,所以我得不到希望的理解和支持。我认为,作为领导者,这时需要做的首先是调整心态,坚持大方向,但要注意调整策略和方式,争取最好的结果,也做好最坏的打算,将希望寄托于别人不如自己多一份担当,可以把其他人的不反对当作最大的支持。当一个人的心态调整好后,也就不觉得压力那么大了。其次,领导者要学会改变推动工作开展的路径。我选择了先成立 PDC 国际联盟,从教育最好的国家如芬兰、美国、加拿大开始,邀请其加入联盟,做终身教育对比,定位全球未来教育,发展非营利组织,这些举措得到了全国教育领域最权威专家的支持。接着,我在全国 20 多个省市建立联盟校,得到了同行的认可。工作遇到阻碍时,我试着从外围实践先获得第一步成功,让大家看到希望,再携手去推动工作,用更淡然的心态来坚守和实现教育理想。”

北京新生巢公司总经理马丽:“我在体制内工作了16年,在体制内我们没有绝对的用人权,所以带团队更多是“哄着”大家把活干好。我总想着培养人,认为下属能力不足没关系,我有耐心培养。但企业是一个靠市场化机制生存的组织,讲求效率和投入产出比,团队沟通和分配任务的方式跟体制内单位很不相同。比如我们用过一个人,同事反映他在工作中有诚信问题,我觉得没有绝对证据时可能会误判,而且当时团队缺人,需要他推动一些事,就想观察和慢慢感化他。但我这种风格给同事们带来了一些困扰,导致了一段时间内团队对我风格的不认同。后来的复盘让我意识到,触碰红线的人和事必须快速做决断,这是我作为企业CEO必须做的事,不能犹豫,并要调动所有资源,快速找到合适的替代者。”

一个好的领导者,首先要赢得团队的接纳和认可,从上文的访谈中我们看到了女性领导者在不被团队认可时面临的问题,应对这样的挑战十分考验团队领导的者自我调适、沟通协调和应急处理能力。那么不被团队接纳时,领导者该怎么做?我们对女性领导者提出三点建议:

第一,放低姿态,虚心听取意见。打开话题,让团队成员可以轻松地反馈负面评价,对于不被认可的领导者而言,获得诚实的反馈有助于及早了解真相,可以帮助领导者找到在新团队立威的方向和途径。受访者北师大出版集团党委副书记江燕的经历证明了这一点。

第二,不把质疑当攻击。想让团队认可你,需要领导者听取意见时不慌乱,不为自己辩解,更不因为自己的自尊心而进行反击,要客观对待大家的评价和意见,受访者北京新生巢公司总经理马丽做到了这一点。

第三,把不反对当支持。有时候领导者不被团队接纳不是因为领导者自己的人品和能力有问题,而是因为思维太超前,团队不跟上。这时,选择放弃创新开拓还是不顾一切勇往直前,受访者北京市呼家楼小学校长马骏的经历给了我们启发:大方向坚持,策略上多元,既不放弃,也不过于强制。

赢得团队认可的三个关键

要让团队认可,领导者首先需要放低姿态,高高在上只会在你和团队成员之间竖起一面墙,谦虚容易让你树立亲和的形象。其次是不把团队的质疑当作对领导者的攻击,有质疑才会让业务开展更安全,同时也要把不反对当作支持的力量去争取,要让团结尽可能团结,用行动和结果赢得团队的认可。

二、危机中历练,变被动为主动

社会进入高速发展的时代,也进入了危机频发的时代,小小的新型冠状病毒能对世界产生巨大的破坏力,同样,一条不起眼的消息也可能引起团队内部危机。作为当今时代的领导者,随时做好面对危机的心理准备,已经成为不可或缺的基本素质。

卡地亚中国公关总监张小宇:"卡地亚是一家跨国公司,团队成员来自不同地域和国家,工作都不在一起会给管理团队带来挑战。有一年我曾突然遇到不少员工辞职,这其中有公司的原因,也有员工自己发展的原因,我觉得最重要的原因是有些问题没被及时发现并沟通解决。这时候,首先是我自己要冷静,新人没及时补上,我需要重新规划团队的工作安排,想出救急方案。我要跟老板和人事部沟通,同时也要安排自己的三个部门,让不同人员开始接触其他人的工作,调动每一个人的知识和经验为工作服务,但这种灵活变通的调整必须在我的权限范围之内。女性管理者在遇到紧急情况时,自己不能抓狂,一定要先理清思路,根据公司的政策和管理层给自己的反馈,找到合适的解决方式。这一点其实很难,但是必须做到,着急不仅会影响自己的情绪,还会影响别人的情绪。女性管理者要有自我控制能力,不能放任自我,就是要把火发出来，也必须有理有节地沟通。上班时要保持饱满的精神状态，即使正在经历低谷，情绪沮丧，也要让团队感受到正能量，这对于他们的工作会起到很大的促进作用。作为领导者，自己情绪低落时可以做一些自我调节，比如运动，或与比较有正能量的蒲公英种子们交流，会从中得到很多激励和启发，这样负面情绪就过去了。在不顺利的时候，尝试放低或放空自己，回头再想，理智就会出现。挑战永远有，不学会应对，永远不会进步。”

北京儿童医院护理部部长宋楠：“新冠肺炎疫情刚爆发时，我们就已经开始做准备了，我需要在 4 小时内统筹好发热门诊和留观病房，除了物理空间的调整外，最大的困难是人。我先筛选了业务骨干和家庭负担不是很重的人作为第一梯队，而我则承担起了服务每个同事家庭的使命。我给每个人都写了卡片，写了我想说的话和我的电话，确保 24 小时内解决同事们的家庭问题，做好后盾、靠山和服务。工作结束后，我给每一个人录制视频留念，我设计的问题有：疫情过后最想见的人、最感谢的人、最想做的事，等等。其中一个大龄未婚的护士长，最想感谢的人是父母，担心自己万一有什么事，父母怎么办；另外一个同事孩子很小，只有 5 岁多，回答说最想做的事是带孩子出去玩，甚至有同事说最想吃一顿火锅。这些心愿现在看没什么，当时却是特别难实现的梦想。总结会上播放这些心愿视频时，大家都热泪盈眶。可见，当团队遇到突发事件必须快速应对时，同事们更需要情感上的支撑，作为团队领导，要以真诚的心态去面对每一个下属。当时在隔离区有个同事心脏不舒服，我们及时将她替换出来并进行了救治，她母亲不客气地质问我：‘为什么让我的女儿进去隔离区，出了问题你能负责吗？’我回复道：‘我负责，我们不会让她进去太久，我们做了充足的准备和预案。’在护士们进去隔离区之前，我会亲自去隔离区进行流程衔接，并一一督促落实，这些事情处理不好，一定会让护士队伍不稳定，家人们不安心，就有可能导致特别严重的后果。”

中国劳动关系学院安全工程学院副行政院长战帅：“我曾经接手过一支上

任领导不辞而别的初创团队，当时团队的凝聚力还没有形成，队员意见不一，团队气氛低迷。我接手后做了三件事：第一是了解大家对上任领导不辞而别的看法，与每一位团队成员沟通，在了解大家的想法后，分解工作任务，降低了工作难度，帮助团队舒压和解压，建立对团队的信心。第二是为几位敢冲敢闯并且有资源有想法的队员建立支持小分队，把团队分成几支业务突击队，同时发力，让大家及时分享业务推进过程中的困难和收获，提振团队士气；第三是加强团队的文化建设，形成每日的群分享群学习氛围，建立团队的情感纽带，面对个别不配合的成员，我会不厌其烦地个别沟通，通过共情和感化，将她们带回团队主流。这一段临危受命的经历，对我的启发和带来的成长都很大，带团队就会碰到各种各样的危机，女性需要临危不乱，不把困难当困难，而是当成突破自我和积累经验的机会，让自己兴奋起来，要点燃团队首先要点燃自己。我采用了'抓两头带中间'的方式，调动积极分子，让团队的士气昂扬起来，对暂时有负面想法的队员不放弃，用每日分享调动中间大部分队员。"

以上访谈让我们看到，每位领导者都需要对团队可能遭遇的危机做好心理准备，危机发生时，作为团队领导者，要做好以下四件事：

控制好情绪。团队发生危机时，领导者忙于灭火，往往会忽略一点，即自己的情绪会影响团队的状态，在充满压力的环境里，女性领导者尤其要克服自己的恐慌和焦虑情绪，自己首先不能乱。

稳定住团队。快速冷静下来，理清思路，迅速整合资源，寻求一切可以帮助的力量，建立起团队共克时艰的信心。受访者卡地亚中国公关总监张小宇遇到危机时的表现，让我们看到了她沉稳的领导风格。

及时表达关切。危机中的团队期待领导者能稳住局面，所以领导者要保持镇定，对团队及时表达关切，充满信心和沉着应战的领导态度可以避免恐慌情绪蔓延，增强团队战胜危机的士气。受访者北京儿童医院护理部部长宋楠为我们树立了榜样。

管理好预期。领导者要让团队了解局势的严重性及其潜在影响，沉稳、客观并且清晰地介绍当前的危机现实，不过度渲染恐慌，也不遮掩事实，在分析现实和讨论对策时保持客观，合理管理好团队应对危机的预期。受访者中国劳动关系学院的战帅遇到危机时的表现，向我们展示了这样做的价值。

遭遇团队危机时的解决之道

当团队遭遇危机时，首先控制好自己的情绪，不能慌乱，因为你的状态会影响团队的稳定，要及时向团队成员表达人文关切，传递温暖和鼓舞士气的情感力量。同时要让团队成员不要对解决危机抱有冒进的想法，让他们建立客观的预期，做足心理准备。最后，危机过去后，一定要及时总结和复盘，才能让大家在危机中获得成长。

三、带领不同的团队方法需要多元化

在访谈中，当我们问到女性领导者如何带领团队时，大家对于不同团队给出了不同的带领方法，这些方法是女性应对真实情况时的总结，非常有启发性。

（一）带领女性团队与男性团队的不同

我们来看看北京市大兴区融媒体中心主任马宪颖的经验。

带领女性团队，需要充分考虑女性特点，反复做工作。一是因为女性比较情绪化，要注重她们的感受，多表扬少批评，甚至要多当面赞美；二是女性多的团队摩擦也多，要慢慢引导她们当大女人，格局要大，心胸要广，要更包容，更看百态，让团队里百花齐放，各美其美；三是要注意考虑她们在家庭中的地位和作用，适当照顾她们在特殊时期的心理和情绪。结合女性在重大变故时的不同承受能力，鼓励她们要立足现实，思考长远，激发她们干工作或迎接挑战的韧劲,避免“身还在,心已远”。

带男性团队则需要研究透他们的需求,分析不同成员的性格特点,有些可以拿他当哥们儿,越是严厉,越是让他们感受到你拿他们当自己人,产生心理亲近,愿意敞开心扉说出真实想法;有些则需要给予足够的尊重,特别是岁数偏大的男性,要用平等的口吻和心态去相处,充分尊重并给予其更多自由裁量的空间;对于年轻男性,要找到共同语言,激发他们的价值感,并在专业方面提供帮助和引导,激发他们的责任感和事业心。

北师大出版集团党委副书记江燕也介绍了她关于带领男性团队和女性团队的不同经验。

关于带领男性和女性团队的不同,我分享一个和外单位纯男性团队联合完成开发项目的经历。当时我们团队正巧都是女性,大家一起到对方的办公室研讨开发思路,现场氛围非常热烈欢乐,尤其是我的女性同事们,争先恐后地发言,现场几乎成了我们的主场。后来我的同事们走后,对方办公室瞬间恢复了安静,各位男性一如既往地埋头于自己负责的工作。这这让我特别真切地意识到,男性工作不太用“嘴”,和男人多的团队合作直线思维更有效,只要把问题和想要的结果说清楚,接下来就是干。而女性团队则不一样,说事之前,必须要先铺垫情绪,情绪到位了,氛围才能被激发出来,后面的事才能顺利推进。所以,我的总结是,带男人团队要“直”,带女人团队要“夸”。

中国劳动关系学院安全工程学院副行政院长战帅也分享了她带领男性和女性团队工作时的策略。

带领女性团队时,我会采取温度式管理,在情感维系下坚守工作原则;带领男性团队时,我的理性表现会更多一些,明晰规则和制定激励措施,对于激发男性团队的凝聚力和战斗力更有效。

(二)如何带领团队中的“老人”

北京市公安局出入境管理局副局长郭睿君:“老同志往往做事认真,能吃苦，经验丰富，但脑力和体力可能不如年轻人，工作效率有时跟不上，容易因为被忽视而产生自卑情绪和心理落差。调动老同志的工作积极性，一是要给予他们足够的尊重，建立老带新的传帮带机制，认可他们曾经做出的贡献和成绩；二是要给予他们足够的关怀，关心他们的身心健康状况，及时帮助其就医，让他们体会到家人般的温暖；三是选取他们的优秀事迹大力宣传，影响带动年轻人更加奋发有为。比如我所分管的部门共有8名50岁以上老党员，我专门策划组织了老党员先锋队成立仪式，并在仪式上讲述了他们的突出事迹，为他们庄严授旗。我还为退休老同志举办了隆重的退休仪式，为他们制作视频短片，拍摄礼服照片，老同志们深受感动，特别是几位今年即将退休的老同志主动请缨参加各项安保，承担急难险重任务，决心站好最后一班岗，为自己的从警生涯画上圆满的句号。"

北京市大兴区融媒体中心主任马宪颖："对于'老人'，管人更多的是管'心'。首先要承认他们曾经做出的贡献，给予他们充分的尊重，不用职位职务高低去找平衡，而是要创造平等对话的环境和氛围，充分倾听，甚至在工作分配时适当示弱，激发'老人'的主动性；其次是抓两头带中间，对愿意干、专业强、爱学习的'老人'，大会小会上可以时常表扬或者私下鼓励和感谢，年终考核时重点考虑他们的成绩。对能力和态度稍差的'老人'，要耐心细致地捕捉他们的思想动态，给予其一定的发挥空间，同时对其明确底线和基准线。有向好的变化表扬和肯定，如果有负面的表现，要及时和旗帜鲜明地指出，一旦触碰底线，必须按照制度处理，不能姑息。处理完后还要逐层谈心谈话，做通思想工作。还有就是从细微入手，做给年轻人看，给退休的老同志办退休仪式，在一定范围内召开座谈会，让每个人都被看到被认可，从而影响一批'老人'。"

北师大出版集团党委副书记江燕："从业十几年，期间我带过好几位资格比我老、年纪比我大的同事。刚开始与他们一起工作时我非常发怵，给他们下达工作要求的轻重拿捏对我来说很有挑战性，轻了工作分派不下去，重了'老人'们就甩手不干了，跟他们沟通我特别没有底气，导致团队任务分配不均，同事之间也出现了矛盾，影响到了整个团队氛围。我意识到这样的情况不能再持续下去，开始思考'老人'们的需求，改变工作方式，全方位尊重他们，这其中，首要的是捍卫他们表达意见的权力，聆听他们的诉求，即便有时他们会骂骂咧咧，也要保持耐心聆听，但同时在分配工作时也要坚持原则性，不能让他们因为'老'而要资格，让团队不和谐，要耐心细致地做工作，并且把自己放到'弱势'的位置，以需要帮扶的姿态，努力赢得他们的支持。这一方法很快便奏效了，'老人'们对于我的要求不再抗拒，也愿意服从工作安排，同时在团队成员中起到了爱岗敬业的示范作用。对于带领'老人'，我的总结是，既要放低姿态去'哄'，也要坚持原则地'硬'，要刚柔并济，两手一起抓。"

(三)如何带领90后团队

北京新生巢公司总经理马丽："我们从事的生物医药产业需要预判未来，需要前瞻布局，我们孵化的项目大部分是90后创业团队，所以需要有前瞻布局想法的年轻人加入团队，否则就没法与被孵化的团队同频交流。90后们帮我们打开了获取信息的全新方式，虽然这些信息不一定对当下有用，但是创新融合性发展就是这么发生的。所以带领90后团队，首先要愿意与他们多聊，多听他们的想法，找到工作的共同推进点；其次是90后的年轻人自我认同感强，个性鲜明，奉行'我挑工作不是工作挑我'的想法，对他们激励比惩罚更有效，要少批评指责。"

国家纳米科学中心研究员杨延莲："我带领的研究生团队有不仅有90后，还有00后，我跟学生关系很好，可以跟每一个同学交朋友，学生家庭里遇到困难都会跟我倾诉，毕业之后，也会敞开心扉跟我聊工作中的困难与困惑，我能够理解他们，重视他们的问题，所以他们愿意向我倾诉，虽然我的意见他们未必会接受，但我的倾听是他们的一个发泄途径。"

北京市大兴区融媒体中心主任马宪颖："对于刚毕业的90后年轻人，带的过程很重要，先要注意抓细节，包括培养他们待人接物和为人处世的能力，然后才是培养他们业务开展的能力。在开展工作的过程中，需要激发他们的价值感，鼓励他们勇敢表达，并给他们提供到基层锻炼的机会，授权他们负责重要项目，帮他们明确未来的发展方向，同时创造一些适合年轻人的活动，以产生共同语言，培养感情。”

中国劳动关系学院安全工程学院副行政院长战帅：“90后是不盲从的一代，他们愿意当意见领袖，也可能随时炒掉领导。所以我带领90后团队的方式由‘权力型’转变成了‘魅力型’。如何建立个性化的领导魅力？我的策略是从浅层、中层和深层三方面入手。浅层是形象吸引和兴趣趋同，通过打造自己时尚的形象，让青年人愿意接近你、喜欢你、走近你，让你能够融入青年人的圈子，成为一个‘老青年’。我也会关注青年人喜欢的事物和网红热词，跟青年人有共同的话题，比如青年人喜欢玩剧本杀或王者荣誉，你也要能听懂他们的‘吃鸡’话术等。中层是我会运用自身知识积累和熟悉业务的优势吸引年轻人，一本‘大百科全书’很难不得到大家的欢迎，而全面的业务能力也是硬核实力的体现，这是你得到90后认可的保障。深层是人生追求和价值观的探讨，90后是敢于追求梦想做自己的一代，但由于他们人生经历少，碰到困难时难免会迷失方向，这时候正确的人生观观引导，能帮助他们看到原本看不到的未来，在与他们的交流过程中，彼此的关系也变得更持久、更深远。”

（四）如何带领创业团队

北京新生巢公司总经理马丽：“初创企业需要具有开拓性，为了把市场做大，需要营造开放、包容和激励的氛围。我们运营部有一位同事，想跟公司要奖惩权，提出下属工作完不成就扣钱扣分，我没有同意，初创团队用惩罚的方式监管会比较容易让员工消极怠工，大家会以不犯错为目的而不愿意创新。所以要对做得好的员工表扬嘉奖，对做得不好的员工则应该及时提醒。2021年我们设置了最佳支持、最佳奉献、最佳学习等奖项，我会把员工的优秀品质和我们倡导的文化结合，用这种方式带动大家一起前行。”

国家纳米科学中心研究员杨延莲，同时也是北京中科纳泰科技有限公司联合创始人。北京中科纳泰科技有限公司主要从事科技成果转化业务，让我们听听她带领两个不同性质的团队是如何实现角色转换的

带创业企业团队与带学生团队完全不同。因为企业要创造价值，当断则断很重要。这个角色转换挺痛苦的，最开始我只负责带研发团队，交流的都是技术问题、实验设计和项目推进等，合伙人也是一名女性，她在决断方面比我果断，我从她身上学习到很多。曾经我们引进了一位年轻人，公司还帮他申请了留京户口指标，留京指标对于小微企业来说非常难申请，但他入职后表现很不好，不认真工作，最后公司决定辞退他，我们当年的留京指标也作废了。他在我办公室哭了一上午，但我还是让他离开了，其实我心里特别难受。我对他说，希望你吸取教训，尊重和珍惜别人为你争取的机会，等以后你想明白了，可以再来找我，咱们作为朋友好好谈，但今天必须让你离开。这就是团队的价值观和规则，要让大家知道我们团队倡导什么文化，杜绝什么风气。这对于我来说是一个非常艰难的决定，但也是一种成长。还有一个事例，我们规定公司开会迟到要罚款，如果高管迟到，每人罚款 500 元，我自己坚决带头执行，我希望自己传达给下属的信念是言出必行，定好的规则必须做到。企业工作让我在用人方面体会很深，有两类人不能重用，一类是能力很强但斤斤计较自己的得失的“聪明人”，这对团队建设不利；另外一类是“老好人”，但能力跟不上，这会耽误企业的效率，最后大家都会被拖累。

所以带学生队伍和带企业是完全不同的两种风格，带学生队伍必须有足够的耐心，需要包容他们的不足，引导他们变得比原来更优秀，甚至需要当阶梯，帮助他们往上攀登。但是带领企业必须注重效率和建立规则，不能纠结犹豫，企业需要冲锋陷阵、创造价值，在关键时刻，无论对事还是对人，做决定都必须果断，不能因为自己是女性而心软——虽然这很艰难。

（五）如何带领医护团队

医护团队是对专业性要求很高的团队，分为医生团队、科研队伍团队，本书后面在介绍不同层级领导者带领团队的不同时，会涉及医院科研队伍的带领方法，此处不做展开叙述，这里重点介绍如何带领护士团队。让我们来看看北京儿童医院护理部部长宋楠带领医护团队的四个抓手。

第一，重视共情。我们的护士非常辛苦，我要站在每个人的角度设身处地地为她们着想。我经常说“你要试着理解每一个看起来不积极不努力的人”，我会和“刺儿头”同事建立好关系，了解她们真正的需求、困难，尽量找到平衡。可能她在工作上表现得很普通，但是在照顾老人、孩子等家庭生活方面承担了比工作更重的责任。

第二，个性化安排工作。我们医院作为国家医学中心，有科研任务，要求大家每年发文章和做科研项目等，但要完成任务确实比较难，一是因为护士本身学历不高（大专起步），科研能力不足，二是因为她们付出了很多时间和精力给家庭。我作为领导者会给每个人安排合适的岗位，比如有的岗位工资低但是相对轻松，有的岗位上班早下班也早，这样就可以兼顾孩子的接送。我会尽量满足每个人的个性化需求，协助大家平衡工作和生活，这样不容易造成医疗事故。

第三，建立团队文化和认知。没有共同的精神追求员工很难拧成一股绳，我们的每个部门都有合适的护理文化口号，以体现护士的职业价值，服务好患者。大家可以共同朝一个方向努力。比如一起讨论、一起读书、一起分享、在团队内部做护士长的培训等，力求突破舒适圈，增强凝聚力，真正做到彼此理解。

第四，提供培养机制。女性往往局限于工作、孩子和家庭，对社会热点缺乏了解，缺乏自我认知和自我评价，所以我们设立了绩效考核和评价指标，筛选出适合的人选去进行优化和培养，身为员工，要有学习的意识，才能理解管理层的决策。

（六）如何带领社会组织团队

北京师范大学出版集团党委副书记江燕，除了本职工作，还兼任北京悦英新女性成长促进中心（社会组织）的副理事长。社会组织和企业的管理是完全不同的风格，而江燕之前并没有这方面的经验，我们来听听她在带领不同风格团队时是如何实现角色转化的。

之前我并没有带领社会组织女性团队的经历，所以抱着学习和探索的心态与各位理事们协作开展工作。2020 年 1 月，我带领一个专委会，负责一个专业性很强的项目。团队成员来自不同行业，在自己的专业领域都有一定的成就，大家组合到一起做一件既能发挥经验，但又不是她们本专业的项目。初期大家既有压力又很兴奋，团队整体氛围友好和谐，但随着任务的推进，团队成员在该项目上因专业性不足遇到了严峻的挑战，工作效率下降，提交的项目成果质量也不达标。面对专业追求和人际关系之间的平衡，我犹豫了，因为这不是在企业，大家不太能接受被否定和换人，人们更看重人际关系，项目因此陷入泥潭，看不到突破和改善的希望。在与悦英中心的负责人商量之后，我们冒着得罪人的风险进行了团队重组，充实了专业力量，重新制订了推进计划，确立了协作模式和质量标准，让项目在专业的轨道上推进。

这段经历的事后复盘让我更加深刻地认识到，社会组织是靠整合社会资源和志愿者的奉献精神来推进工作的，社会组织中的工作团队结构相对松散，这对于项目管理来说比企业管理更有挑战性。而女性的感性和对关系的看重又会加大管理难度，女性倾向于发现问题后保持沉默或回避冲突，还会因为个别队员的情绪化让整个团队也陷入非理性的情绪化模式，不能面对问题解决问题，严重的甚至会导致团队溃败。

我们在访谈欧盟议会候选人司妮卡 · 托克拉时，她提到了她在社会组织中的经历和对社会组织领导力的感悟：“从 2000 年开始，我活跃在政治领域，现在我是欧盟议会候选人，并且是一个临时城市文化的顾问，我还是左翼联盟地区组织的主席和左翼外侨委员会的成员。所以我的经验更多来自这些组织,这种经验与常规的工作经验不同,在这些组织中我更多是以志愿者的身份参与活动。在这种志愿组织中工作,首先,领导者必须对组织非常感兴趣并且做好为组织投入大量时间的准备;其次,你不能成为独裁者,因为这些机构要做的事情总是很多,这意味着首先你需要亲力亲为;最后,你要有吸引人们和你一起工作的魅力,要明白大家的需求,要以民主的方式让人们在工作中得到快乐,你需要让人们认为这些工作有吸引力,同时你要明白世界不是完美的,要坚持做对的事情,但对的事情未必是完美的,在这个过程中,你必须很有条理,要管理好一切。”

结合我这几年带领社会组织团队的经历,我总结了以下关键点:

理性看待激情和情怀。社会组织是靠团结志愿者的力量,整合社会资源来实现服务社会的目标的,所以志愿者的激情、公益心和情怀非常珍贵,但是仅靠激情和情怀是不能保证目标达成的,还需要制定规则对人加以约束。

清晰目标,确立底线。对于专业性强的工作,必须要明确目标和底线,否则就会碰到如何处理“专业”和“关系”的两难抉择。要想清楚社会组织的追求和定位,社会组织要对交付的项目的质量负责,这是社会组织工作人员的职业操守,在这一点上与企业管理是相通的。

果断决策和兜底。社会组织的团队带领者,同样需要面对艰难情况下的决策,并做好兜底的各种准备,只有这样,才能最终保证团队目标的达成。

作为社会组织的负责人,在带领社会组织团队时,我也有很多成长和心得,在此为大家介绍我在带领社会组织团队时的自组建设过程和自驱自律人才队伍的打造经验。

蒲公英共建模式的初衷是分担蒲公英计划的成本压力,我们在实践中发现,共建模式极大地调动了学员们参与的积极性,激发了大家的潜力。每位学员都需要在共建模式中扮演一个角色、承担一份责任、完成一项任务,大家既各司其职又可跨组配合,共同打造了一个快乐、开放、传承、创新的班级共同体,为学员打开自己、观察他人、挖掘潜能提供了机会。

(七)蒲公英计划自组织建设

自组织并不是一个新概念,在高度发达的移动互联网时代,自组织的很多理念得以落地。人们的工作关系被一个个微信群关系替代,群语言、群协作成为"新群体"工作的"新模式"。但随着微信工作群的增多,信息超载成为突出问题,即使是精力超长的领导者,在信息传播高度发达的时代,也不一定能及时跟上群聊天的节奏。蒲公英计划的自组织发展正是在这样的背景下产生的,该计划用自组织的概念建立了一系列基于专业工作和协同工作的微信群。由于我本人有在政协和党派工作的经历,所以我把政协和党派工作中的专委会和组委会的概念应用到了蒲公英计划的自组织建设中。

这些自组织包括专业委员会和各种项目团队,规模为 10-15 人的团队,团队选择让大家自主管理,从而解放管理者,让他们发挥更大的创新价值。蒲公英计划成立了专业委员会,以实现自组织建设的三个目标:成长:每日学一文＋ 每月主持人的学习模式;

成就:每个专业委员会有清晰的产出目标,并且目标实现周期不能过长;

家文化:用于工作和生活遇到困难时互帮互助,口号是有求必助。

自律自取人才培养。在蒲公英计划的自组织中,人人都可以是领导者,只要你有主动发起项目的意愿,能承诺实现目标并完成自组织的实践。这种模式为我们开发了一条培养领导者的新路径,用个人激情引领组织发展,依靠组织的力量赋予个人发展更大的空间和可能性,个人与组织互相融合和点亮。

如何带领社会组织团队

社会组织既没有政府机关的督办权，也没有企业的结果导向和绩效文化，社会组织解决的是社会问题。但社会组织往往缺少资源，所以社会组织的领导者需要具备很强的社会责任感和全身心付出的公益情怀，但同时我们也要清醒地认识到仅凭热情无法达到目标，还需要树立底线原则，要善于调动公益积极性，要能整合资源，要避免过分追求完美，要创造家文化，用情感凝聚大家。

从以上多位女性带领不同团队的做法可以看出，领导效果的好坏，不仅取决于领导者本身的能力，还取决于不同性质的团队的任务属性、团队成员的特点，以及你和团队成员之间的关系等因素。所以，领导是一个动态过程，领导的有效性不仅与领导者个人的品质、能力和行为风格相关，还与领导情景相关。以下介绍两个团队领导力模型，帮助女性在带领团队时建立正确的思路。

(八)权变模型 (Contingency Theory)

权变模型是由弗雷德 · E.菲德勒(Fred E. Fiedler)经过长期研究提出的领导有效性的理论。权变理论指出，领导效果不仅与领导者本人相关，还与领导者与下属的关系、任务的清晰程度和领导者本人权利的真实性三个变量相关。面对不同的情景(如图 3-10)，领导者需要采用不同的领导行为才能取得好的效果。比如在领导者职权高、上下级关系好、任务结构清晰的情况下，适合采用任务导向型的领导方式；而在领导者职权低、上下级关系差、任务结构模糊的情况下，则适合采用人际关系导向型的领导方式；其他情形下，则要注意任务导向型领导方式和人际关系导向型领导方式的平衡。

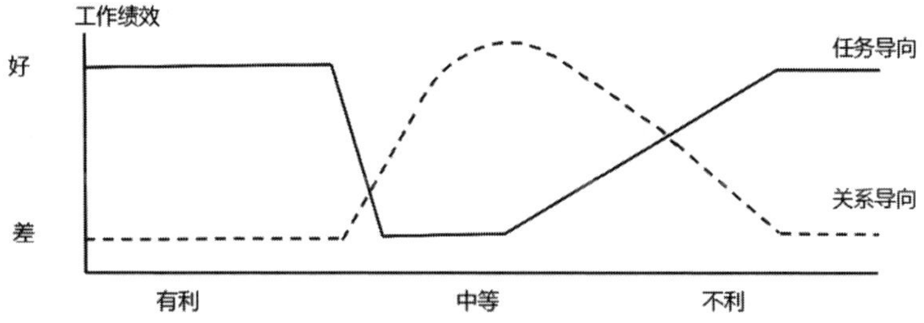

类型	Ⅰ	Ⅱ	Ⅲ	Ⅳ	Ⅴ	Ⅵ	Ⅶ	Ⅷ
领导者与下属的关系	好	好	好	好	差	差	差	差
任务结构	高	高	低	低	高	高	低	低
职位权利	强	弱	强	弱	强	弱	强	弱

图 3-10　费德勒权变模型

(九)情景领导理论(Situational Leadership Theory)[①]

美国领导力研究中心(CLS)创始人保罗·赫塞(Paul Hersey)提出了情景领导理论,认为人们在领导和管理团队时,要随着员工状态的不同改变领导和管理的方式。情景领导模式将员工的状态分为四种情况:

第一种状态:“没能力,没意愿并不安”(简称 R1 状态);

第二种状态:“没能力,有意愿或自信”(简称 R2 状态);

第三种状态:“有能力,没意愿或不安”(简称 R3 状态);

第四种状态:“有能力,有意愿并自信”(简称 R4 状态)。

对应被领导者的四种不同状态,领导者应采取四种不同的领导风格。

R1 状态:采取“告知式”,领导者对被领导者给予明确指导,并近距离监督;

R2 状态:采取“推销式”,领导者对被领导者进行监督、指导、倾听、鼓励和

① 赫塞.情景领导者[M].麦肯特企业顾问有限公司,译.北京:中国财政经济出版社,2003.

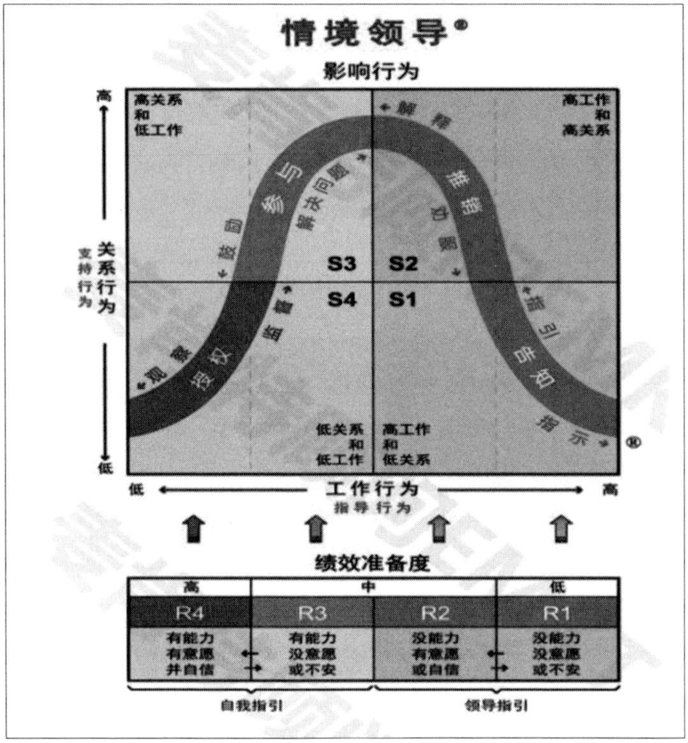

图 3-11 情景领导模型

（注：图片来自网络公开发布，版权归美国领导力研究中心所有）

允许试错，并鼓励对方参与决策；

R3 状态：采取“参与式”，领导者鼓励被领导者自主决策，鼓励他们按照自己的方式做事情。

R4 状态：采取“授权式”，由被领导者自己决策并执行。

权变理论和情景领导理论告诉我们，在现实工作中，领导风格本身没有对错好坏，对于不同的情景和对象，要灵活切换不同的方法，不能使用一刀切的方式开展工作。我们从受访者在带领男性团队、女性团队、90 后团队、“老人”团队、创业团队、医护团队和社会组织团队的不同方式上，充分体会到了两个理论的实际指导作用。

四、不同层级领导者，领导力要求不同

芬兰坦佩雷大学原校长克里斯塔·薇兰托拉在访谈中提到她在担任不同层级领导时的不同责任。

学术没有等级，但领导力会随着领导者所处层级的不同而有所不同。在我担任系主任、院长和校长时，看问题的角度各不相同。适应不同层级领导者角色是个成长的过程，而且不是只有一种固定的领导模式，需要培养自己独特的领导风格。

系主任是学术职位，同时兼具一些管理职责，负责创建课程计划、评价教师和审查课程，以及为学生提供咨询。

院长则是负责学院管理与学术系统的建设者，负责学科、师资队伍以及学院管理制度，一位有影响力的院长能提升学院品质与声誉，创造良好氛围，吸引优质教师和学生。

而校长责任更大，看问题必须从学校大局出发，必须清楚大学的运作机制，首先要有做出困难抉择的心理准备，当然做决定前要听取各方意见，要有改变自己看法的胸怀；其次要了解学术界人士的行为模式和追求目标，所以作为校长，必须鼓励有行政领导潜力的人去承担责任。

北医六院副院长岳伟华为我们讲述了她从一位科研人员成长为一位科研处长和主管科研的副院长过程中的故事。

我性格偏内向，不太擅长社交，走上现在的岗位是因为专业能力在同龄人中较为突出，比较有包容心和大局意识。领导在布置任务时，我会落实到纸面上，形成规范，做到信息畅通、有效落实以及良性运转。在我 2007 年担任卫生部重点实验室的学术秘书时，因组织评审验收工作时的认真规范受到院领导关注，开始担任医院科研处长，负责科研服务与支持管理工作。在此过程中我逐渐意识到，作为领导者，不仅需要具备专业知识和学术知识，还需要从更高

层面及更广的角度考虑整个团队的发展,一些个人观点或态度需要团队认可才能落实,要站在大家的角度来帮助整个团队提升。

2015 年我担任医院副院长后,责任更重大了,我需要考虑全院的长期发展,也更加需要借助团队的力量。在我个人的成长过程中,父母和先生付出很多,让我没有太多的后顾之忧。我个人面对的困难主要来自我的专业和从事管理工作之间的冲突,专业能力靠自身努力可以提升,但组织管理需要平衡和取舍。在带领团队时,如果其他人不认可,很难推进工作,即使初衷是好的也会经历波折,要不断走访其他兄弟单位,学习新的激励制度,同时与团队成员不断沟通,才能做到行之有效。

另外,时间冲突也是我要面对的挑战。有时我的门诊号都挂出去了,但突然接到通知需要参加一些突发性的管理会议,这些精力锻炼了我时间管理和做紧急预案的能力。我要面对的还有事业和家庭的冲突,因为孩子小需要陪伴,但我总是加班,这是职场女性都会面临的问题,我需要思考哪些技巧可以帮助我处理好这个矛盾。所以我认为蒲公英计划特别好,我每次参加课程都觉得特别受激励和启发,因为大家都是女性,都是在面临问题和解决问题中成长起来的。

从中芬两位女性的访谈中我们看到,不同层级的领导岗位对领导力的要求很不相同,两位女性除了提到理念的不同,还提到了能力和时间分配的问题,这是大家在实际工作中的真实体会,那么不同层级对领导力的要求到底有哪些不同?让我们从领导力十字管道模型中系统地了解。

领导力十字管道模型(Leadership Pipeline)[①]也被称为领导力梯队模型。最初由沃尔特·马勒(Walter Mahler)于 20 世纪 70 年代在为通用电气公司(GE)做人才培训时提出,后经拉姆·查兰(Ram Charan)、斯蒂芬·德罗特

---

① 查兰,德罗特,诺埃尔.领导梯队[M].徐中,林嵩,雷静,译.北京:社机械工业出版社,2011.

(Stephen Drotter)和詹姆斯·诺埃尔(James Noel)共同完善了模型,通过关注和解释在领导人才培养的各个过渡阶段中的时间配置、工作技能以及工作价值等发生的至关重要的变化,来帮助企业构建人才梯队。

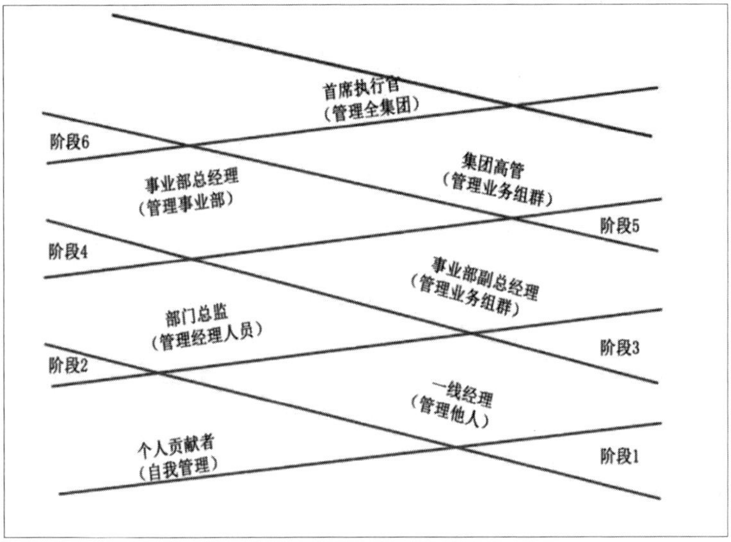

图 3-12 领导力十字管道模型

(注:图片来自网络公开发布,版权归本书作者正式授权方所有)

第一阶段:从管理自己到管理他人。

从个体的专业化职业化追求,转变为帮助他人、制订计划、辅导员工等通过他人取得成功是这一阶段的理念转变,因为个体优秀者往往比较固守专业的做事方式,这个阶段需要的技能包括工作计划、知人善任、分配工作、激励、教练辅导和绩效评估。在时间分配上,不仅要能够完成自己的工作,同时还要能够帮助其他人完成工作,但不能把所有的时间都用来"救火"。

第二阶段:从管理他人到管理管理者。

选拔人才担任一线经理,分配管理工作,评估下属经理以及教练辅导,同时学会超越部门利益考虑全局性战略问题是第二阶段要训练的关键能力。要留出一定比例的时间用来担任一线经理的教练。第二阶段的理念转变难点是提拔真正具有领导潜质的人才而非专业能力出色的员工担任一线经理,并时刻注意不越权直接指挥。

第三阶段:从管理经理人员到管理职能部门。

从管理一个部门的总监到同时管理几个相关部门的副总,这个阶段的理念转变是必须有全局意识。关键能力是能统筹资源,制定业务发展规划。时间上的挑战是要花时间参加各部门不同会议和跨越两个层级与员工沟通。

第四阶段:从职能经理到全面负责的总经理。

第四阶段的理念变化在于对于业务发展的评估必须从盈利和长远发展出发,总经理会面对更多全新的领域和不熟悉的工作,承担前所未有的责任。关键能力是熟练与各种利益相关方协同,敏锐洞察各方利益点,兼顾平衡长远目标与近期目标。时间上要求学员投入更多精力去思考未来趋势与机遇,并随时反思公司内部优劣势。

第五阶段:从总经理到集团高管。

从主管多个业务的一把手到集团高管,必须为做出重大决策承担更大的风险和不确定性,作为集团高管在理念上的转变是不能再用专家心态而必须以开放包容的眼光看待各项工作。关键能力是评估资金调拨和人员配置的战略规划、培养总经理、评估业务投资组合策略、基于评估自己的核心能力做出冷静判断。集团高管需要处理多项业务带来的复杂性,时间主要会花在社区、行业、政府的各种活动上。

第六阶段:从集团高管到首席执行官。

作为集团的最高领导者,首席执行官必须是一位有远大抱负的思想者,善于建立公司的运行机制,确保公司长期战略目标的实现。关键能力是权衡取舍,敏锐觉察并熟练处理与利益相关者的关系,团结一批雄心勃勃的领导人才。时间更多要用于对未来趋势和机会的洞察及领导人才的培养上。

领导力十字管道模型把领导者的成长分为六个阶段，虽然是以企业的不同层级管理人员作为研究对象，但是领导力在本质上存在相通性，对于其他不同领域不同性质组织的领导力人才梯队建设也具有指导和参考价值。

五、蒲公英带领团队模型

蒲公英计划女性领导力素质模型的第三个维度是带领团队（一级指标），由领导意识和管理技能两个素质构成（二级指标），见表 3-3。

表 3-3　蒲公英团队带领模型

内部环境评估		
维度	**素质**	**行为**
带领团队	领导意识	引领担当
		大局观
		果敢决断
	管理技能	知人善任
		管理冲突
		赋能与激励

在我们的访谈中，我们看到，女性开发领导力，首先需要有勇气敢于站出来担任管理职务，才能得到锻炼领导力的机会，所以在蒲公英带领团队的模型中，具备领导意识是带领团队的心理和意识建设，包括引领担当、大局观和果断决策。

引领担当。愿意做事情的发起者，善于说服他人，以身作则，推动事情发生，当工作中发生不利情况时不找理由辩解，也不逃避，敢于承担责任，工作上不随大流，不怕得罪人，愿意承担重大责任。

大局观。尊重组织原则，言行自律，为了集体利益能放下个人得失而让步和妥协，任何决策首先考虑组织原则和利益。而不会放飞个性，做决定时不会任性或随性，不会不考虑对他人或对组织的影响。

果断决策。遇大事沉稳，不会被焦虑困扰，能迅速抓住主要矛盾，果断决策，并有为结果负责的决心，遇到复杂情况时不会因为想得太多、什么都想兼顾而纠结。

具备带领团队的意识后，带领团队需要具备相应能力让决策有落地的保障，也就是要有模型中的管理技能，带领团队需要的技能很多，我们针对蒲公英学员的特点，精选了知人善任、管理冲突和激励与赋能三个行为能力。

知人善任。善于识别人才优势和不足，部署分配工作时注意扬长避短，工作中不会只用听话和聊得来的人。

管理冲突。能识别冲突的破坏性和有利性，善于把握冲突双方的平衡点，勇敢解决问题，并能做好应对坏结果的准备，工作中不会一味追求和谐，回避冲突。

激励与赋能。能耐心对自己的团队成员进行工作技能辅导和工作意愿引导，重视大家的反馈，因人而异地而采取不同的辅导方式，工作中当团队成员不能胜任时，既不会大包大揽替他们完成任务，也不会只提要求不辅导技能。

下面我们来看看蒲公英学员关于带领团队的测评结果。

测评结果反映了职场中“领导意识”与“管理技能”分别为 4.1 和 4.2 分。

领导意识。“引领担当”和“大局观”得分较高，为 4.2 分，这说明受访者认为自己在领导团队时可以起到引领和负责的作用，在统领全局方面做得较好，而“果敢决断”得分较低，果断决策在领导力认知访谈中，是出现频率最高的词之一，但在测评中却得分很低，说明这是女性要引起重视的能力。

管理技能。“知人善任”与“赋能与激励”得分相对较高，这说明受访者在领导团队时认为自己可以发现他人的长处并安排其擅长的工作，在工作中给予其业务辅导和激励，而“管理冲突”得分较低，所以，处理团队中的人际关系，平息矛盾纷争，是女性在带领团队时要重点解决的问题。

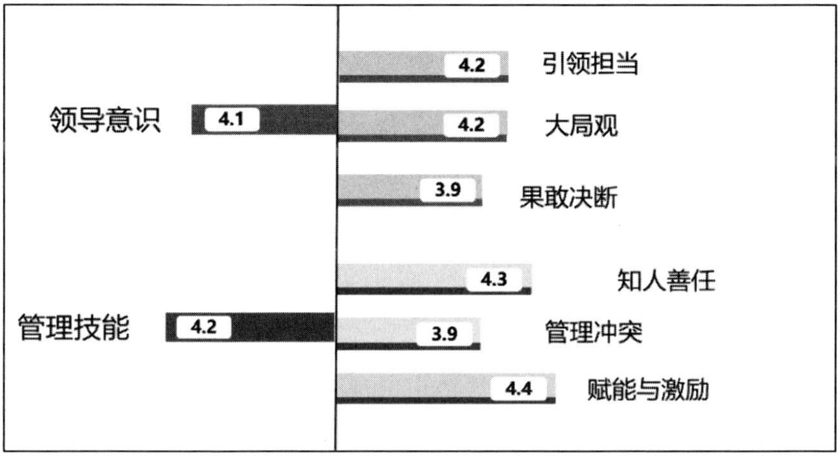

图 3-13 蒲公英团队带领测评结果

六、女性如何带领团队的挑战

女性领导者比男性领导者更容易遇到的这样的挑战:一方面要热情友善,满足社会传统仪式中对女性领导者的期望;另一方面又要能干强硬,满足领导岗位的要求。

做一个受团队喜欢的人,还是做一个业务上过硬,能带着团队往前闯的人?

这个男性管理者不太会考虑的问题,的确是横在女性领导者面前的一道坎,只有少数女性的心理能强大到欣然接受"女强人""母老虎"这样的称号。但是,女性又想突破这样的困境,于是我们能听到年轻一代的女性发出这样的心声:"我就是我,不一样的烟火。"从这点上,我们能体会到女性领导者在带领团队时的心理差异。让我们来看看受访者对于这一点的回答。

(一)来自性别的差异

北京新生巢公司总经理马丽:"对于我而言,挑战可能是性别和性格的综合。我比较温和,比较照顾别人的感受,所以有时会感性大于理性,特别是在人和事之间做决策时,会考虑人的因素多一些,不会特别严厉,做不到刚柔并济。"

国家纳米科学中心研究员杨延莲:"女性科研工作者普遍受教育程度高,对科学问题的把握、科研项目的实施和总结能力并不比男性差,但科研单位的领导和课题组组长大部分还是男性,中层和实际完成具体工作的女性居多。产生这种现象的原因有两个:一是女性科研工作者自己是否有欲望担任领导者,女性兼顾家庭需要更多精力;二是外界对女性的看法是否公平。"

北京儿童医院护理部部长宋楠管理着一支以女性为主的 200 多位护士的团队:"护士团队不好管理,因为护士作为母亲和妻子承担的家庭责任导致她们的时间和精力不足。我的挑战主要来自精力、认可、视角三个方面。首先,女性是平衡家庭非常重要的角色,必须做好时间规划;其次,女性在工作领域的价值认可度还是低于男性,这会打击女性的自信;最后,女性视角偏窄,带领团队时视野不够开阔,在带领独生子女一代的护士团队时,方法不够多,我经常会收到来自同事的抱怨,'领导您不要对我要求太高,您是做事业,我只想完成一份工作',如何引导年轻护士的职业使命感对我来说就很有挑战性。"

上面三位女性的访谈,涉及性别、性格、视野和知识储备等个体内在问题,也有外在的舆论偏见和家庭负担带来的时间和精力不够等现实问题。女性领导者要带领好团队,应该强化两种意识:

对外界评价"脱敏"。我们在第二节的女性领导力认知中谈到过,没有非常强有力的研究数据表明女性在智力、情商、认知及行为模式上与男性有显著差异,那些认为女性缺乏战略思考、情绪化、不善于决策等印象,更多是社会偏见的标签。所以,女性领导者要带领好团队,除了过硬的实力,还必须建设对外界评价"脱敏"的能力。

性格可以选择。访谈中有女性提到了性格对她们带领团队的影响,过去有很多关于性格的研究理论，比如卡特尔16种人格因素、大五人格理论、九型人格等，包括民间的血型、星座和属相等理论将人分成不同类型，并以此判断某些职业上的不成功是因为性格的局限，但真是这样吗？心理学专家布赖恩·利特尔的《突破天性》①一书颠覆了性格固化的理论，利特尔指出，没有人的性格是做自己"，所以对于担任领导岗位的女性来说，性别环境不平等是暂时的，性格也是可以改变的，不必自我设限。

（二）女性带领团队的优劣势

北京市大兴区融媒体中心主任马宪颖："女性情感细腻，会考虑别人的感受，以人为本，对情绪的微妙变化都可以感知，更愿意心与心的交流，如果认可这位女性领导这个人，则工作很好开展。但女性的情绪细腻也容易让女性陷入细枝末节中，分不清轻重，影响目标的实现。"

北京新生巢公司总经理马丽："首先女性比较有人文关怀精神。我们新办公楼装修完开始运营时，虽然所有检测指标都达标了，但一个怀孕的同事对甲醛很敏感，因此我们让这位同事从怀孕到生产期间在家办公。我听过一个采访，有家公司，女员工生孩子给800块钱的礼物，怀孕时打车上下班可以报销，哺乳期可以3+2灵活工作等，女性老板这方面的意识会强一些，但恰恰是这些人文关怀会触动女性，让她们产生努力工作的动力。第二是赋能与激励，给下属布置任务，我会告诉下属我为什么这样想，应该怎么推进，你的想法和我的有什么差别，而很多男性团队，尤其是初创企业，希望更狼性一些，作为女性我认为给大家更多的正向激励比一味批评更有效。"

（三）对女性带领团队的建议

坦佩雷大学原校长克里斯塔·薇兰托拉："在大学，男性一般更愿意承担领导职务，而女性学术专业人士一般不愿意担任行政职务，但是我认为学术工

① 利特尔.突破天性[M].杭州:浙江人民出版社,2018.

作不是全部,随着事业发展和级别变高,你对别人要负的责任也更大,我认为这就需要发展领导力。对女性,在事业初期要多鼓励,多给她们塑造榜样。男性一般更愿意承担领导职务,而女性却总会说不,在女性的事业初期要多给她们鼓励,多给她们塑造榜样。”

北京新生巢公司总经理马丽:“女性领导要有比较好的心理素质,某些方面别人对你有偏见很正常,第一要更客观更透明地去交流,才能了解别人眼中的自己;第二是要坚持做最真实的自己,找到自己在团队中的价值;第三是不回避冲突,女性会觉得冲突特别消耗和负影响,但带领团队冲突是回避不了的,这是我的弱项,我害怕受伤害,需要学习管理冲突。”

北京儿童医院护理部部长宋楠:“女性首先是不能停止学习,不能慢慢被家务事磨平了自己的理想追求,放弃学习和思考,要多了解国家政策和经济走向,开阔眼界;其次是要精进专业,多参加学术活动,像我们每年做课题申报和文章发表,就是在深耕对专业和职业的认知;最后,要学习男性的勇敢、自信、刚强,判断事情要果断,同时发挥女性有情感支撑的优势。”

中国劳动关系学院安全工程学院行政副院长战帅:“女性要有强大的内心、独立的意志、专业的能力、有温度的管理和底线原则。强大的内心是带领团队成功的保证,是女性做事有韧性的表现;拥有独立意志可以让我们有自我思考和判断的能力,让女性不盲从和趋同;专业能力是获得团队认可的保障,具有核心竞争力可以让非议的声音消散;有温度的管理是女性领导力的优势,会点燃团队的激情,使团队成员凝心聚力,共克时艰;不能自控的情感破防在带领团队时会成为女性的劣势,因为团队需要规则和制度,所以坚守规则对女性带领团队是最有挑战性的,但也是她们必须要做到的。”

总结本节各位女性的访谈,结合科学的团队建设工具和蒲公英模型的方向和测评数据,我们给出以下建议:

1.女性首先要敢于站出来担任团队领导者,在历练中赢得团队认可。

2.危急时刻，也是最显示团队领导力的时刻，女性要保持冷静，控制情绪，传递人文关怀，管理应对危机的团队预期。

3.领导是一个动态过程，带领不同性质的团队，处于不同层级的管理者，需要不同的工作价值观和行为模式，女性要做好工作和家庭的时间规划，保持终身学习。

4.坦然面对社会现实中大家对女性领导者的偏见，对外界评价“脱敏”，避免自我设限。

延伸思考

1.你是否有过不被团队认可的经历？你是怎么处理的？

2.你是否遭遇过团队危机？你是否赞同书中对团队遭遇危机时领导者的做法？关于危机处理你觉得还有哪些做法可以补充？

3.你现在处于领导者的哪个层级？你是否具备本章中“领导力十字管道模型”对于你所处层级的领导力要求描述的能力？

4.根据蒲公英带领团队模型，你会给自己的各项行为打多少分？哪项与本章显示的测评结果差距最大？

5.你带领的团队与本章中哪个团队最接近，你同意受访者带领这类团队的观点吗？

第五节　换个角度建设家庭

在《职场妈妈不下班》①一书中，作者阿莉·拉塞尔·霍克希尔德指出，婚姻是两个个体的结合，但同时也是两种关于性别、公平和感恩观念交锋的舞台。女性进入职场的第一轮上班和回到家作为家务主力的第二轮“上班”，让女性休息时间变少，生活在事业和家庭的双重压力之下。同时扮演职业女性

① 霍克希尔德.职场妈妈不下班[M].北京：生活·读书·新知三联书店，2021.

和母亲两种角色的女性，如果没有父母帮助或丈夫分担，很难享受育儿乐趣，孩子常常是职场女性挫败感和事业缺乏进取心的来源。

美国前国务卿奥尔布莱特曾说：“职场中的母亲都有一个名字，叫内疚。”过去很多年，保持工作和生活的平衡是职业女性一直探讨但未能解决的难题，高速发展的互联网技术是否能给这种平衡带来了一些新的转机？当现代新女性勇敢地说，“鱼和熊掌我都想要”“工作和家庭我都不放弃”时，如何才能做到？我们邀请了全国妇联的领导、社科院的妇女儿童专家、北京市儿童医院、北京市公安系统和中国劳动关系学院的五位女性进行访谈，希望分别从政策制定、专家建议和女性实践者三个角度探讨女性家庭建设的新思路，访谈主要包括以下问题：

(1)你如何看待家庭在你生命中的位置？

(2)你如何看待伴侣、亲子、父母关系？

(3)你当下家庭和工作的主要矛盾或冲突是什么？你是如何解决的？

(4)不放弃事业追求，也不想牺牲家庭，应该怎么做？

(5)谈谈你对女性领导者家庭建设的建议。

对于受访女性的选择，我们选择了工作性质上时间压力大、有孩子的女性和没有孩子工作时间可以弹性安排的女性，看看她们在处理家庭和工作平衡上有什么不同的理念和做法。

一、家庭支持系统的建设与母职外包

面对女性在当今社会环境下仍然是家庭建设的主体的现实，职业女性如何才能把家庭建设好、经营好？首先让我们来看看全国妇联副主席谭琳在访谈中分享的故事对我们的启发。

家庭的支持是女性能安心发展事业的基础。孩子 4 个月时我就到美国去做访问学者了，我得到了父母的支持，孩子一岁零两个月之前都是我父母帮我带。在从副教授到评上教授的近四年中,我既要完成教学工作,又要做科研工作。由于孩子小,每天晚上 9 点半以后我才能工作。这时争取先生的支持和理解就变得很重要。我们秉持互相尊重和共同发展的信念,尽可能错开时间出差,我先生当时也处于事业发展期,很不容易,但是我们有良好的沟通并达成了共识:任何一方都不要居高临下。此外,职业女性还要争取社会其他资源的支持,我孩子很小时,有一位邻居经常帮助我,我出差时孩子就在她家生活,出差回来后就把孩子接回家,让孩子知道妈妈只要有可能都会跟她在一起,孩子长大后并没有觉得缺失了那段时间的母爱。我有任何成绩,父母、家人和邻居都功不可没,对此我心怀感恩。

北京市出入境管理局副局长郭睿君是在公安系统工作了 20 多年的女干部,虽然晚婚晚育,但是对于家庭建设有自己的做法。

我 40 岁生孩子,父母已到古稀之年,身体状况欠佳,当年姨妈刚好退休,身体尚好,于是我动员姨妈和妈妈一起帮我照顾孩子。这段时间,我每天晚上回到家都会询问老人关于孩子的日常表现和变化,与老人交流科学育儿理念,及时发现问题并找到科学的解决方法,全家人配合得很好,关系也很融洽。孩子两岁后,我把他送到日托班,一方面是为老人减轻负担,另一方面也让孩子受到系统的启蒙教育,提高社交能力,并注重与幼儿园老师及时沟通,共同做好孩子的教育工作。所以,作为新手妈妈,一定要做好三方面的准备:一是最大限度地取得家庭支持;二是做好足够的科学育儿知识储备;三是做好心理准备,正确看待孩子不同阶段的不同发展变化,做到不急躁、不恐慌。

对于家庭建设,我们也邀请了一位暂时没有孩子的女性——中国劳动关系学院安全工程学院副行政院长战帅接受了我们的访谈。

虽然没有孩子,但我仍然很重视家庭建设,我会给工作和家庭划一个清晰的界限,在工作时间全情工作,工作之余专心经营家庭生活。对于夫妻相处,我认为彼此成就、相互理解和做好沟通很重要,我们彼此支持对方的工作,也重视生活中的情趣，比如我会和爱人沟通，选择和制定共同的休假计划，晚上或周末与朋友聚会也会事先征求对方的同意，大家尽量选择在同一时间分别开展社交活动，我们还会定好家庭日，共同在家做一顿饭或分工打扫。我父母身体还好，所以与父母相处，我认为更多的是陪伴。我单位离父母家近，我就尽可能中午回父母家吃饭，午餐时间聊聊工作，聊聊家事。所以对于家庭经营，只要我们抱着真诚的态度、尊重彼此，很多问题就不是问题，都会迎刃而解。

南方是北京市社会科学院首都社会治安综合治理研究所副研究员，也是北京博源拓智儿童公益发展中心的发起人和副理事长，同时也是两个 5 岁孩子的妈妈。作为一位专门研究社会问题和家庭教育的专业人士，在受访时南方提到了一个比较学术化的新概念——母职外包，于是我们就母职外包与过去的托幼有什么不同，以及哪些可以外包、哪些不可以外包，进行了较为具体的探讨。

有孩子以后，我理解了“哪有什么岁月静好，永远是一地鸡毛”这句话的含义，我想这是每位职业女性都要经过的阶段，我的建议是抓主要矛盾，把住基本原则。作为一个独立的人，首先你要跟家人有界限界定，界限意味着责任和义务；其次要有原则，你要说出你真实的想法，你可以吵着说，也可以温和地说，还可以绕着弯儿说，但不管什么方式，每个人都应该表达真实的想法，家庭所有的决策应该基于真实，这是家庭建设的持久之道。

母职外包是减轻女性家庭压力的一个有效手段，我认为所有劳动类的事务都可以外包，而所有情感类的互动活动都不能外包。劳动类的事务比较耗时费力，包括做饭、洗衣服、打扫卫生、带娃去上培训班，等等；而情感类的家庭活动包括高质量陪伴、观察孩子身体和情绪变化等事情。孩子在成长的每个阶段都有不同的教育方法和要点，所以陪孩子睡觉、给孩子洗澡、安全教育、性教育和生命教育等最好是父母来做。比如我的孩子们很小的时候，我会跟他们说，如果有人抱你，你要哭，现在他们五岁多了，我会跟他们说，如果有人过来摸你的话，你不但要哭，还要说，还要记住这个人的长相，等等。

从四位女性分享的故事中我们可以看出，能把一个家管好的女性，在单位也会是管理的一把好手，因为家里需要处理的问题和矛盾，有很多跟在单位有相似之处。比如女性处理双方父母之间情感的平衡，与在单位对待比自己年长的同事很类似，所以建设家庭和从事管理工作时，有些技巧、方法和管理理念是通用的。

但是家庭和工作非常大的区别是，情感和目标不同。工作以事为主，感情是辅助手段，讲求结果、规则、制度和流程，解决冲突的目的是把事做好从而达成目标，单位员工表现不好，除了说服教育，可以考核绩效，严重的还可以辞退，但是在家里没有这样的选择，家人之间不是雇佣关系，家里是以感情而不是事为主的地方，情感因素占到决策中很大的分量，在家讲爱比讲理多，要有底线，但又不能刻板地针锋相对，不能把工作角色直接带回家。建设家庭需要调动所有相关人员一起努力，包括丈夫、双方父母、亲戚、邻居、家政阿姨等，要整合各种资源，形成一个家庭支持体系。

二、重要家庭关系的相处方式

年轻一代不同于父母辈，对婚姻的质量要求较高。但婚姻是个大话题，涉及心理、情感、经济、责任等方面。本节我们仅从与丈夫的家务分担和相处方式进行探讨。在双全职家庭中，女性会因工作和家务的双重压力，向丈夫抱怨"丧偶式带娃"带来的过度疲劳和心力交瘁，而男性在面对妻子抱怨的同时，也会有不平衡心理，比如希望对于家务和孩子教育有更多的自主选择。面对这样的现实，我们来看看受访的女性们是怎么做的。

（一）与丈夫的相处方式

北京市出入境管理局副局长郭睿君："我和先生都在国家党政机关工作，

因为工作性质相似,平时遇到工作难题时我们会一起商量,听取对方的意见建议,我们的关系更像是朋友和伙伴。在生活中,我们配合得很默契,我做饭他洗碗,我带孩子他擦地洗衣。抓孩子的教育以我为主,他会提建议并很好地配合,我认为夫妻之间的权利和义务不是争出来的,而是建立在爱的前提下,充分考虑双方的感受和实际情况,在不断磨合中形成的“默契”。当然,两人相处久了肯定会发生矛盾,尤其是有了孩子之后。2022 年年初,我先生突然经历了一场交通事故,危及生命。手术当天,我看到医院的爱心墙上贴满了对亲人爱的表达。我当时在想,为什么平时我们不去表达爱,而会为一些小事争得面红耳赤,只有当面临失去才会去珍惜和表达爱?这段经历让我体会到,亲密关系是世界上最难相处的关系,两个没有血缘关系,来自不同原生家庭,但又每天朝夕相处的人,给予彼此爱和尊重是最重要的。”

北京儿童医院护理部部长宋楠:“我工作忙,但我爱人比我还忙,所以我们都觉得亏欠孩子很多。在照顾孩子方面我们达成了共识,周末白天不谈工作,晚上孩子睡了后,我们才开始各自忙各自的工作。我爱人很理性,在发生争执时,他总是很强调调研和数据,所以在与爱人沟通重大问题时,我一般会在与他沟通之前做好数据调研,告诉他我的决定是经过求证和深思熟虑的,我的论点和方式是什么。比如孩子教育,我会很注重培养孩子艺术才能,比如拉丁舞,两个女儿很喜欢,但我爱人会觉得丁舞会让孩子早熟,我会告诉他,拉丁舞对孩子塑造的是什么,再比如让孩子学习钢琴,并不是为了考级,而是锻炼专注力,孩子学画画,是培养孩子对色彩的理解。慢慢磨合下来,他看到孩子的变化,也会认同我的观点,我们俩在生活之中就没有什么大矛盾了。”

北京市社科院综治研究所副研究员南方:“在与先生相处时,我会告诉他,我的工作时间灵活,我可以带孩子打针和给孩子开家长会不用请假,但同时我也要让我先生知道,我为此付出的时间需要在周末和晚上补回来,这些要跟先生表达清楚,在争取他的理解与尊重的同时,我会跟他商量好如何打好配合战，在沟通中既要呈现出来你的价值，也要平等地商议在孩子养育、父母孝敬和日常家务中如何分工和补位。”

中国劳动关系学院安全工程学院副行政院长战帅：“夫妻之间需要有很多的‘共同’，共同的价值观、共同的兴趣和话题，这样可以践行共同的事情，而不是谁迁就谁，或谁依附谁。只有找到两人真正的纽带，夫妻关系才是舒服和长久的。比如我爱人希望我侧重家庭，但我觉得积极工作可以带来更开放的视野和格局，能让我以更开放的思维和健康的心态来经营好家庭生活，良好的职场体验反而是平衡好家庭生活的保证，对家庭生活具有促进作用，通过沟通，我这样的想法也赢得了爱人的支持。”

四位女性的回答说明，在夫妻关系中，共同的观念和平等是关系和谐的前提，也是关系存续的基础。爱和欣赏对于夫妻相处很重要，也是在关键时刻让婚姻能够维系的力量。作为有知识有领导力的女性，充分发挥专业的管理素养，包括时间管理、情绪管理和教育管理，对于夫妻关系建设和经营是大有益处的。南方在接受访谈时说道：“因为我是研究社会问题和儿童问题的专业人士，所以关于孩子教育和家庭分工，我提出的很多观点和想法，我先生和我的父母是非常有信任感的，非常愿意去支持和配合。”这一点在本书后面的亲子教育和父母相处部分，我们都能看到南方对于女性的家庭建设非常有启发的专业见解。

（二）与孩子的关系建设

我们首先看看北京市出入境管理局副局长郭睿君如何与她的 2 岁的孩子相处：“我认为妈妈是辞不掉的责任，也是自带光环的身份。要成为合格的妈妈，需要足够的育儿知识储备，要按照孩子的发展阶段和规律，找到合适的方法与孩子相处。我非常重视抓住敏感期培养孩子的底层能力，比如五个月上早教课、八个月时亲子共读绘本。我也喜欢带着孩子社交，和孩子一起购物、用餐、走访亲戚、参加朋友聚会。我孩子七个月大的时候就跟着我去单位加班，从小他就能理解妈妈工作的辛苦，也降低了两岁上日托班时的分离焦虑。我认为，父母在对孩子表达爱的同时，也要学会对孩子说‘不’，让孩子感受爱的同时也懂得遵守规则。我认为孩子三岁以内，母亲的地位无可替代，让孩子在情感依恋期建立足够的安全感，孩子的人格和心理会更健康。”

我们继续看看北京市社会科学院综合治理研究所副研究员南方如何与她5岁的孩子相处：“作为职业女性，如果没有足够的时间与精力照顾和陪伴孩子，要有比较智慧的办法让孩子感受到你的爱没有缺失，同时也要坚守一些原则。比如不能打孩子，比如母亲对于孩子要进行生命教育和道德教育，虽然孩子的生命由父母双方赋予，但是母亲对于孩子的孕育让孩子与母亲的生命连接更加直接。另外，生活中的仪式感并不只是体现在重要的节日和生日时，还包括日常活动。比如每天早晨我送孩子去幼儿园，我们都要在幼儿园门口亲亲抱抱说拜拜，跟孩子的每一次告别都要有一个重要的仪式感，让他体会到妈妈对他的爱。如果我因为工作而不能陪伴孩子，我还会耐心地告诉孩子，今天妈妈的工作很重要，争取获得孩子的理解和支持。我不会因为周末没有带孩子去公园或没有陪伴孩子而内疚，我觉得特别关键的是，要告诉孩子，妈妈很重要，妈妈的工作也很重要。把你的价值告诉孩子。”

北京儿童医院护理部部长宋楠在谈到与她9岁的孩子相处时说：“护士长的工作性质决定了我们陪伴家人的时间不可能充足，所以在有限时间里的沟通质量就显得尤为重要，我会很认真地听女儿给我讲学校发生的故事，我尽量会每周把周一到周五的时间全留给工作，周末尽量多陪孩子。我回家很晚，有时候孩子们都睡着了，我会去看他的作业，看看老师对他的评价，我还会在期中或期末重大的考试之前，给他写一些小便条贴在门上，告诉他妈妈发现你最近有哪些进步、还存在什么问题，以及在考试时需要注意什么。只要有可能，每天早晚我都会给孩子一个拥抱，我认为妈妈的拥抱很重要，还有我会给孩子很多精神鼓励。”

在与孩子相处方面，书籍、理论和各种培训都很多，我们想对希望提升领导力的女性说，亲子关系是门大学问，不只是教育和分数，陪伴孩子成长的过程，也是自我提升和成熟的过程，有困难挑战也有感动美好，职业女性的时间规划和自我价值观，会帮助你心态积极地与孩子相处，我们在第四章中的儿童领导力和青少年领导力开发部分还将探讨母亲与孩子的相处方式对于孩子未来领导力开发的影响。

（三）与父母的关系建设

与父母的相处和关系建设往往容易被忽略，在中国因为独生子女政策，父母只要身体健康，退休后甚至提前退休帮助带孙辈被看作义务和责任。但是现代社会，父母退休后也有自己希望实现的梦想，加上在照顾孙辈的过程中，与子女的教育理念存在代沟，往往会因为理念、劳累和付出得不到认可而产生矛盾。那么怎么才能与父母友好相处，共同完成家庭建设责任？我们看看访受访的四位女性如何回答。

北京市出入境管理局副局长郭睿君："首先要感恩老人对自己家庭的帮助和付出。老人退休后本应有自己的生活，并没有帮助我们照顾孩子的义务，认识到了这一点，与老人的相处就变得非常容易。我请我妈妈和姨来帮忙照顾孩子，每月都会付给她们一定的报酬，逢年过节也会准备各种礼物和红包，给予她们足够的尊重，表达感恩之情。但是我非常明确，养育方法上一定以我为主导，老人可给予建议，但不可以一意孤行。另外还有很重要的一点，一定要随时关注老人的身体健康，定期安排他们做体检，一旦有身体不适及时就医。周末给老人放假放松身心，确保每个人最佳的精神状态。"

北京儿童医院护理部部长宋楠："我依靠父母比较多。我和爱人工作都很忙，我们俩商量好周末尽量多陪家人，给父母放假。疫情之前，每个假期我们都给父母报旅行团出游。另外生活中要注意仪式感的营造，出现问题要及时去解决。"

北京市社会科学院综合治理研究所副研究员南方："与父母相处时，要注意底线和沟通，因为代际差异，我们在孩子的教育问题上和日常生活中会有冲突。比如我孩子吃饭慢，有一次我妈妈趁我先生不注意，偷偷把孩子碗里的饭舀走，然后骗我先生说孩子的饭已经吃完了。我先生知道后很生气，严肃指出我妈妈是在给孩子示范说谎。我妈妈也觉得很委屈，她是怕孩子吃饭太慢被他爸批评。平心而论，我是支持我先生的观点的，但我也要顾及我妈妈的感受。我的做法是让父母先回家休息一个星期，让父母有缓冲和思考的时间，同时趁这个星期，我也跟先生表达，我虽然支持他，但与父母相处的态度不可以这么激烈。所以与父母相处，既要坚守底线，又要适当妥协和放权，因为父母帮我们照顾孩子不是义务，而是帮扶和排忧解难，对父母的付出，我们应该感恩。"

中国劳动关系学院安全工程学院副行政院长战帅："婚姻意味着三个家庭的结合。我们在家庭、在职场，都祈求被关爱和被照顾，但我们为什么不能做先付出或先给予的那个人呢？在与父母的关系中，除了关心父母健康，子女还应当尽可能抽时间陪伴他们。父母总把我们视作'小孩'，他们会以自己的方式关心和关爱我们，那我们就坦然接受，接受他们的方式就是爱他们的表现。我婆婆把我当女儿看，我就经常在婆婆面前像女儿一样'任性'。所以，我与父母公婆相处的理念是，做主动付出的那个人，多从对方的视角考虑问题，接纳爱、付出爱。"

从四位女性的分享中可以看出，与父母相处首先要对他们的帮扶和付出心怀感恩，关心父母的身体，注意父母的身心休养。同时也要与父母建立边界原则，对于有孩子的家庭，在孩子教育和家庭事务上，父母和子女有代际价值观差异，如果不建立好规则，就会产生矛盾；对于没有孩子的家庭，要尽可能避免父母过度干涉你自己家庭的事务。另外，还要注意照顾到父母的存在感和价值感，降低逐渐老去给他们带来的落差。

三、蒲公英建设家庭模型及测评分析

蒲公英计划女性领导力素质模型的第二个维度是建设家庭(一级指标)，由家庭理念和关系建设两个素质构成(二级指标)，见表3-4。

表3-4　蒲公英建设家庭维度构成

内部环境评估		
维度	素质	行为
建设家庭	家庭理念	婚姻认知
		平等意识
		爱与欣赏
	关系建设	积极沟通
		相互成就
		情绪管理

家庭理念是家庭建设的基础，对于家庭建设秉持什么样的价值观、坚守怎样的底线和原则，决定了家庭氛围是真实、平等、彼此信任的，还是控制、迎合、紧张的。在蒲公英模型中，家庭理念包含三个关键行为(三级指标)：婚姻认知、平等意识和爱与欣赏。

婚姻认知。秉持独立自尊的人生态度，不因外界压力而组建家庭或保持婚姻关系，不因迎合家人而自我贬低或无底线退让，自信独立，能在家里做真实的自己，能自主安排自己的工作、社交和生活。

平等意识。对家人充分信任，与家人平等相处，接纳家人的真实，也给家人工作、社交和财务自由，不会出现因对家人缺乏安全感而查看家人手机信息，或者过于强势，干涉家人社交和财务开支等行为。

爱与欣赏。真诚欣赏家人的优点，善于站在对方的角度换位思考，能包容家人的错误与不足。在家里不计较得失付出，不过于严苛，不总是关注家人的不足。

关系建设是家庭建设的重要落地举措，先生、孩子、父母的关系是否融洽和谐，决定着每天的家庭氛围和每个人的幸福感。在蒲公英模型中，家庭理念包含三个关键行为(三级指标)：积极沟通、相互成就和情绪管理。

积极沟通。无论好消息还是坏消息，都能与家人分享讨论，发生冲突时，善于用对方接受的方式沟通和交流，不苛责，总是能将问题引向积极面，而不是常常与家人冷战，有时靠自己化解，或内心积累失望和怨恨。

相互成就。家庭关系中，尊重家人的选择和追求，对家人的事业能做到理解和全力支持，同时也看重自己的事业发展，尽量取得家人的支持。

情绪管理。对于家人的不合理要求或行为，能够温和而理性地坚持自己的原则，在冲突发生时情绪能自控，而不会束手无策，或爆发争吵，或一味地妥协让步，失去原则。

我们来看看根据模型开发的领导力测评工具的测评结果。

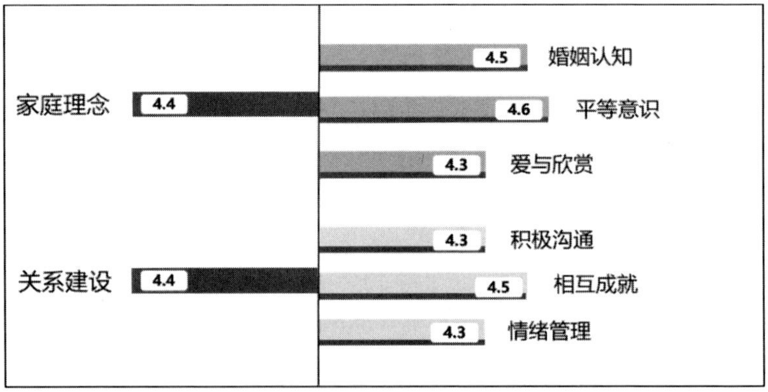

图 3-14 建设家庭测评结果

建设家庭。“关系建设”与“家庭理念”得分持平，均为 4.4 分

家庭理念。“平等意识”和“婚姻认知”都得分很高，这说明很多人在婚姻认知方面能够做到遵从自己的内心，并且在与家人相处时可以很好地做到平

等尊重。

关系建设。“积极沟通”“相互成就”和“情绪管理”差距并不大，相较之下“相互成就”得分最高，这表明在家庭中成员间彼此成就、彼此支持，融洽的家庭关系可以为个人发展提供良好的基础，而在“积极沟通”“情绪管理”方面还需要加强。

四、对女性建设家庭的建议

作为本节的最后部分，我们对四位受访女性提出，希望她们给那些期待在领导力上有成长的女性的家庭建设一些建议，我们来看看四位受访女性的回答。

北京市出入境管理局副局长郭睿君：“一是充分尊重每一名家庭成员，包括未成年的孩子，遇事多思考多商量，不发号施令，不颐指气使；二是注意沟通技巧，管理自身情绪，找到适合自己的自我调节方式，比如运动、音乐、冥想等，及时化解负面情绪，情绪失控时要勇于道歉，多赞美少指责，多讲感情，少谈是非；三是处理家庭冲突，先处理情绪再解决问题，要有建设性，加强反思和复盘，避免问题再次发生。四是做到工作与家庭的动态平衡，不以工作忙为由不履行家庭义务，并且认为家人应该理解，不以家庭负担重作为影响工作的理由。这就要求我们加强时间管理能力，提高工作效率，工作和生活确实难以平衡时，要跟家人或者单位解释清楚，找到替代者合理安排。”

北京儿童医院护理部部长宋楠：“在家里特别要注意聆听和尊重，无论是对孩子，还是对爱人和父母。我会把在蒲公英计划中学到的“人生奥斯卡”课程中的关于积极聆听“耳目心”的聆听方法应用到我家里。还有“与心灵同在”的课程也让我意识到，要重视关爱自己，才能更好地关爱他人。所以作为职业女性，在家庭建设上要多学习，开阔视野，要善用理论和工具指导自己。”

北京市社会科学院综合治理研究所副研究员南方：“第一，你要尊重自己的价值。这并不是说只顾自己，不重视家人，而是要意识到你自己的重要性。如果你自己都没有价值感，家人也不会对你的价值有认同感，不会尊重你。第二，不要夸大自己在家庭和孩子照料中的作用，不要自我英雄主义，不要觉得自己特别伟大，没有我这个家就无法运转了，家庭中的每一个成员都很重要，也都是平等的，需要给家里的每一个成员特别是你的先生赋权，做到不轻视但也不夸大自己的作用。第三，团结一切可以团结的力量，整合所有社会资源，尽可能地把非情感类又耗时费力的事情外包。"

中国劳动关系学院安全工程学院副行政院长战帅："作为新时代的女性，独立是建设好家庭的信心来源，女性真正的独立应该从精神开始，保持思维独立、情感独立和经济独立，这样才能在家庭中建立起平等和尊重。这样的平等不是环境和他人赋予的，而是我们自己塑造的。因此在建设家庭方面，独立是基础，同时还要保持开放的思维和观念，多给生活一些创造幸福感和小感动的"调味剂"，让女性的自信和恬淡成为家人轻松安宁的港湾。"

随着社会的进步，家庭关系还处于三个理念并存的阶段：传统型、平等型和突破型。

传统型。女性虽然拥有自己的工作，但仍然期待家庭认同并满意她在家庭中作为妻子、母亲和女儿的角色和贡献，女性会自觉或不自觉地支持男主外女主内的传统价值观，在家庭角色与事业发生冲突时，大部分会牺牲自我追求，满足家庭需要。

平等型。丈夫和妻子共同照顾家庭，共同赚钱养家，平等分担家务和家政经济压力。妻子希望分担丈夫的经济压力，丈夫也支持妻子在外工作。

突破型。不再以传统的性别差异而是根据能力分配家庭角色，妻子和丈夫的角色在家庭发生了互换，能力强的职业女性可能成为"超级妈妈"，而丈夫也甘愿退居幕后。

无论哪种型，都有其存在的理由。从蒲公英学员的测评结果和四位女性的回答我们可以看出，在工作与家庭角色发生冲突时，女性的选择有：扮演超级妈妈（牺牲睡眠和健康为代价）、缩减工作、降低对家庭及工作的质量要求、让家人分担家务、向外寻求帮助。秉持正确的家庭理念对于家庭建设起着重要的方向指引作用，在本节的最后，我们提出的建议如下：

1.避免放弃自我成就家庭或放弃家庭打拼事业的二元对立思维；

2.重视资源整合和家庭支持系统的建设，善用母职外包解放时间；

3.重视家庭中的三种重要关系建设，学习成为一个时间管理、情绪管理和情感经营的专家，不要把工作角色带回家；

4.家庭建设是全部家人的责任，包括子女，团结一切可以团结的力量参与到家庭建设中，让每个人有参与感、责任感和成就感。

延伸思考

1.你认同职场妈妈不下班的观点吗？

2.你听说过“家庭支持系统”和“母职外包”吗？这两个做法对你有什么影响？

3.碰到工作和家庭角色冲突时，你会如何处理？

4.在夫妻、亲子和父母关系中，你碰到的最大问题是什么？

5.根据蒲公英建设家庭模型，你会给自己的各项行为评多少分？哪项与本章显示的测评结果差距最大？

6.看完本章后，你会最想跟家庭中的谁聊聊书中的观点？

第六节　影响社会，离你远吗？

现代女性关注本职工作，也关注家庭建设，但大多数女性认为这两件事做好了，再有一些自我追求，人生就很完美了。在第二章中，我们就女性发展的外部环境进行了介绍，在全球性别平等形势依然严峻的现实下，女性的社会地位和发展环境离真正的平等还有很长的路要走。每个时代的女性有每个时代的使命,没有前辈们的奋斗,甚至不惜付出生命代价而对信仰坚定追求,今天的女性不可能拥有受教育和就业的公平权利。女性走出家门、走出国门是无数人努力的结果,通过对社会产生积极影响而推动社会进步和性别平等,需要当代甚至更多代女性继续努力。

为了探索女性对于影响社会的看法和影响社会的方式,我们邀请了 7 位女性接受访谈。访谈包括以下问题:

(1)社会影响,这个话题离你远吗?

(2)女性影响社会有什么渠道和方式?

(3)阻碍女性影响社会的因素有哪些?

(4)谈谈您对女性影响社会的建议?

我们希望通过对这些问题的访谈,探索女性在影响社会时应该秉持的理念和行之有效的方法。

一、影响社会,离你远吗?

为了了解大家对影响社会的看法,首先让我们看看来自媒体、公安、法律、教育和社会研究领域的五位女性的看法。

央视记者董彬:"作为一名央媒记者,我工作中做的每一篇报道都在对社会产生影响。很多时候,对于一个新闻选题的处理有很多方式,我可以选择为了吸引眼球和有爆点而"出格",但是,这样的爆点,是不是真正能够对社会进步有所帮助?是否符合主流价值观乃至国家的政策导向?这是我要时刻思考的问题。所以,影响社会,其实贯穿在我日常工作的点点滴滴中,随时随地要求我规范个人的行为。与此同时,我也时刻有一个清醒的认知:新闻报道所起到的社会影响,并不仅仅因为我个人的能力,而是源自央媒平台。所以,影响社会,并非需要所有人都成为有影响力的IP(个人人设),其实更多需要我们利用自身具有的资源、优势和特长，选择合适的传播渠道和方式，做最恰当的展示与呈现。影响社会的方式多种多样，效果可能未见得一定如本人所愿，但是只要积极、努力去尝试，总会有所收获。”

北京市出入境管理局副局长郭睿君：“每个人都在立足本职工作影响社会。我曾经在公安机关从事宣传工作近十年，我认为，带领团队创建新媒体宣传平台，加强警媒合作和先进典型宣传，精心制作播出公安专题节目，讲好首都警察故事，传递公安声音，密切警民关系，这就是在影响社会。”

陕西沃创律师事务所主任郝佩佩：“作为法律人，产生社会影响的事情随时在我身边发生着，因为我的本职工作就是用实际行动和专业知识来帮助有需要的人，让更多人感受到法律对于社会公平正义的影响。2017 年 3 月，司法部、中国法律援助基金会发起的“1＋1”中国法律援助志愿者行动开始招募志愿者，我参与了这次行动，用公益的方式践行了我作为法律人的使命。援助时我遇到了可爱的 5 岁的吉太吉(女)和西热更尕(男)，这是两个在福利院生活的孩子。假期我带他们来到我家，让他们感受到妈妈的爱。因为我的示范，陕西的年轻律师，尤其是女律师，更加勇敢地承担起了援藏任务，2021 年，陕西就有两位 90 后女律师去了西藏做法律援助工作。”

中国劳动关系学院安全工程学院副行政院长战帅：“我在高校就职，从事高校人才培养、科学研究和社会服务都是在影响社会。我们学校的特色是劳动教育，我带领全国劳模和青年志愿者一起走进社区、学生、企业、军队开展劳动精神、劳模精神和工匠精神的宣讲活动，在社会范围形成崇尚劳动、热爱劳动的社会风尚。过去我还在学校的共青团工作过，也担任过中央机关青联委员，同 17 个界别的青年代表一起维护各族各界青年的合法权益。我还积极参与国家的重大活动，做过奥运会的志愿服务工作，为社会塑造了积极的正能量，同时也在影响社会的过程中感受到了极大的成长。”

北京市社会科学院综合治理研究所副研究员南方：“我过去是个公益人，

现在我的自我定位是一位儿童及家庭政策的研究者和倡导者。在我的学术研究和我的职业工作中,我每时每刻想的都是怎么影响社会,或者怎么影响政策。如果我们的倡议和工作能得到高层领导的批示,那就能推动某一个政策的落地实施。我觉得通过个人的努力影响社会是非常重要的,而且是每一个人都需要从自己的角度去推动的一件事。"

上面五位女性对于影响社会的回答表达了职业女性的本职工作让她们对于影响社会有着直观的认知,同时她们在影响社会的过程中也充分感受到了自我价值,那么除了本职工作和公益活动,女性影响社会还有哪些渠道和方式吗? 让我们进一步深入展开这个话题。

二、女性影响社会的渠道和方式

让我们首先来看看两位传播人对女性影响社会的渠道和方式的想法。

央视记者董彬:"我想谈两种影响社会的方式,一种是对公众的影响,我们做的珠峰报道,当时上了非常多的热搜。这个题材处处都是新闻,我们可以选择怎样去影响社会,如果我想告诉大家绿色环保为什么重要,保护环境是怎样一点一滴在你看不到的地方发生变化,我们就可以选择珠峰大本营的垃圾分类和冰川变迁的细节。我也可以选择对珠峰星空的报道,带领观众欣赏完全没有光污染情况下的星空,带别人去看他们想看而无法亲身抵达的东西,这也是影响他人、影响社会的一种方式。另外一种影响方式,是对私密小圈层与弱关系的影响,也是在间接地影响社会。"弱关系"是指那些在社会网络中,对你了解有限、互动不多、跟你工作关系不太紧密的人。由于弱关系范围较广,因此它比强关系的联系更能充当跨越社会界限去获得信息和其他资源的桥梁,会创造更多的社会流动机会与可能性。每个人都希望得到更多认同,但当别人接受了你的价值观,他再跟别人沟通时就带上了你的观点,就是在间接扩大你的社会影响。"

北京市大兴区融媒体中心主任马宪颖："对于普通女性而言，家风家教就是在影响社会，我平时参与的一些社会服务，比如疫情期间值守垃圾桶，周末各区大扫除、维持秩序、交通引导和带着孩子清扫积雪等身边的小事，也是在影响社会。而对于职场女性而言，做好本职工作也是在影响社会。比如我在大兴区文委干了 8 年，大家一起做"文化大院"活动，产生了积极的社会影响。现在我参加大兴社区活动时，可以感受到社区文化氛围逐步向好和社区居民对于美的追求正不断进步，这也是我们认准目标，不断耕耘产生的影响。再比如，我是负责宣传工作的，选择正能量和能带动社会文明建设的宣传主题，也是在影响社会。所以我认为，对于女性而言，影响社会的渠道和方式很多，对社会的影响是家庭建设、本职工作付出和社区服务的有机结合。"

我们再看看五位来自公安系统、法律、教育和科研单位的女性的看法。

北京市出入境管理局副局长郭睿君："女性影响社会的渠道和方式，我认为主要有三种：一是基于本职工作，无论是决策层面、管理层面、执行层面，无论是在党政机关、企事业单位，公益组织还是自由职业，把本职工作努力做到最好就是在影响社会。二是积极参与公益活动。我在早年留学期间曾经参与过当地的志愿服务工作，我深深低感到志愿奉献精神是社会进步的一个标志。于是我在从事精神文明建设工作期间，成立了 100 支学雷锋志愿服务团队，提倡志愿服务精神，凝聚向上向善的力量，弘扬社会正能量，这也是在影响社会。三是借助自媒体平台，运用社交自媒体账号表达自己的观点，参与社会热点问题的讨论，勇于发声，善于表达，也是影响社会的一种渠道和方式。"

陕西沃创律师事务所主任郝佩佩："我因为热衷公益事业，赢得了行业主管单位的良好评价，赋予我更多的责任，让我担任陕西省女法律工作者协会公益委员会主任。通过这样的组织，我可以发动和影响更多的人一起做公益。所以我认为，女性发挥影响力主要可以通过政治途径和公益途径，可以通过参与社会活动影响更多的人。"

中国劳动关系学院安全工程学院副行政院长战帅:“女性影响社会有很多渠道。一是结合专业从事社会服务,运用自己的专业所长,参与到相应的社会服务活动中,通过专业化、科学化、常态化、制度化的方式进行社会服务;二是随时随手做公益,利用碎片时间,从自身做起,从小事做起,关注的问题转发一个朋友圈或发一条微博等,从点点滴滴中影响社会;三是积极参政议政,通过“她力量”展示女性独特的视角,在国家和社会事务管理中建言献策。”

国家纳米科学中心研究员杨延莲:“我认为影响社会可以有多种方式,首先要从自己做起,影响身边的人。你本身要做一个对社会有价值的人,创造新的知识、新的产品,给周围的人创造更多的机会,让大家有成长的平台;其次是以自己的专业身份,比如以科学家身份参加专业研讨会,发表专业观点,影响社会,建立专业准则;另外,还可以加入党派,比如我就会以九三学社参政党的身份去参加一些参政议政活动和论坛,表达自己的观点。”

北京市社会科学院综合治理研究所副研究员南方的职业身份有过三段关键转型,所以对于女性影响社会的理解比较深刻,所以我们的访谈也相对深入。

我的第一份职业是在昌平当公务员,这也是我第一份比较深入地理解社会的工作,我意识到了政府治理对于社会的强大影响,政府的公共政策对于社会变化和提升人们幸福感、获得感和安全感的作用非常大,我在政府的工作经历,让我能直观地感受到本职工作带给社会的影响。

后来,我转到国际组织工作,这段工作经历让我能够更加立体地认识社会。我发现民间力量的社会影响力,是通过倡导去改变民众的观念,然后通过整合民间资源,去影响每一个个体,这种行为和观念的变化对社会的影响更加持久和本质。就拿我比较熟悉的儿童领域举例,国家制定了各种法规政策,但如果我们每一个人对于孩子的态度和观点不改变,国家政策也只能是外部干预,不会从根本上改变。所以这几年从学习到工作,再到尝试建立民间组织,我试着用民间的力量去影响公众，去跟政府部门合作，把国家意愿或政策意愿最大化落到实处。

后来我又一次转型，从北京师范大学博士毕业后，到清华大学做博士后，跟清华大学公共管理学院的邓国胜教授和他们的团队合作，这让我真正接触到了学术研究的精髓，我开始不满足于仅仅做一个实践者或学者型行动者，我意识到个人的力量是有限的，需要整合民间社会力量和学术研究力量，努力推动政府和公共政策更好地发挥作用。比如我的机构做过一些儿童参与社区友好环境改善的项目，包括儿童餐饮、社区治理，还有儿童议事会，让孩子在社区里能够发表自己看法。我们这样的一批学者尝试推动国务院妇儿工委，去倡导国家发改委，把建设100个儿童友好城市写到了国民经济和社会发展规划中，这是一种极其有分量的社会影响。

从上述五位女性的回答中，我们可以看到，每一位女性对影响社会的认知都是从她们的本职工作开始的，这些方法各有特点，但又有值得总结的共性。她们让我们看到，女性在做好本职工作的同时也在积极地面向社会提想法、说建议，通过学术研究、观点传播、科研科普、公益参与发出倡议，联合民间力量去推动政府，实现影响社会、推动社会发展的目标。

三、阻碍女性影响社会的因素

我们知道，不是所有女性都有这样积极主动的意识和影响社会的能力，下面我们看看有哪些因素会阻碍女性影响社会。

央视记者董彬："与男性相比，社会传统定义女性更多要照顾家庭，时间精力有限，必然会弱化女性影响社会的动力和资源。从内因上看，障碍来源于女性对使命的认知中是否存在主观动力，从外因上看，经济基础、家人与朋友是否支持、自己在遭遇挫折时的坚持力，都极有可能成为阻碍女性影响社会的因素。"

北京市出入境管理局副局长郭睿君,"阻碍女性影响社会的因素主要有两方面:一方面是外界的客观因素,绝大多数女性的地位和话语权不如男性,女性对社会的影响力会受到一定限制。另一方面是女性内在的主观因素,比如家人不支持或者自己担心抛头露面遭人非议,抱有多一事不如少一事的心态。"

陕西沃创律师事务所主任郝佩佩:"第一是自我认知,我决定去做法律援助时,很多人问政府给我什么好处?我出生在农村,生长在以'孔繁森''焦裕禄''雷锋'等为榜样的年代,在自己有能力也有机会能像榜样一样为社会做点贡献时,我愿意去实现自己的公益梦想。第二是家庭支持,女儿不到2岁时,我去高原带着母亲和女儿,其实是很有压力的,但家庭成员的支持解决了我的后顾之忧。第三是社会对女性的偏见,举个例子,我在青海省贵南县给全县领导干部做普法讲座,就有人对我这样一个年轻女律师的专业水平提出了质疑,虽然我的讲课折服了这位有偏见的干部,后来还与我一直保持联系,但这种社会偏见会成为女性影响社会的消极因素。"

中国劳动关系学院安全工程学院副行政院长战帅:"我认为主要有两个阻碍,首先是受传统观念'男主外女主内'的影响,女性在时间精力等方面心有余而力不足。其次是女性的受教育程度,教育已经逐渐成为人的社会化过程的重要手段了,受教育程度会影响女性的价值观念和对社会公共事件的关注和发声。城市女性应该好一些,但农村女性,尤其是偏远地区仍处于弱势地位的女性,家庭仍是她们生活的重心,她们没有意识和余力来关注社会。另外,女性拥有的社会资源有限,这也影响了她们对社会产生影响的力度和效果。"

北京市社会科学院综合治理研究所副研究员南方:"第一是女性对影响社会的认知,有些女星认为影响社会太高大上了,觉得我做的工作跟影响社会没关系。每个人都是社会人,影响社会是一个可大可小的概念,影响自己家庭里的每个人也是在影响社会。第二是社会偏见,认为女性太活跃和太多公开露面不是好事。所以女性要影响社会需要勇气，需要面对来自舆论的压力。”

国家纳米科学中心研究员杨延莲：“首先是女性就公共问题发声的主动意识，女性要有主观能动性；其次是工作和家庭的双重压力，让女性群体没有那么多时间去参与社会活动，没有参与，也就不会产生影响力。”

大家对阻碍女性影响社会的因素总结起来，有以下五点：

(1)传统观念的影响，男主外女主内，女性不宜抛头露面等偏见让女性不太敢对社会问题发表看法和积极参与；

(2)受教育程度的水平，决定女性思想的开放性，也决定了女性对影响社会这一概念的认知；

(3)工作和家庭的双重压力，占用了女性的绝大部分时间和精力，让女性没有更多时间参与到有影响力的活动中；

(4)女性拥有的社会资源有限，影响了她们对社会产生影响的力度和效果。

(5)社会缺乏让女性团结起来集体发声的平台，个体的力量有限，群体的影响力才会产生更大的效果。

以上我们介绍了女性影响社会的方式和渠道，也了解了阻碍女性影响社会的因为，那么从女性自身建设层面，如何才能建立起影响社会的意识和能力？蒲公英领导力中关于影响社会的模型，为女性建设社会影响力搭建了框架。

四、蒲公英影响社会模型

蒲公英计划女性领导力素质模型的第四个维度是影响社会(一级指标)，由社会参与和公众影响两个素质构成(二级指标)，见表3-5。

表 3-5 蒲公英影响社会测评结果

<table>
<tr><th colspan="3">内部环境评估</th></tr>
<tr><th>维度</th><th>素质</th><th>行为</th></tr>
<tr><td rowspan="6">影响社会</td><td rowspan="3">社会参与</td><td>政治参与</td></tr>
<tr><td>公益参与</td></tr>
<tr><td>新媒体素养</td></tr>
<tr><td rowspan="3">公众影响</td><td>社交意识</td></tr>
<tr><td>谈判能力</td></tr>
<tr><td>演讲能力</td></tr>
</table>

影响社会，首先是需要对社会公共事件和政策制定有一定的了解和关注，并积极参与到社会活动中，才能发挥影响，所以在蒲公英影响社会的模型构成中，社会参与是影响社会的第一步，包括政治参与、公益参与和新媒体素养。

政治参与。清楚我国的政治体系，清晰知道八大党派，以及政治协商制度如何运行，能找到表达自己的政治诉求的途径，而不是对政治抱有负面看法，回避或远离。

公益参与。对公益具有较强的认知，愿意奉献时间和贡献资源，参与公益组织的长期建设，不仅仅是偶尔会为某个公益活动捐钱捐物，或当个临时志愿者。

新媒体素养。对于微信、微博、抖音、电子书等新媒体发展高度重视，善用新媒体提升学习、工作效率和打造个人形象，开发资源和新的发展机会，扩大社交影响而不是排斥和远离。

以上三个素质中，公益参与是影响社会的途径中最被广泛接受的，大多数女性都具有公益情结，愿意为社会付出爱心，并且高度认同公益带来的积极社会影响。

新媒体素养，大家理论上接受，但在实践中，还是有女性比较抗拒，原因是对于学习新知识、掌握新方法运用新工具做事比较有惰性，也怕冒风险，的确新生事物会带来一些风险，比如网络技术和自媒体，既能拓展女性展示自我的平台，但也能形成网暴，把握不好就是一把双刃剑，这一部分内容，我们会在第五种中进行详细分析。

政治参与是大部分女性们比较远离的，主观的回避之外导致政治参与的能力也比较薄弱。大家回避政治是因为不了政治体系的运转对个人产生的影响，觉得政治离自己很远，而且对政治的"高高在上"和"权利"有些望而生畏，正如迈克尔·G. 罗斯金在《政治学与生活》[①]中指出，很多人认为回避政治，是因为他们认为政治中充满滥用权力、以权谋私和腐败和权钱交易，其实这是对政治的一种误读，政治本身没有好坏，大家如果了解了政治意识形态的起源、国家、政党、民意之间的互动，以及政治制度产生的基础，就会真正了解政治的运作方式、个人与政府的关系、以及政治参与的价值，从而了解政治参与对社会产生影响的过程。

蒲公英影响社会的模型构成中，第二个素质是建立个体的公众影响能力。在对芬兰国家妇女委员会秘书长特尔赫·赫妮娜访谈时，对于领导力的认知，她强调领导者需要很强的游说能力，北京市社科院综治研究所副研究员南方在访谈中提出，要建立影响社会的能力，要锻炼跟别人反复沟通、谈判和公众表达的能力，才能为自己争取到发挥影响的机会。

蒲公英模型中公众影响，包含社交意识、谈判能力和演讲能力。

社交意识。思维开放，重视人际交往，重视交流中的思想碰撞和合作机会的建立，而不是拒绝人际交往，不参加社交活动。

谈判能力。善于运用谈判技能，对于公平公正的权益敢于有理有据有节地去争取，而不是在权力或利益面前要么强势要么放弃，缺乏谈判意识和

---

① 罗斯金.政治学与生活[M].12 版.林震，译.北京：中国人民大学出版社，2014.

技能。

演讲能力。面对公众发言沉着冷静,表达自如,逻辑清晰,感染力强,不会在事先无准备或面对陌生群体时不能快速形成逻辑的表达。

下面我们来看看蒲公英学员关于带领团队的测评结果。

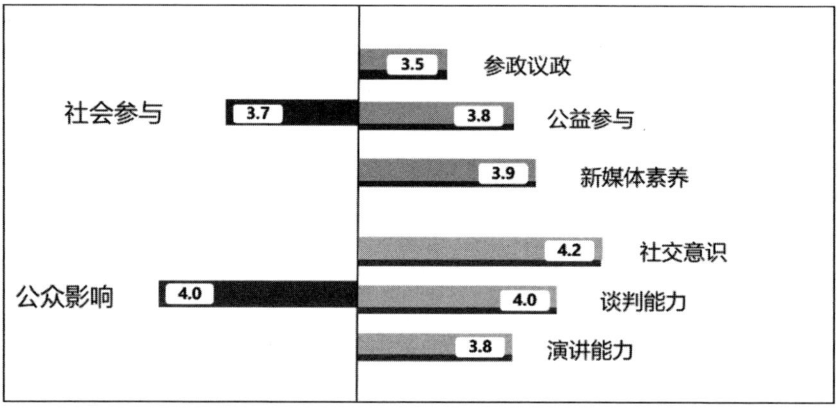

图 3-15 影响社会测评结果

影响社会是内部因素中得分最低的一项,“社会参与”3.7 分,公众影响 4.0 分。

社会参与。“参政议政”是三级指标中得分最低的一项,这反映了受访者在政治参与方面意识和能力都较为薄弱。“新媒体素养”和“公众参与”也不高,这些都是未来女性需要强化的能力。

公众影响。“社交意识”一项为 4.2 分,表明大家对于社交生活还是足够重视,但“谈判能力”和“演讲能力”则较差,这也是影响女性领导者向上发展的重要能力,作为未来的领导者,女性特别需要加强。

五、对女性影响社会的建议

最后,对于女性影响社会的能力建设提出一些思路,让我们首先看看受访女性们的建议。

央视记者董彬："首先要对影响社会有主观意愿，要发掘自己的优点，意识到这些优点能够产生社会影响力和帮助别人；其次，当拥有更多话语权、更多可以表达的空间时，个人 IP 的打造和建立值得尝试，女性需要建立这样的意识和技能，每个人身上的闪光点如果能挖掘出来并把它发扬光大，就能产生积极的社会影响；第三，需要清醒认知你的社会影响力是来自平台还是你自己，当你离开平台时如何去建立你自己的影响，包括公众影响和弱关系圈层的影响，这样的影响力才真正能够体现你个人的价值观、认知水平和社会责任感。"

北京市出入境管理局副局长郭睿君："一是量力而行，久久为功，在平衡好事业和家庭的前提下，力所能及地影响社会；二是整合资源，凝聚力量，加入或打造能影响社会的平台，与志同道合的人一起，共同创造社会影响力。"

陕西沃创律师事务所主任郝佩佩："首先女性应当对自己的发展不设限，职场没有性别之分，只有专业比拼。其次，女性应当积极地参与到各种政治活动中，在参政议政过程中表达更多的有影响力的观点，有利于社会进步的观点，而不是置之度外或发牢骚，积极锻炼自己的能力，勇敢地站在政治的中心，承担起政治任务。另外，女性一定具备相当的知识水平、专业能力、表达能力。没有这些基础，相当于大楼没有地基，只有自己具备了相当的能力才有影响他人和社会的能力。"

中国劳动关系学院安全工程学院副行政院长战帅："一是不要放弃自己的事业追求，保持职业是女性接触社会、融入社会和经济独立的基础，女性只有融入社会和经济独立了，才能更好影响社会；二是要坚持读书学习，在阅读中提高思考能力和开阔视野；三是要高质量社交，在社交的过程中碰撞思维，与"志同道合"的朋友在最高处相逢，就是女性影响社会的渠道，美好的人一起做美好的事。"

国家纳米科学中心研究员杨延莲："为女性提供集体发声的平台，激励女性，群体的声音越来越大，影响社会的能力和强度就会越来越大，社会才能给予更多的重视，社会的公平和进步需要更多人去推动，而我们不能完全期待男性，要女性自己主动去争取。”

北京市社科院综治研究所副研究员南方：“女性不要自我窄化，即使工作时间灵活，也不要长时间待在家里，接触社会越少，会越缺少发挥社会影响的自我能动性；第二是给自己设一定一些目标，承担一些社会责任，去倡导你的理念，锻炼跟别人反复沟通、谈判和表达的能力，为自己争取机会，面临质疑不能退缩，不断给自己鼓劲。”

总结大家的访谈，对于女性的社会影响力建设，我们提出如下的提升建议：

(1)从认知上建立影响社会不是离你很远的高大上话题，而是就在你身边的家庭建设、本职工作、帮助他人等社区公益行动；

(2)不让社会偏见成为你关注社会话题和参与社会行动的阻碍；

(3)提高对影响社会的认知，积极提升政治参与、公益参与和社交意识；

(4)提升个人的公众演讲能力、谈判能力和新媒体素质。

延伸思考

1.本节中对你最有帮助或启发的是哪一点？

2.在阅读本章之前，你是否有过影响社会的行为？

3.就你自身而言，影响社会有哪些途径？

4.根据对蒲公英影响社会模型中，你会对自己的各项行为评多少分？哪项与本章中的显示的测评结果差距最大？

5.根据蒲公英影响社会模型，你会对自己的各项行为评多少分？哪项与本章显示的测评结果差距最大？

本章关键知识点小结

1.女性的自我认知、观念和行为是推动自我发展的内驱力，能让自己站在更高层面看待世界和社会，是开发女性领导力的重要内在因素；

2.从对中芬两国不同领域领导者对领导力认知和关键词的访谈中我们可以看出，从事的领域不同，所处环境和面临挑战不同，其对领导力的认知有差异，但是也存在共性；

3.蒲公英女性领导力模型为我们提出女性领导力发展的四个维度：突破自我、建设家庭、带领团队和影响社会；

4.女性自我突破的关键不自我设限、转“危”为“机”，开放心态主动拥抱变化，

5.女性带领团队，首先要敢于站出来担任管理者，才能拓展锻炼领导力的机会。带领团队过程中要避免自我设限，对社会的负面标签和刻板印象“脱敏”危急时刻要保持冷静和控制住情绪，遭遇不认同时客观面对和行动立威，并且要注意提升果断决策和管理冲突的能力；

6.女性建设家庭要避免家庭与职业的二元对立思维，重视资源整合和家庭支持系统建设，重视家庭中的三种重要关系建设，让每个人参与到家庭建设中来；

7.女性影响社会的途径很多元，关键是要塑造意识，提升社会参与，并提升个人的政治参与意识、公众演讲能力、谈判能力和新媒体素养。

第四章 领导力与终身教育

开篇故事

顾女士讲述了一个芬兰幼儿园教育对她的启发故事。她曾在家里提前教孩子芬兰语，因此当幼儿园的电视画面里出现芬兰语字幕时，孩子能全部读下来，顾女士很自豪。但老师却说不希望家长提前教孩子，这样做不仅会影响小孩子正常的学习兴趣，还会因此脱离正常的小伙伴团体，如果孩子在童年时代得不到同伴的接纳，会让孩子对未来人际关系的信心不足，而人际关系是自信心和幸福感很重要的来源。

——华人领导力教练顾女士

在我上中学时，政府正计划停止儿童保育系统，这个系统帮助了无数假期无处可去的儿童，我自己就是这项服务的受益人，我决定做点什么。父亲鼓励我向报社投稿，那时我才 14 岁。我和朋友们一起寄信给市议会议员，虽然最后服务还是被停止了，但重要的是我意识到自己能够对社会发声。父亲的鼓励让我变得自信，所以在鼓励孩子方面，老师和家长们同等重要，我父亲总是非常支持我拥有自己的意见，他从不对我说“你无权做某事”。当我给报社写文章时，我会给他也寄一份，他也会给我反馈，他经常告诉我

"这是很好的想法"，但他并不总是表扬我，他会给一些中肯的不同意见和评价。

——芬兰坦佩雷市副市长安娜·赫拉马基

开篇思考

1.家庭教育和学校教育分别对孩子的领导力成长会产生哪些影响？

2.如何发现儿童期孩子的领导力潜质而不让其被无意识行为压制？

3.青少年期和大学阶段，领导力培养的重点和方式各有什么不同？

终身教育(Lifelong Learning)的提出，是因为近代知识更替加入，科技发展迅猛，人们越来越感到需要终其一生的学习，才能保持对社会进步的理解和跟得上时代发展的速度。终身教育作为一个术语是1965年在联合国教科文组织主持召开的成人教育促进国际会议期间正式提出。虽然对概念有不同理解，但比较被广泛接受的是指人们在一生中所受到的各种培养的总和。横向包括学校、家庭、社会不同领域进行的教育，纵向包括一个人从婴儿到老年期各个不同发展阶段所受到的各级各类教育。

也许领导力的某些特质源自天生，但综合的领导能力却是后天习得。所以领导力学习是一个终身的过程，不同人生阶段有着不同特点。本书把领导力的培育分为四个阶段：儿童阶段(包含学龄前和小学前期)、青少年阶段(包含小学后期和中学阶段)、大学教育(高等教育)阶段和进入职场后的成年人领导力培育阶段，本章主要介绍前三个阶段的领导力培育，第四个阶段在本书的第二、三、五章中论述。本节将围绕领导力与教育的关系，结合三个阶段的人格特点、认知水平、行为方式和性别差异，探讨不同人生阶段领导力的培育重点和模式。

第一节 领导力与终身教育

美国历史学家、哈佛大学前校长德鲁·福斯特2016年在西点军校的演讲中说,[①]“领导力一词,从19世纪末开始,大量地出现于书中——亚马逊上关于它的书有18万多本,哈佛大学的图书馆里关于领导力的索引也有170多万条。但是我们看到,这么多关于领导力的书,真正成为领袖的人却很少。所以我们会问:是什么造就了一位领导人?”

福斯特提出的问题,也是我们在本节中要探讨的问题。

一、领导力与教育的关系

1996年,国际21世纪教育委员会在其向联合国教科文组织提交的《教育——财富蕴藏其中》[②]的报告中提到教育的基本原则:“教育应当促进每个人的全面发展,即身心,智力,敏感性,审美意识,个人责任感,精神价值等方面的发展。应该使每个人尤其借助于青年时代所受的教育,能够形成一种独立自主的,富有批判精神的思想意识,以及培养自己的判断能力,以便由他自己确定在人生的各种不同的情况下他认为应该做的事情。”

德国哲学家、心理学家和教育家卡尔·雅斯贝尔斯在《什么是教育》一书中指出:“教育是人的灵魂的教育,而非理性知识的堆积。教育本身就意味着一棵树摇动另外一棵树,一朵云推动另一朵云,一个灵魂唤醒另一个灵魂。有灵魂的教育意味着追求无限广阔的精神生活,追求人类永恒的精神价值:智慧、美、真、公正、自由、希望和爱,以及建立与此有关的信仰,正的教育理应成

---

① 福斯特.最重要的领导品质都与人文学科相关[EB/OL].(2016-12-08)[2022-03-17].https://www.sohu.com/a/121056934_475956.

② 联合国教科文组织总部.教育:财富蕴藏其中[M].北京:教育科学出版社,2001.

为负载人类终极关怀的有信仰的教育，它的使命是给予并塑造学生的终极价值，使他们成为有灵魂、有信仰的人，而不只是热爱学习和具有特长的准职业者。”①

所以，教育不是“教学”，不是课堂知识，教育不只限于学校，还有家庭和社会。教育的本质是点燃，是让人对未来充满希望，对不确定性有判断和乐观，教育不只是“教”，更重要的在“育”。

德鲁·福斯特在西点军校的演讲中指出，人文科学是构建自我意识、性格特点，以及真知灼见的源泉，也是保证领导人与他人交际的内在动力，而这些都是领导力最核心的要素，人文科学对于领导力的塑造体现在以下三个方面：

洞见：认知自我的能力，多视角看待世界的能力；

随机应变能力：能助人们应对意外之事，创造性应对挑战的能力；

语言说服力：通过语言激励他人，担负国家责任和历史使命；

人文科学的学习能让我们看到过去决策者的智慧和灵活多变，帮助当代人作出更加正确的决策，培养解决未来不确定性和复杂性问题的方法，激发人的奋斗动力。本节中我们从终身教育的纵向视角和领导力的横向影响环境，分析不同阶段的领导力培育。

二、终身教育与埃里克森人格发展理论

根据生命成长周期，人生可以被划分成不同的阶段，艾利克·埃里克森是美国发展心理学家和精神分析学家，他提出人格的社会心理发展理论，把心理发展划分为八个阶段，并指出每一阶段的特殊社会心理任务和特殊矛盾，每个阶段矛盾的顺利解决是人格健康发展的前提，让我们来看看这八个阶段的划分。

① 雅斯贝尔斯.什么是教育[M].邹进，译.北京：生活·读书·新知三联书店，1991.

埃里克森认为,在每一个心理社会发展阶段中,人们在解决了核心问题之后所产生的人格特质,都包括了积极与消极两方面的品质。如果各个阶段都保持正向积极品质的发展,我们就算完成了这阶段的任务,逐渐实现了健全的人格,否则我们就会产生心理社会危机,出现情绪障碍,形成不健全的人格。

第一阶段:婴儿期(0—1.5 岁),基本信任与不信任

第二阶段:儿童期(1.5—3 岁),自主与害羞

第三阶段:学龄初期(3—6 岁),主动与内疚

第四阶段:学龄期(6—12 岁),勤奋与自卑

第五阶段:青春期(12—18 岁),自我同一性和角色混乱

第六阶段:成年早期(18—25 岁),亲密对孤独

第七阶段:成年期(25—65 岁),生育对自我专注

第八阶段:成熟期(65 岁以上),自我调整与绝望期

根据埃里克森的人格发展八阶段理论,在人生的不同阶段,人的认知、行为特质、成长需求都在发生改变。每个阶段成长的方式各不相同,领导力培养的重点和方式也应该有所不同。尽管埃里克森的理论还存在一定的争议,但对我们探寻人生不同阶段的领导力培育,仍有其重要的参考意义。

三、儿童阶段的领导力启蒙

本书的儿童阶段主要指学龄前和小学阶段,重点是指是埃里克森八阶段中的第 3—4 阶段,包括学龄前期和学龄期阶段。我们来看看这两个阶段儿童的人格特质和心理冲突。

学龄前期。这一阶段主要心理冲突是主动与内疚,如果幼儿表现出的主动探究行为受到鼓励,幼儿就会形成主动性,这为他将来成为一个有责任感、有创造力的人奠定了基础;如果幼儿的独创行为和想象力被否定打击,那么幼儿就会逐渐丧失主动性,倾向于别人为他们安排好一切。

学龄期。这一阶段主要心理冲突是勤奋对自卑的冲突，这一阶段儿童接受学校教育，训练儿童适应社会、掌握今后生活所必需的知识和技能。如果孩子们顺利地完成学习课程，他们就会获得勤奋感，这使他们在今后的独立生活和承担工作任务中充满信心，反之则容易产生自卑。

结合埃里克森的理论，儿童期领导力启蒙教育的重点：一是主动性的培养，当儿童的主动感超过内疚感时，他们就会拥有"目的"的品质。埃里克森把"目的"定义为"一种正视和追求有价值目标的勇气"；二是对于儿童勤奋行为的鼓励，表扬儿童因勤奋努力的行为而获得成功，会消除儿童的自卑感，让他们获得"能力"的品质。埃里克森对"能力"的定义是"完成任务所需要的熟练技能和智慧。"

对于儿童期的能力发展比较著名的是意大利儿童教育学家玛利亚·蒙特梭利(Maria Montesori)创立的蒙氏儿童早期教育体系。蒙特梭利博士认为，儿童拥有与生俱来的内在生命力，具有自我学习的潜能，教育的任务是激发儿童的潜能，并使儿童按其自身规律获得自然发展。蒙氏教育的原则是：以儿童为主。为孩子打造一个以他们为中心，让他们可以独立"做自己"的"儿童世界"。蒙特梭利教育体系包含以下理念：

把握敏感期的学习。利用儿童感觉的敏感性，让孩子们轻松愉快的过程中探索并吸收抽象的概念，让儿童主动去接触、研究周围的环境，形成自我认知，教师只是从旁协助和引导。

符合儿童学习特点的教具。儿童阶段的学习主要靠感官，提供给孩子们的良好刺激愈多就愈能激发他们的内在潜能，蒙氏教育提供丰富的教材和教具(包括自然的、人文的)，所有教具都符合儿童特点，可以反复操作，激发儿童自我学习的乐趣。

父母是真正的关键。家长与儿童同时学习先进的教学理念，了解孩子成长的特点和能力发展敏感期，帮助孩子成长的同时增进亲子感情。

埃里克森理论和蒙特梭利的教育理念对本章第二节“儿童领导力启蒙”的内容起着指导作用，从人格培养上来说，通过对“主动”和“勤奋”的培养，激发孩子的“目标感”和“能力感”，从方法上而言，抓住孩子认知敏感期，这个阶段的培养最重要的是家庭，所以家长不能把孩子教育全部扔给幼儿园或者学校，对人格、品质和自信、独立生活能力都将从家庭教育中获得。

四、青少年阶段领导力开发

本书的青少年阶段主要是指中学阶段(12岁—18岁)，重点是指是埃里克森八阶段中的第5阶段，即青春期阶段。我们来看看这个阶段青少年的人格特质和心理冲突。这一阶段主要心理冲突是自我同一性和角色混乱，一方面这一阶段青少年本能冲动高涨，另一方面青少年面临有别于儿童期的新的社会要求，青少年时常会因为两者的不统一而困扰和混乱。所以，青少年时期的主要任务是建立一个自我认知和在别人眼中的形象的同一感，才能让他们在社会集体中拥有他们希望的情感位置。埃里克森指出，同一性能增强青少年的自信心，并形成“忠诚”的品质。埃里克森对“忠诚”对定义是“坚持自己确认的同一性的能力。”

在《青少年心理学手册》第1卷上册[①]中，介绍了青少年研究的概念与方法。青少年期(adolescence)第一次使用是15世纪，源于拉丁语“adolescere”一词，其意思是生长或长至成熟。与领导力密切相关的是关于“积极青少年发展”(positive youth development，简称PYD)的研究。在PYD的研究中，我们提炼出两个与领导力相关的重要概念：精神信仰和心理韧性。

精神信仰。威廉·达蒙是PYD研究中的一位重要学者，他提出比较重要的概念是“青少年目标”，在美国斯坦福青少年中心的研究项目中，他们访谈了

---

① 勒纳，斯坦伯格.青少年心理学手册：第1卷[M].3版.张文新，等译.北京：北京师范大学出版社，2008.

12个年龄在12岁至23岁“青少年目标”榜样，这些榜样符合以下四条标准：

- 对某一事业作出2年或2年以上的贡献；
- 参与该事业的理由是造福于世界而不是自身；
- 对他们目标的高水平积极参与；
- 围绕他们的目标有具体的未来规划。

研究结果显示，精神信仰深刻影响着青少年的人生目标，赋予青少年超越自我需求而服务社区和造福世界的价值和意义，鼓舞青少年主动发展自我领导力。

心理韧性。埃米·沃纳及其同事所做的心理韧性研究源于发展精神病理学的更广泛的视角。心理韧性是指在高危或不利环境中的积极适应。研究结果表明，心理韧性对于生长在逆境中的青少年的成长过程会产生深远的影响，现在很多领导力研究中提出“逆商”的概念，心理韧性对于未来环境的适应能力和信心都起着重要作用。在心理韧性与能力研究中，马斯延指出，父母教养方式、自我调节技能和认知功能对青少年的能力发展和心理韧性至关重要。

PYD研究主要建立在青少年具备可塑潜能的信念之上，这一信念构成了青少年健康发展的基础，如果能为青少年创造可提供支持的家庭氛围、学校环境和社区实践项目，青少年发展的领导力潜能就能够被激发和催化成长。在本章第三节“青少年领导力发掘”中，我们结合青少年的同一性、多样性和可塑性，提出青少年领导力发展的重点，分析家庭决策模式对青少年在认知、情感和行为自主发展的影响，学校的办学理念和老师对青少年领导力发展的引导作用，并介绍适合青少年领导力发展的社会实践项目。

五、大学阶段领导力开发

与中学阶段的教育体系相比，大学时代无论课程设置、学校管理、学生评价方式都与中学有着巨大的不同。大学生具有更大的学习选择自主权和生活独立的挑战性。另外,大学是对中学生的优选,中学中的佼佼者到了大学可能就成了“芸芸众生”,这也使得部分学生产生巨大的心理落差。

大学阶段处于埃里克森人格发展的第6阶段(18—30岁)的成年早期,这一阶段的心理冲突主要来自亲密对孤独的冲突。一方面,对于一些依恋较强的大学生,他们将面临与父母分离的第一次人生重大挑战,远离父母后会产生极强的孤独感,他们缺乏安全感,但又不愿意寻求帮助和支持,对新环境的适应产生恐惧,严重者会产生抑郁情绪;另一方面大学相比中学而言,自由度大了很多,没有家长的家督,学校环境宽松自由,如果没有规划和自律意识,容易产生自我放纵,不能很好平衡学习、社交、娱乐和社会实践的关系,时间上的失衡导致不能顺利完成学业,将对大学生走向社会的信心受挫。所以在大学阶段,三个能力的建立非常重要:独立、自律和自我能动性。

独立能力。对于独立性较强的大学生,他们拥有可以自主安排学习的自由,他们敢于做新的尝试,比如说有人会选择休学一年(Gap Year)去参与社会实践,有人会选择快速学习,修完学分提前毕业,他们还可以到其他学校去听课。交友的自由,也让他们兴奋,可以快速在全新的大学环境中结识了新伙伴,建立了新的亲密关系。

自律能力。在大学,自律能力体现在大学生对日常学习和生活时间的分配中,自律性差的大学生缺乏规划,这与中学时代他们父母对他们的高控制或者放任有关。自律性强的学生,善于规划安排,能充分利用大学提供的学习条件和社会实践资源,还能安排时间参与有价值的社交活动。

自我能动性。在大学阶段,自我能动性表现为主动尝试的意愿和行动。自我能动性反映出大学生应对复杂情境的适应能力和社交能力。拥有自我能动性的大学生可以根据自己的爱好、兴趣和能力去行动,也会对机会做出判断和选择。他们对自己有清楚的认识,对他人也有主动判断。具有较强自我能动性和良好社交技能的大学生比起缺乏社交技能的人能更快适应大学的学习与生活。

大学阶段是人生观和价值观养成的关键阶段，学校氛围、老师、社团组织、社会实践活动、同学关系都会成为影响大学生领导力成长的因素。大学生有更多自由去探索和尝试。在大学阶段，家庭影响逐步减弱，学校教育与社会教育发挥着更多的作用。我们将在本章的第四节中对大学生领导力的发展做进一步深入探讨。

延伸思考

1.你了解终身教育吗？

2.你同意本节中领导力与教育的关系吗？

3.关于儿童期、青少年和大学阶段的领导力培养重点，哪个让你最惊讶？

4.在你人生的不同阶段，哪个阶段对你的领导力培养起着最重要的作用？

第二节　儿童领导力启蒙

通过前面的介绍，我们对领导力的本质有了一定的认知，但关于儿童领导力的内涵，大家会问这样的问题，儿童领导力是什么？儿童需要培养领导力吗？儿童期是人生的启蒙阶段，是基本人格品质形成的起步期，也是信任、信心和自主等品质建立的源头，这个阶段的人格养成对于一生都会产生重大意义。

相信把孩子培养成为一位自信、阳光正向和成功的人是父母共同的愿望，但成为一位成功快乐的人与成为一位领导者是一回事吗？这个问题的回答将决定儿童领导力的培养方向。在本节中我们将讨论以下问题：

• 领导力与成功是一回事吗？

• 是不是每位儿童都具备被培养的领导潜质？

• 儿童领导力的内容包含哪些要素？

• 儿童领导力培养应该从什么时候开始？

• 如何发现和培养孩子的领导力？

• 儿童领导力发展有性别差异吗？

孩子是本书，我们需要读而不是写。教育的本质在于发现和点燃潜质，每个孩子都有不可限量的潜力，无论家庭还是学校，在领导力培养方面，能为孩子做的事情就是发现他们独特的领导天赋和潜质，然后顺应天性去开发。

一、儿童领导力认知

领导者是需要带领他人一起完成一个集体目标，所以无论儿童还是成人，要成为领导者，都要符合三个特点：

• 有人际关系的互动，所以需要人际沟通能力和影响力；

• 必须达成一个集体而非个人的目标，需要规划、组织、协调和做决定；

• 艰难时刻需要勇敢站出来，鼓舞信心，不畏冲突，带领大家克服困难。

所以成为快乐成功的人不等同于能成为一位领导者，这让我们清醒地认识到，社会上流行的亲子教育，虽然也会包括一些与领导力相关的品质和能力课程，但并不是真正的儿童领导力培养，而且也不是每一个孩子未来都需要或能成为领导者。所以儿童领导力开发的目标是帮助那些具备以上领导潜质并有领导愿望的孩子，不埋没他们的才华，为他们创造机会发现和发挥他们的优势。儿童领导力的开发首先是要判断一个孩子是否具备领导潜质。

（一）儿童领导力模型

国内学者王芳在《领导力的早期发展：始于儿童的领导力培养》①一书中

---

① 王芳.领导力的早期发展：始于儿童的领导力培养[M].北京：北京师范大学出版社，2011.

介绍的领导力早期发展模型，包含价值观、人格、智力、社交能力、解决问题能力和默会知识。

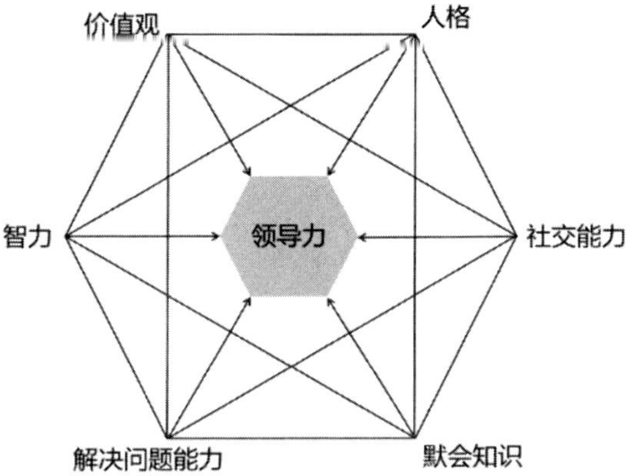

图 4-1　领导力早期发展模型

王芳在书中提出，智力和解决问题的能力是领导力发展的基础条件，这两个因素反映了个体在过去对于个人能力的积累。人格和社交能力的高低则是区分高绩效领导和一般领导的参考指标，价值观和默会知识反映了领导力发展的价值取向和发展潜力，价值观决定了领导成就的高度。

艾伦·尼尔森在成人领导力领域工作了 20 多年，基于对成年人领导者的多年观察和丰富的领导力开发经验，尼尔森提出，领导力应当从儿童开始培养。在其所著的《儿童领导力》[①]一书中提出的儿童领导力模型如图 4-2，模型包含 4 个素质 16 个衡量指标。尼尔森模型中左侧的价值观和态度构成了作为领导者的人品，而右边的人际关系和决策构成了领导者需要点能力。

我们的蒲小英儿童领导力计划中，也建立了蒲小英儿童领导力模型。蒲小英儿童领导力模型由三级指标构成：

一级指标包含 4 个维度：领导品行、知识储备、自我管理和带领团队。每

---

① 尼尔森.儿童领导力[M].高雪燕，张劲华，译.北京：作家出版社，2018.

图 4-2 尼尔森儿童领导力模型

个维度(一级指标)包含 2 个素质(二级指标),每个二级指标包含 3 个关键行为(三级指标),8 个领导力素质由 24 个关键行为指标组成,这样构成了如图 4-3 的蒲小英儿童领导力素质模型。其中四个维度构成如下:

领导者品行:价值观和人生态度。价值观由正直诚信和正义勇敢两个关键行为构成,人生态度由乐观自信和敬畏生命两个关键行为构成。

知识储备:人文科学知识和思维认知组成。人文科学由通达历时和探索未知两个关键行为构成;思维认知由批判性思维和逻辑思维两个关键行为构成。

领导自我:自我管理和领导认知。自我管理由主动学习和独立自律两个关键行为构成,而领导认知由勇于决策和勇敢表达两个关键行为构成。

带领团队:人际关系和贡献社会。人际关系由建立信任和关爱他人两个关键行为构成，贡献社会由责任担当和参与社会两个关键行为构成。

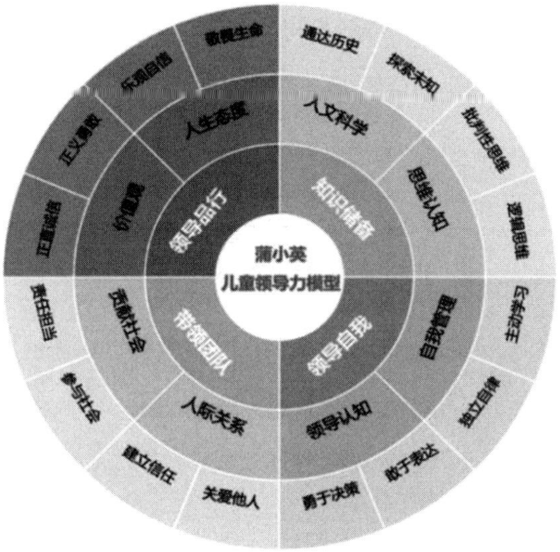

图 4-3　蒲小英儿童领导力模型

作为未来的领导者，必须要承担社会责任，要带领团队成员一起达成目标，所以无论是国内还是国外学者提出的儿童领导力模型，都包含了人生准则、价值观、人格品质和与人互动能力。

发现孩子的领导潜质

尼尔森在《儿童领导力》书中提出了 10 个便于家长们观察的儿童领导力潜质指标，并表示以下指标只要有一半符合，就能判断出孩子领导力潜质的强度和培养需求。

(1)当您的孩子讲话时，同龄人都愿意听；

(2)同龄人有需求时，愿意咨询您孩子的意见，并愿意跟随他；

(3)您孩子发起的项目，有目标也有行动，不甘于现状；

(4)您孩子被评价为爱指挥人、意志坚定且有主意；

(5)您孩子被老师选为班长、队长或其他团队领导；

(6)您孩子在班里或队里因为捣乱被批评;

(7)您孩子善于和同龄人或成人谈判;

(8)您孩子善于组织年幼孩子参与活动;

(9)您孩子坚持自己的价值观,不因同伴压力而改变;

(10)您孩子看起来很受欢迎。

在我们关于儿童领导力的访谈中,下面两位受访者在接受我们的访谈时的回答也印证了尼尔森提出的领导力潜质指标的有效性,从中我们看到家庭对孩子表达观点和选择人生的鼓励对于儿童领导力发展的积极作用。

芬兰坦佩雷市副市长安娜·赫拉马基在访谈时向我们展示了具有远大理想并坚持自己价值观显示出的领导潜质:“教育不是单纯的一堂课或一本书,家长对待孩子的方式也是教育的一种,会影响孩子未来的人生轨迹。我父亲是森林管理机构的中层管理者,母亲是社会工作者,她为老年人组织不同的俱乐部,让他们晚年能拥有自己的兴趣爱好。我的父母亲都受过良好的教育,一方面他们总是鼓励我要勇于表达自己的想法,但另一方面他们对我要求也很高,经常给我提供成长的反馈。在我 11 岁时,曾经问我母亲,我未来想成为一名女警察,可以吗?我还记得那时我们在厨房,母亲正在做饭,她回答道:‘当然可以,为什么不?’但我还是很不确信,因为 20 世纪 90 年代的芬兰,还没有那样的观念,所以同伴们对我的想法都很惊奇,虽然我最后没有当上女警察而是从政了,但是母亲对我想法的支持坚定了我的信心,这对我后来的人生影响很深远。”

喜嘉国际物流公司董事长商轶侠:“我从小就是一个孩子王,我清楚地记得上小学的第一天,我就问班主任杨老师,班上有没有选班长,如果没选,我很希望我能做班长,那时候的孩子很少有这么勇敢的,这种勇气和主动性让我在学校不仅赢得当班长的机会,对于塑造我后来走上工作岗位的开拓和闯劲都有帮助。”

时任北京市药检所所长吴彬的故事我们展示了表达能力对于儿童领导力开发的重要性:“我们家的氛围很宽容,小时候我们就可以在家里自由地表达自己的观点,还可以跟父母辩论,家中辩论会的历练锻炼了我的表达能力。在幼儿园时,每当孩子们特别闹的时候,老师就会选择一位小朋友给大家讲故事,我因为表达能力强经常被老师选择为小朋友们讲故事,大家很快就会安静下来,这些锻炼机会增加了我表达的自信和经验,在后来工作的各个岗位,无论公共演讲还是一对一沟通,对我的工作开展都起到了很好的支持作用,让我言之有爱,言之有理,言之有物。”

除了优秀的表现和品质,在尼尔森对于儿童领导潜质的10条判断标准中,也有我们日常概念中的“反面”标准,第6条“您孩子在班里或队里因为捣乱被批评”,如果对“捣乱”这样的行为表现不能正确理解和引导,把有主意、坚持和爱指挥人等能发展成为领导特质的潜质当作淘气、叛逆、固执或自负的表现,这样的误判耽误了儿童领导力发展。

我还记得我儿子小学一年级时的一段经历,他在家里的卧室里试验发射火箭,把火柴头的火药刮下来集中到一个可乐瓶里,点火发射,房间的木地板被烧坏一大块,满屋的烟,差点引发火灾。我们当时是这个行为造成的危险进行了非常严厉的教育,但事后带着孩子一起查找关于火的资料,包括火是如何产生的、火的危害和火的价值,与孩子一起分析你火能利人也能导致灾害的两面性。这段经历让我们和孩子都有成长,儿童领导力的培养,要让孩子敢于有尝试的想法和行动,在保证安全的情况下,不能轻易打压孩子没有恶意的主动行为,从埃里克森的儿童期的心理冲突开看,这个阶段如果主动的行为被打击,未来孩子在成长过程中,就会缺乏主动尝试和创新的勇气。

(二)儿童领导力发展的最佳时期

在第一节中,我们介绍了本书的儿童期主要是指埃里克森八阶段理论中的第三和第四阶段,这两个阶段的心理主要冲突是主动对内疚的冲突和勤奋对自卑的冲突。而从皮亚杰的认知发展阶段理论来看，这一阶段的儿童认知和思想的特点是思维开始具有较大的变异性，10岁之前思维比较具象，从10岁以后，开始理解分类和逻辑关系，能摆脱具体事物的局限，能把形式与内容分开，进行抽象的逻辑思维。

尼尔森认为儿童期的领导力发展窗口期在10—13岁，这是认知发展和品行发展的重合期，如图4-4所示，其中品行发展包含品格、价值观以及判断是非的标准，这个过程从两岁开始，9—13岁的时候发展到最高点，除非后期人生中遭受重大创伤，一般来说，品行会在14岁之前稳定下来。而认知发展也是两岁开始发展，到30岁才达到最高峰。所以10岁—13岁窗口期对于开发儿童领导力很重要，因为这4年孩子的认知发展足够理解领导力概念，而品格仍然可塑。

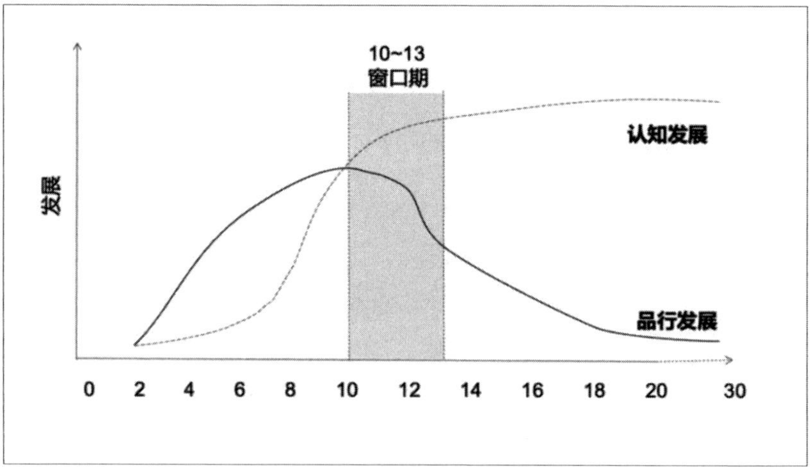

图4-4 儿童领导力发展窗口期

二、家庭对于儿童领导力的培养

蒙特梭利的教育研究指出，家庭教育在儿童时期教育是最主要的部分，因为儿童对家庭的依恋程度非常高,家庭是儿童安全感和情感的主要来源。在充满关爱的环境长大的孩子内心会更加充盈,他们对待他人和社会也比较善意和包容。在我们的访谈中,我们发现,对于领导力成长必备的知识和能力,家庭和学校都能起到教育作用,但儿童价值观和品行的塑造主要来自家庭,尤其来自父母家人的潜移默化的言传身教。

(一)塑造健全人格和正直品行

人格和品行是衡量领导者最重要的指标,如果具备人类基本的悲悯之心和正义感和正直的品行,而且能力匹配,那将会成就一位优秀的领导者,但是如果仅是具备领导能力,但是品行违反人伦道德,就会给社会带来破坏性。比如那些带给世界灾难的统治者,那些在校园里的霸凌同伴的孩子头儿,他们本身都拥有较强的人际影响力和目标追求,但因为价值观的扭曲,他们的行为使世界和校园陷于了不安全的危险。所以对于人生起步的儿童,领导力培养的第一步是要塑造健全的人格和正义善良的品行。我们来看看以下受访者回顾她们的儿童时期,家人和家庭氛围对她们人格和品行的影响。

芬兰教育和文化部常任秘书长安妮塔·莱希科宁:"我来自普通工人阶级家庭,我可能是整个家族第一个拥有高学历并走上领导岗位的人。我的家庭和父母的支持对我来说一直很重要,因为他们向我展示了努力工作的重要性。我家里给教育理念是,无论你想做什么都必须做到最好。所以我一直在努力工作,有很远大的抱负,对自己也有很高要求。而当我成为家长后,在教育我的两个儿子和一个女儿时,我同样认为父母给孩子给予帮助非常重要,让孩子们从小学习如何描述他们在学校感兴趣爱好,鼓励他们尝试他们喜欢的事情,让她们了解,我们对于他们的未来是开放的,他们可以成为他们想成为的任何人,但一点确定目标,他们必须为之努力,要有坚强的意志。"

全国妇联副主席谭琳:"我幼时由姥姥带大,姥姥文化程度不高但非常有修养,她传递给我的教育不只是识字做学问,而是做人的品行。她用言传身教的方式教会我们爱劳动,与人和睦相处。姥姥在教我和弟弟和睦相处时非常有策略,如果我和弟弟独处时,姥姥会分别指出我们的优点并表达欣赏,而我们俩同时在时,姥姥会要求我们团结友爱,这对我现在处理同事关系是非常有影响的,姥姥教会我从来不利用矛盾,而是化解矛盾,她鼓励我与别人和睦相处。”

北医六院副院长岳伟华:“我生长在农村,没上过幼儿园,学前基本属于‘散养’。小时候父母给我的压力不大,我父亲是老师,对我鼓励很多,我每次提问,父亲都会鼓励说,这个问题提得不错,这使我养成了爱琢磨问题的习惯。我母亲是一名远近闻名的乡村医生,经常半夜出去帮人接生孩子,母亲有时也会跟我们讲讲孩子出生的故事,农村卫生资源有限,母亲经常会碰到疑难杂症和难产,但她接生的成功率特高,十里八乡的人都认可她的水平,妈妈让我认识到一个普通人可以这么重要,母亲的言传身教让我感受到医生职业的神圣和职业女性的自强,这也是我后来从事医疗事业的缘起。”

北京世纪阳光幼儿园园长董燕:“我母亲也是师范专业院校毕业,但没有做老师而是在企业做管理。她是一个非常认真勤奋的人,做事一丝不苟,照顾我们也细致入微。我妈妈非常信守承诺,出差时会对照列的单子把所有同事们托她带的东西都带回来,不论自己多忙。父亲特别能干,家里第一台电视机就是他自己组装的,教我化学物理的时候非常有耐心。他是一个与世无争的人,对我的影响是从小做一个有气度的人。父母对我的言传身教,对于我现在的人际关系和工作态度都有影响。”

农行工会工作部主任康丽雅:“我的童年是在外婆家长大,外婆做点小生意补贴家用,经常带着我走街串巷。这样的童年让我面临着不确定性和确定性的共存。不确定性是我不知道外婆每天会带我去哪儿,在不断在环境变化中认识世界,确定性是我知道外婆很爱我。外婆是我人生中第一个女性榜样。外婆很坚强乐观,遇到困难总是积极想办法解决,从不抱怨,那时候生活很艰苦,但我们却过得很幸福。我是到广东工作的外省人,从一个网点的柜员做起,没有任何人脉资源,每当面临不确定的环境时,童年时外婆应对环境的乐观态度都会影响着我,给我力量,让我坚强。”

北师大三附中副校长张玉平认为父母对他成长的影响是培养了他勤奋和勇敢直面困难的品质:“我和我哥哥都没上幼儿园,所以小时候对我们影响较大的是父母。母亲在家照顾我们,父母给我们带来的影响是他们都非常勤奋,碰到问题从来不回避,也不退缩,就是往前冲。我父亲为了养家每天勤劳工作,我母亲的性格是,只要想做的事就一直坚持完成,她对我的影响是让我不要太在乎别人对我的看法,要尊重自己的内心。”

北京市西苑小学校长李辉:“我们家有‘忠厚传家久,诗书继世长’家风。爷爷奶奶很重视对孩子的教育,从小教我们读书看报,是三个女孩中的老大,爷爷经常教育我,要担负起家庭的重任,所以我从小就觉得责任与担当是作为家中老大应该具备的品行,我的同事们觉得我特别担当就是爷爷奶奶从小教育的结果。”

从以上访谈我们都看到,童年时期来自父母或其他亲属的言传身教对于塑造性格品质和培养能力有着深远的影响,这些影响在她们成年之后依然发挥着重要作用,作为未来的领导者,必然会遇到需要直面困难、担当责任、处理冲突和勇敢开拓的时候,除了能力之外,正直坚韧、乐观积极等品质就成为艰难时刻的灯塔,照亮着领导者们前行的道路。

(二)培养与领导力相关的能力

在前面的蒲小英儿童领导力模型显示,未来领导者的能力培养主要包含自我管理和带领团队的能力。自我管理由学习能力和独立能力构成,带领团队由人际关系和贡献社会构成。我们来看看家庭中如何培养这些能力。

第一,管理自我:培养独立自律能力,激发自信心和敬畏规则的意识。

独立和自律是孩子自信心的来源,在家里,可以从生活能力的独立开始,让孩子享受独立带来的成就感,同时也为孩子提供独立做决策的机会。

芬兰教育学习和发展中心创始人金穆兰介绍了芬兰家庭教育中孩子独立自主性的培养:“我先生是芬兰人,芬兰父母带宝宝很注意对孩子独立性的培养,父母教他们生活技能、安全意识和最普通的做人道理,比如尊重他人、不打断他人讲话、不抢别人玩具等。孩子一岁半时,我就把她放在高高的椅子上陪我做饭,和我一起洗碗。我先生坚持让孩子自己吃饭,宁愿花更多精力去清洗,也要让孩子学会自理。芬兰冬天又冷又黑,女儿小时候不愿意去幼儿园,不愿早起,不肯穿衣服,她爸爸不慌不忙地等着孩子穿,宁愿上班迟到也要让孩子自己穿。这样的方式让女儿在一岁两个月就能完全自己吃饭穿衣,我认为早教不只是送孩子去培训班,在家里很自然地过每天的生活,让她们知道生活的本质就是教育。”

中石化宣传部部长吕大鹏:“在女儿很小时,我们就开始培养她的独立性,赋予她家里一些事情的决定权,从小锻炼她的独立决策能力,一些协调的事也交给她,所以在组织协调能力和表达力方面,女儿比同龄人强。后来女儿大我们给她的生活费不按月而是按年寄,让她自己决定一年的费用如何分配,她能很好地规划和平衡,这与小时候很多事情让她自己决策不无关系。”

在家里,有很多孩子做主和对某些事情的发言权和决策权的机会,比如父母可以让孩子独立策划一次聚会、邀请他们认为重要的客人,帮忙照顾一天的宠物等,孩子虽小,但是他们也有思维判断能力,让他们独立决策,让他们体会决策的过程和看到决策的结果,激发他们为结果负责的意识。拥有独立意识的孩子,能够更好地树立自己的价值观,拥有自己的见解而非随波逐流。

而自律分为行为自律和情绪自控是衡量领导者能力的重要标志。心理学实验表明,自我控制能力最早出现在婴儿期的 6 至 12 个月,4 岁则是自我控制能力迅速发展的时期,如果想开发孩子未来的领导力,家长要有从小培养孩子的自律意识和能力。在常规理解中,我们对孩子自律能力的培养主要是在学校，例如教育他们要按时作息，定期完成作业，遵守课堂纪律，等等，但其实自律能力的培养，在家里和日常的生活中会有更多机会，自律的孩子具有更强的规划性和目标导向。

在对某大型国企领导访谈时，他分享了一个故事："姥姥是一位小学校长，在我儿童时期，姥姥会每周选择一天，陪着我在院子里坐在小椅子上晒太阳，规定半小时内不能离开小椅子，做到会有奖励。最开始很难熬，但是慢慢地，他会想办法度过这半个小时，让这半小时不枯燥，我对这个训练印象非常深刻，后来我遇到很多危急问题，都能控制住情绪，让自己冷静下来。"

培养自律性的方法很多，其中延迟满足是比较好的自律培养方法。曾经有一个的心理学实验，研究者给一组孩子每人发一个苹果，告诉孩子们，如果能在规定时间内忍住不吃这个苹果，实验结束后作为奖励你们还会得到另一个苹果，若干年后的追踪调查结果发现，能忍着不吃的孩子，无论是工作还是其他方面，都更自律，也获得了更好的发展；不能忍耐和克制的孩子，自律能力和自制力在长大以后会相对弱一些，他们会产生拖延症、情绪失控等不同程度的行为表现。

第二，带领团队：为孩子创造在家"领导"和影响他人的机会。

领导力是需要情景的和实践的，如果你感觉到孩子有领导潜质，千万不要忽略在家里为孩子创造培养领导力的机会，但对家长的要求是，你的身份要从家长成长为领导力教练，这需要专业的学习和不断在实践中提升与孩子互动的能力。

第三，深度对话：培养孩子影响他人和沟通表达的能力。

在领导力的构成中，沟通与对话是比较重要的能力，与孩子约定每周固定时间，对生活中发生的真实事件或孩子观察到的现象、喜欢的游戏、电影，崇拜或者讨厌的人物进行对话，对话可长可短，话题由孩子发起，比如让孩子讲述如何过马路、幼儿园有趣的故事，或者与小狗对话的故事等，家长应注意不打断，不提问，让孩子能轻松地连续讲完故事，让孩子体会领导者影响他人的过程，通过中立客观的对话，帮助孩子开始思考社会和表达独立的观点，注意不说教、责备、批评，或给出答案，以孩子的表达为主，家长要培养专注聆听的能力。后面要介绍的蒲小英儿童领导力项目设计了家长课堂，培养家长聆听、同在、反馈和提问四个课程。随着孩子对话自信心的增加，可以为孩子安排一些听众，从一对一的对话，到在少数人面前表达，还可以鼓励孩子在学校或者社区的公众表达。

创造“领导”机会。比如让孩子自行安排一次生日会，给予孩子充分授权，让孩子全权确定生日会的形式，邀请哪些客人，需要准备什么餐食和活动、房间怎么装饰等等，父母或者其他家人都是这个“生日会项目”的团队成员，让孩子有独立的决策权，为孩子创造分配任务和带领团队的经历，让孩子知道这个过程需要怎么规划，提前要考虑哪些问题，遇到突发情况怎么办？遇到不同意见怎么办？如何进行团队合作。这样的机会在生活中会有很多，比如让孩子策划一次出门旅行、安排一次家庭庆典等。对于这样的“领导”情景活动，父母特别要注意的是设置好授权的边界，不要轻易说话不算数，还要注意像一位“领导力教练”一样，在活动之后与孩子一起复盘，才能起到培养领导力的作用。关于如何让家长发挥“领导力教练”的角色作用，我们会在最后的儿童领导力培养建议中介绍。

体会人际交往。人际交往能力是领导者的必备能力，因为领导就是一车人机互动影响的过程。孩子未来如何与他人和谐相处，都是从小在家里观察父母家人与他人相处中学习的，和谐温暖的家庭能带给孩子更多安全感和人际交往自信心。

国家自然科学基金委某中层干部分享了家庭的和谐对于她人际关系的塑造：“每个人都有自己跟社会相处的方式，我走上管理岗位是因为单位同事很信任我，单位同事觉得跟我相处轻松友好，他们把事情交给我也放心，这跟我从小的家庭氛围是分不开的。我的家庭氛围特别融洽，父亲跟同事们的关系相处得很好，我印象比较深刻的是家里经常会有很多客人，都是父亲的老战友或同事。母亲很吃苦耐劳，把家庭的吃穿用度操持得特别好。姐姐会教我唱歌，哥哥辅导我不会的作业问题，家庭的和谐宽松氛围对我现在的人际关系有很大影响。”

如果孩子处于的家人拥有很多的朋友，经常有家庭的朋友聚会，那么这个孩子就不会产生时下流行的“社恐症”。如果一个孩子小时需要帮助时能够得到父母家人的及时回应，能令其产生很强的安全感。在一个充满爱、温暖和不恐惧的环境里长大的孩子，未来对社会也充满善意，与人交往时能让人放松，被人信任，而信任是领导力的基础。

在家里如何培养儿童领导力

儿童时期领导力塑造最重要的是自信和正直，而儿童领导力开发的主体是家庭。正直正义的品行来自家人的言传身教，而自信来自独立、表达和人际关系。所以在家里，要注意培养儿童的独立自律能力；通过建立与孩子深度对话的机制，锻炼孩子的表达能力；同时为孩子创造带领团队的机会，带领孩子参加有益的社交，让孩子从小对建立人际关系又自信。

三、学校对儿童领导力的培养

学校是孩子们学习知识的场所，教师作为专业的教育工作者，比家长具备更多儿童心理学和教育的专业知识，对于具备领导潜质的孩子给予正向的鼓励和引导，创造孩子的集体荣誉感，对儿童领导力培养更为有利，下面我们来看看受访者对于孩子在学校的与领导力相关的能力培养。

(一)对学习能力的培养

我们在第三章的领导力认知访谈中看到,受访人对于领导力关键词的选择中,快速学习能力被多次提及。蒙特梭利教育理念中提出,要抓住孩子认知发展的敏感期进行不能能力的培养,据芝加哥教育学教授本杰明·s·布鲁姆(Benjamins·Bloom)①的研究,学习能力的关键发展阶段是0至8岁,在生命的前四年中,会发展出一生中大约50%的学习能力,在4至8岁前,又会发展出另外的30%。这并不等于在4岁前已经吸收了50%的知识或智慧,而是在人生前几年,孩子在头脑里构建了主要的学习途径,以后的学习都将以这些途径为基础。

学习能力决定着知识获取的有效性和广泛性,也有利于解决问题能力的提升,学习能力由学习渴望(好奇心)、学习速度、学习深度和学习广度构成。在儿童期对于学习能力培养的重点:一是好奇心,激发孩子们主动学习的兴趣和渴望;二是阅读能力,培养孩子们通过阅读大量储备成为领导者的人文学科的知识,并通过阅读找寻生活和学习中培养问题的答案、这对于开阔视野、独立解决问题能力的发展都有好处。

北京世纪阳光幼儿园园长董燕:"教育者应通过阅读培养孩子的思考和语言表达能力,孩子在幼儿园阶段要建立良好的阅读习惯。我们幼儿园每个班都有很多绘本,幼儿园大厅里还有一个阅读区,每两个月会换一次书,大概有150本绘本书,每天在接送时间家长可以带着孩子在阅读区进行亲子阅读和借阅。每周五中班、大班会组织孩子们讲故事,让每个孩子到多功能厅拿着麦克给全班小朋友讲故事。"

芬兰的儿童早教专家雅妮娜·维拉索介绍了芬兰的早教活动中注重孩子独立自信、自主学习的培养:"芬兰教育的目标是培养孩子相信自己,帮助他们建立学习自信心,不仅是对知识的掌握,而且要相信自己有足够的学习能力。

---

① 布鲁姆.人类特性的稳定和变化[M]. New York:John Wiley 出版社,1964.

芬兰早教中心和学校特别重视成人与儿童之间的互动，学校不会强迫孩子遵守老师要求的行为，而是互动的友好的，孩子可以自主决定他们想做什么，或者小组要做什么，孩子们可以自由安排成长节奏，在自己想做的事业中取得成就，而不是由大人替他们做决定。这不仅有助于开发孩子们的领导技能，还有助于帮助他们成为积极并乐于参与社会事务的市民。"

坦佩雷大学张哲颖老师既是教育工作者，也是拥有两个不同年龄的儿女的母亲，她介绍了芬兰小学对孩子自主学习和独立性的培养模式。"我女儿十岁，小学三年级。女儿班上没有班干部，但学校有学生会。小学老师一个老师教一个班，每个科目都教，类似全科老师，初中才会有分科老师。学生会成员竞选从三年级开始，如果学生愿意服务于学生会，可以自己做海报，在海报上写上自己的优点和愿意做的事，附上照片，贴在学校海报栏里，供大家投票选择。学校不特别引导学生，学生自愿参与。小学期间，芬兰也有类似中国的'三好'学生，被称为'最受欢迎学生'，每个班两名，一名男生一名女生。这个评选完全是学生投票选举，老师不参与其中，每个同学写一名男生和一名女生候选人，票数最高的候选人当选，每年评一次，选上的同学会有十欧元的小奖励，由家长协会提供。"

(二)对表达能力的培养

坦佩雷大学张哲颖老师："芬兰教育很注意培养孩子表达自己想法的能力和独立能力。二年级时每个学生就需要在全班面前做 presentation(演讲)，孩子们需要提前准备材料。虽然不是每个孩子都能大方表达，但不管演讲水平如何，老师都不评论，只对演讲表达好的孩子给一个小表扬，让孩子可以在公众面前表达想法。独立能力的培养体现在学生活动组织上，无论是组织联欢会，还是班级节目表演，都由学生组织，节目质量好坏都可以在台上表演，老师和学校会非常尊重孩子们认真准备的成果。给我感受很深的还有芬兰家长可以不辅导孩子功课，完全由学校负责，这与中国家长的压力完全不同。家长和学校有良好的沟通，孩子在家里有什么问题，家长可以及时反馈给老师，老师会在学校帮助家长教育孩子。芬兰的教育目标不是培养尖子生,而是大家共同进步。”

北京市呼家楼小学校长马骏:“在呼家楼中心小学,我们会带着孩子去美国、芬兰、加拿大,让他们有机会跟外国孩子自主交朋友,锻炼口语水平和表达能力。我们去美国和加拿大的学生回来向家长做汇报时,发言完孩子们会有一个反转机会,孩子可以点名某位家长谈感想,你会发现,有些家长不如孩子勇敢,在孩子点名时会往后躲。我们在学校里还建立了一个未来学校,孩子们可以竞聘校长,需要发表竞选演讲,获胜者可以有机会来运营未来学校,这是我推行 PDC 项目学习的方式,给予孩子锻炼和实践领导力的机会。”

(三)儿童领导力课程设置

学校还有设置专门的领导力培养课程,针对儿童的认知能力与生长发育程度设置相应的课程,对于培养儿童领导力至关重要。完善的课程体系才能为儿童领导力培养进行科学的指导,引导儿童领导力的觉醒与发展。如表 4-1 所示是某小学的儿童领导力课程设置表①,从认知—互动—统合三个阶段,针对低中高年级三个年龄段进行课程设计,循序渐进培养儿童的人格与素质,让儿童领导力在科学的环境下得到培养。

表 4-1 儿童领导力课程设置表

课程阶段 / 年级	认知	互动	统合	共同课程
低年级	我是小学生 (角色意识)	人人都是好帮手 (领导意识)	美丽校园我的爱 (态度与愿望)	创造力专业课程
中年级	我的生活我做主 (自主意识)	有效管理 (目标意识)	和谐关系 (人际交往)	
高年级	我为集体做贡献 (服务意识)	面对竞争 (推理和批判性思维)	小学生活 (人格意识)	

---

① 黄玲.儿童领导力:赢在未来的人格塑造[J].江苏教育,2017(55):27-30.

总结而言，学校与家庭不同的是会有更多领导力锻炼的具体情景，比如与同伴相处，会锻炼沟通、冲突或合作的能力，而担任班委、学生会干部和参加学生社团活动等，则是提供给孩子们团队合作和带领团队达成目标的体验机会，是培养孩子们人际关系、责任心和担当的机会。学校组织的社会实践活动和公益活动，则是创造孩子们与社会的连接的机会。

四、儿童领导力培养的性别差异

《我国女童领导力培养存在的问题和对策》①一文中提出，女童领导力培养与一般儿童领导力培养的区别在于，女童领导力的培养除了集体意识、服务意识、合作意识与责任意识等方面的内容之外，更重要的是帮助突出女性领导特质的优势，如耐心、鼓励、倾听、柔性等，借此消除女童因家庭或社会因素而形成的女性刻板印象，帮助女童树立自信心与品格，相信并确保领导力在每个女童的每个年龄阶段都能够被激发和培养。

东方华盖投资总经理许莉受访时也提到，我国现在的教育也愈发重视性别平等和自由发展："每一代人都在变化，在我们那一代，老师对性别还是有很明显的区分，男孩子应该干什么可以干什么，女孩子不应该干什么，老师概念里是对性别有明确界限的，我在不自觉中受着这些观念的影响。而现在的女生这方面的限制少很多，比如我女儿学校，她们可以做任何事，可以尝试一些无厘头的事，有些事情比男孩子还猛，这些对培养女性未来的创新特质，承担风险和责任意识，会有着实际的影响。"

北京市西苑小学校长李辉介绍了自己在小学教育中的性别平等做法："在西苑小学，我培养学生时比较注意学生性别互补，比如虽然男孩子更喜欢足球，但是我们除了有三支男足还有一支女足。再比如跳绳，一般女孩子跳得

① 李思霖.我国女童领导力培养存在的问题和对策[J].中国校外教育,2020(4):2-3.

多，但我一直坚持男孩子也参加跳绳活动，我不太主张学习项目中突出性别差异，孩子的性别平等意识不考灌输，而是融入日常的教学活动中。”

虽然儿童时期孩子们的性别意识还不是太强烈，但是教育中的性别导向还是会影响到孩子们对领导力的认知。在对 DDI 公司的绽放她力量的系列电视访谈节目中，DDI 全球 CEO 泰茜·白翰姆(TacyByham)博士曾介绍过一项全球的实验[①]，请 5 岁的孩子画出他们心目中的领导者，结果孩子们画的都是男性，后来实验又在 15 岁的青少年中进行，结果也很相近。这个现象揭示，对领导者的性别偏见从 5 岁的孩子就开始了。

比较乐观的是，我们在访谈北京市社科院综治研究所副研究员南方时，她曾经提到过，我国过去一段时间的独生子女政策对于相处女孩子的性别刻板印象起到了意外的推动作用，因为家里只有一个孩子，没有男性继承人竞争资源，女孩得到了过去只有男孩才能得到的发展机会，这是“重男轻女”现象的一个重大转变。

五、儿童领导力培养实践项目

除了家庭教育和学校教育，社会实践中的儿童领导力发展项目也对儿童领导力发展起着推动作用。在此为大家介绍一个社会、家庭和学校三者统合的儿童自我领导力项目和蒲小英儿童领导力项目。

(一)Leader in Me(自我领导力)项目

Leader in Me 教育项目是一项 1999 年源自美国，2017 年引入我国的儿童领导力自主发展项目，目前已发展到全球 80 多个国家的数千所学校。项目以柯维博士(Stephen Covey)《高效能人士的 7 个习惯》(主动积极、以终为始、要事第一、双赢思维、知彼知己、统合综效、不断更新)为基础和核心，通过教导领

---

① 知道点：绽放她力量[EB/OL].[2022-04-02].https://www.ddichina.cn/activity/getit-webinar-tracy.

导力原则，创建校园领导力文化，最终将领导力与教学系统相结合，实现可衡量的目标。

《基于七个习惯的自我领导力教育设计》①的作者、杭州天地实验小学参观学校王雷英校长介绍了“自我领导力”教育的五大理念：人人都可以是领导者、每个人都有独特的天赋、改变从我做起、教育者启发学生主导自己的学习和全人教育，通过教导领导力原则，将领导力与教学系统相结合。下面我们选择介绍一些天地实验小学“自我领导力”项目的优秀做法：

分工备课和融入式学习。一到六年级各选出一名“自我领导力”直接教学的备课组长，他们带领班主任对本年级的“自我领导力”学期课程进行规划和备课分工，学校专门组织了精彩纷呈的融入式教学创课讨论，各个学科的教师们结合教材元素，挖掘“七个习惯”和领导力原则可渗透的结合点，开展巧妙、自然的融入式学习。

组建家长学习圈。学校分年级组织了全体家长的宣讲会，持续地进行灯塔家长的培训，让灯塔家长成为学习委员，带动班级家长群体的学习和实践。很多家长为了推动班级的“自我领导力”教育，积极主动担任班级家长的学习小组长，引领大家一起学习、实践、分享。

领导力笔记本。一种个性化强化学习自主性的工具，建立个性化的领导力笔记本能够激励学生在成长的历程中拥有愿景并充满自信，提高自我管理和领导能力。领导力笔记本除了“我自己”“我负责”和“我学习”外，还有“我领导”板块，让孩子们自我记录，“我领导”单元主要通过记录孩子的领导力日、运动会、音乐会、研学、社区服务等等，帮助孩子们克服障碍，实现个人的成功。

自我领导力树。在启航时，每个孩子都拥有一棵自己的领导力树，树干上有他们的照片与岗位名称，树冠上粘贴着代表他们领导力评测的花果。让自

① 王雷英.基于七个习惯的自我领导力教育设计[M].北京：中国青年出版社，2021.

己的领导力树多开花结果是每个小小领导者最大的心愿，学期初，他们根据自己观察到的班级需要，设置了各种各样的岗位，绿植养护、图书管理、书包柜监督、窗台清洁、黑板美容……岗位细化，专项负责。接着，他们根据自身意愿，选择1—2个岗位提交意向表。如果是热门岗位，举行岗位演讲，最后选出这个岗位的小小领导者。落选的伙伴继续去考虑和选择其他的岗位。

“自我领导力”首先赋能老师，然后让老师们大胆地去赋能孩子，不断通过参与体验来提升“自我领导力”。领导力教学法打破了传统教学中教师主导整个课堂的教学模式，真正实现了促发学生主导的共同学习，有效促进了学生高阶思维能力的发展和领导力的锻炼。

（二）蒲小英儿童领导力项目

蒲小英儿童领导力项目是在蒲公英计划开展8年以后，应该蒲公英学员们的要求而开发的亲子共修领导力项目。项目围绕蒲小英儿童领导力素质模型（图4-3）提出的16项儿童领导力成长的关键行为，设计出针对性的培养项目。蒲小英儿童领导力项目的实施包括以下两条路径。

第一条路径：儿童领导力体验课堂。

以孩子为主的领导力课堂，家长是观察者和协助者。通过体验和参与，实施蒲小英儿童领导力模型中的八个核心能力和素质的培养。

模拟法庭：通过儿童担任被告、原告和法官，去审判一个案件，让孩子体验法庭的庄严的同时，训练孩子正义勇敢的品质，让孩子知道行为有边界，不能自我为中心为所欲为，从小培养敬畏规则的认知和行为；

小小建筑家：通过走进建筑工作室，听建筑设计师讲授房屋构建和城市建设的理念，并亲手触摸最新型的环保建筑材料，建立可持续发展和环保的理念，建立社会责任和贡献社会的价值观。

体会生命。通过去动物园、植物园和走进森林等方式，让孩子们亲近和体验不同的生命过程，培养对生命的敬畏。

演讲竞赛。让孩子们自选与领导力相关的主题,通过演讲,培养孩子们架构内容和演讲表达的能力。

通达历史。设计户外行走路线,让孩子们亲历一个城市或者一条线路的历史变革,讲述历史故事,培养孩子们以史鉴今的意识和透过现象看本质的洞见能力。

探索未知。通过去新型的互联网企业的考察体验,见识最新科技带来的炫彩,激发孩子们探索科技世界的渴望。

儿童议事厅。通过参与模拟政府议事的规则,了解政府的运转模式。

优秀儿童的七个习惯。通过七个习惯的学习,培养自主、独立和自律的自我管理能力。

第二条路径:家长领导力教练课堂。

蒲小英儿童领导力项目倡导亲子共修,家长课堂立足于把家长培养成孩子的领导力教练,根据领导力教练成长的步骤,设计了聆听、反馈、同在、发问四个单元:

积极聆听。带着关爱和好奇,与孩子共度一个晚上:请孩子分享一个自己的兴趣爱好,或者最近有趣的电影电视,或者自己最开心的一件事,不带评判和观点,用心去感受、体会孩子的分享和他/她的价值观与想法。通过聆听练习,倾听孩子的心声和渴望,实现心与心的连接。

心灵同在。通过心灵同在学习,通过“镜子练习”使家长们学会关照自己的内心,真正地爱自己,与自己同在、与孩子同在,让内心更有力量。帮助孩子们发展人生态度维度中乐观自信的特质。

积极反馈。通过积极反馈学习,让家长从赞美表扬、认可肯定、看到潜能、关注陪伴支持四个能级层面学习如何对孩子的行为语言做出反馈,通过赋能的反馈拉近亲子距离。帮助孩子发展思维认知维度、人际关系及领导认知维度的领导力特质。

有力发问。通过带着好奇的提问而不是专家式的建议说教,开启生命间的对话,让爱在心与心的对话中深入和升华。帮助孩子发展思维认知维度中的批判性思维以及逻辑思维领导力特质。

领导力本不仅仅是领导一个人的事,同样儿童领导力也不仅仅是孩子自己的事,蒲小英儿童领导力培养项目是蒲公英领导力计划的延伸,项目的目的是打造亲子共修时光,让家长在发现孩子的领导潜质的同时,在伴随孩子领导力成长的路上,自身也得到领导力的滋养,与孩子共同成长。

六、儿童领导力的培养探索及建议

儿童领导力的发展最主要的影响环境是家庭和学校,以下我们分别对家庭和学校提出建议。

对家庭培养儿童领导力的建议:

不轻易打压孩子的“出格行为”。领导者需要创造力,要敢于思考开拓,也许孩子的某些想法在你看来是胡思乱想,但却可能是孩子改造世界的不同想法,要呵护孩子发表不同看法和做不同事情的勇气。

在家庭为儿童提供领导“土壤”。领导力是一个人际互动的过程,需要为孩子搭建至少两人参加的团队,团队成员可以是父母,也可以是兄弟姐妹,让孩子拥有对“团队”施加影响力和做出决策的机会。

家长成长为领导力教练。能发现孩子的领导潜质,对这种潜质应给予呵护而不是打压,家长要学习聆听、同在和反馈。

不带性别刻板印象。父母不要用性别刻板印象去引导孩子,比如不要传递给孩子男孩子要勇敢,女孩子要淑女这样的传统观念,而是要教育孩子,带孩子见有影响力的人物。榜样的力量是无穷的,父母要努力为孩子创造与有社会影响力的人物接触的机会,让他们见识榜样影响他人和改变社会的过程,增强自己的社会责任感和影响他人的激情。

对学校培养儿童领导力的建议：

多创造集体活动。让孩子自己策划和设计班级或者学校互动，创造团队合作的机会，让孩子在活动中培养建立人际关系的能力。

增设领导力课程或项目。如果有条件，可以引入一些成功的儿童领导力项目，比如像 leader in me，这样的项目，给有领导潜质，能规划好学习时间的孩子提供领导力培训的机会。

链接社区。多开展走进社会和走进社会的活动，在服务他人和社会的同时，也组织类似听警察叔叔讲故事这样的活动，让孩子了解社会的运转和政府的职能。

建立不评判的行为准则。对于孩子而言，无论参与任何活动，要不带评判地鼓励，呵护孩子敢于思考、敢于表达、敢于行动的主动性和勇气，只有敢于尝试，孩子才有机会体验到这个过程中可能遇到的困难和成功带来的成就感，对孩子自信、乐观和勇气等品质的培养尤为重要。

延伸思考

1.你认为每个孩子都有领导力潜质吗？

2.你同意书中儿童领导力培养的窗口期是 10—13 岁吗？

3.在具备领导潜质的 10 个表现中，你的孩子具备哪条？

4.家庭教育中对孩子领导力的培养，哪点最启发你？

5.学校教育中的儿童领导力培养还有哪些方式？

第三节　青少年领导力培养

青少年主要指年龄在 12—18 岁人群，家庭、学校和社会三者共同影响着青少年的身心成长和人格发展。关于青少年领导力培养，作为家长、老师和学生思考的问题各不相同：

- 家长也许会问，中学阶段学生以学习为主，需要发展领导力吗？
- 老师则会思考，除了当选班委（包括班长、课代表和小组长），在知识学习为主的中学阶段，还能为学生创造什么体验和锻炼机会？
- 而学生则遇到过这样的困惑，我应该听老师的话，执行老师分派的任务，还是应该与同学们搞好关系？

本节将通过对领导者在他们处于青少年时期时的心理及人格成长的回顾，探讨他们现在的领导品质和行为在青少年时期得到了哪些锻炼，哪些影响因素对他们日后成为领导者起到了重要作用。同时通过对校长和老师的访谈，分享学校对青少年领导力培育的观察和思考，介绍一些成功的青少年领导力培养项目，对青少年领导力的培养提出建设性建议。

一、青少年心理及人格成长研究

心理学家认为，人的多数品格在 18 岁之前形成，埃里克森的人格发展八阶段理论指出，青少年阶段（12—18 岁），也被称为青春期，属于人生周期的第五阶段，这个时期是一个人的人格逐渐走向成熟的阶段，该阶段的品格培养至关重要。

（一）青少年阶段心理及行为研究

根据埃里克森的理论，这个阶段青少年性格的典型特点表现为自我同一性和角色混乱的冲突，这一阶段的青少年成长的主要目标是统一性的建立，如果自我角色和社会反馈能统一起来，青少年就会表现出自信、乐观等特质；但如果自我认知与他人的反馈不一致，就会导致青少年的迷茫和对未来无方向感，比如前面学生提到的应该听老师的，还是做同伴喜欢的角色的困惑，就是由同一性和角色混乱的问题导致的。

(二)青少年自主发展与家庭的关系

根据《青少年心理学手册》第一卷中册[①]第 11 章"青少年的依恋与自主",青少年的自主发展主要包括三个方面:认知自主(cognitive autonomy)、情感自主(emotional autonomy)和行为自主(behavioral autonomy)。下面我们介绍青少年在认知、情感和行为三个层面的自主发展的研究结果。

认知自主。也称价值自主,是形成个人思想、价值、观念的能力,其行为层面体现为言语自主,即在人际交往中能够清晰表达并坚持个人思想和感受的能力。心理学研究者认为,父母在家庭讨论中对青少年的限制(或者干涉)行为,比如分心、抑制或表示冷漠等表现,会阻碍青少年的自主认知。反之,鼓励(或支持)行为,比如对青少年提出的话题表示关注、对他们解决问题的方式表示出好奇和愿意倾听他们的解释等行为,会有助于青少年自主认知的发展。

情感自主。指对父母情感支持的依赖程度的弱化,包括青少年对父母的去理想化程度。研究者提出,情感自主包含了青少年有关分离、独立和"长大成人"的主观感受。情感独立的青少年不会过多地要求赞许,且在独立行动或生活时不会过于内疚和焦虑。父母对青少年的情感限制或干涉涉及的行为包括过分满足其需求、代替其做决断或贬低其言行,而情感鼓励涉及的行为包括接纳和同情。

行为自主。主要指不断增强的自我依靠和自我调节能力,在青少年阶段,行为自主会受到来自同伴的影响和压力。行为自主在家庭内主要体现为家庭决策模式和父母监督、控制的程度与形式,过于放任型或专制型都会妨碍青少年的行为自主发展。

青少年的自主发展程度体现在内化和外化两种行为表现上。内化行为主要表现为青少年对自己的能力有信心,能形成更为积极的自我认知;外化行为

---

① 勒纳,斯坦伯格.青少年心理学手册:第 1 卷[M]//青少年发展的个体基础.3 版.张文新,等译.北京:北京师范大学出版社,2015.

则表现为青少年社交能力的提升。自主能力发展较好的青少年,人际交往能力也更强,能更好地为他人所接受,能建立起更亲密和更具支持性的朋友关系。为进一步了解青少年时期家庭、学校和社会对其自主发展和心理成长的影响,我们对受访者提出了这样的问题:

请回顾您的青少年成长经历,哪些人或者事对您走上领导岗位有影响?讲讲您的故事。

我们将结合访谈内容和现有理论,分别从家庭、学校、社会三方面探讨这些因素对青少年时期领导力成长会产哪些生积极影响。

二、家庭教育对青少年成长的影响

从上面的青少年自主发展的影响因素的研究,我们可以看到,除了父母限制或鼓励的行为,家庭决策模式也是影响青少年自主发展的重要因素,家庭决策模式分为民主协商型、专制强迫型和放任纵容型。我们来看看这三种模式的特点。

(一)民主型家庭的影响

北京市呼家楼小学校长马骏:“作为教育工作者,我曾经对儿子说,把你培养成功了,我做校长就更自信和更有信服力。我一直秉持尊重和宽松的理念,给孩子更多的成长空间,现在我和孩子是特别要好的朋友和精神伙伴,在事业上互相帮助。通过我儿子,我能看到90后甚至00后这代孩子的自信心,这也让我意识到家庭教育的重心在于如何让孩子更自信地迎接未来。我和儿子之间很平等,孩子对与自己相关的事自行选择并学会了对自己的选择负责。他小学学乐器,中途不想学,我给了他两周思考时间,告诉他如果放弃,那以后再也不学了。中考时儿子差三分没有考上北京二中,我对儿子说,考多少分就去这个分数的对应学校,最后上了景山中学,他在景山中学成长得很好,在学生会建立了社团,建立了北京市18所优秀高中联盟校。我们也让他参与家务事，培养责任感，另外是要给孩子从小设定底线原则，告诉他道德底线不能触碰。这些对他后来的成长都有帮助。”

通过对马骏校长的访谈我们看到，家长和孩子共同做决策，这种方式平衡了孩子的责任感与独立需要。民主型的父母，会努力“看见”孩子的需求，更多地接纳孩子的观点并给予回应。他们还会征求孩子对家庭事务的意见，能够认识到并尊重孩子的观点，以合理、民主而非盛气凌人的方式去引导孩子。

（二）放任型家庭的影响

北京市白纸坊街道办主任杜春晓：“对我影响较大的人是我父亲，他是一名刑警，处理过很多恶性刑事案件，是位优秀的人民警察，也是我们省见义勇为先进人物。父亲的正义感、集体荣誉感和带队伍的能力，对我今天的工作产生了非常积极的影响。“秉持公心”是父亲常挂在嘴边的一句话，所以选择领导力词汇时，我第一个想到的就是秉持公心。我虽是独生女，但从小像假小子一样被父母培养，不太注重穿着打扮，只要学习好就行。我母亲是医院的护士长，父母工作很忙，都不太擅长表达感情，也不太表扬我，这对我的童年还是造成了一些情感缺失，导致我对自己不够自信，对人际关系有些敏感。我从小非常渴望正面评价，学习努力，在学校各种活动中也都力争获奖，比如我越野跑能跑过校队队员，就是因为我特别在乎别人对我的认可。正向肯定和积极评价总能够激发我，我在小学、中学当过大队委，大学当过团委书记，参加工作之后，我也会积极寻求组织的认可，与希望得到父母认可分不开。”

通过上面的访谈让我们体会到父母对青少年正直正义品行形成的影响，但我们同时也看到，父母因为工作繁忙，顾不上孩子的成长，对孩子投入的时间和精力有限，对于孩子的情感成长关注较少或不太表达对孩子的鼓励和表扬，这样的家庭氛围也会导致青少年对自己的人际关系不够自信，会努力奋斗，争取他人的关注与认可。

（三）强势型家庭的影响

强势型家庭的父母会提出很多种规则，希望孩子严格遵守，强势型父母往往无法敏感地觉察到孩子的情感需要或冲突性观点，父母相信自己为孩子好，希望孩子尊重他们的权威，理解和接受他们安排的一切。但这样“为孩子好”导致的结果是什么呢？

一位不愿透露姓名的受访者在接受访谈时谈到他父母的强势对他日后的影响：“我父母都是高级知识分子，是名副其实的学霸，他们对自己要求很严，对我期待很高。在我上初中后，很胖很自卑，在班上不受老师重视，在同学中也没有什么存在感，那时候我很喜欢看福尔摩斯探案故事，幻想自己就是福尔摩斯，能知道每个人是怎么想的，知道如何去讨好父母、老师和同学，以引起他们的重视。现在回想，那个阶段我很孤独，遇到事情也不知道该找谁说。现在我能理性地感受到我父母当时是爱我的，因为他们给我提供了大量的学习机会和优厚的条件，但是他们属于感情比较内敛的人，不太表达爱，中学时光的缺爱，让我现在对情感特别依赖，在人际关系上表现得很不自信。”

以上受访者回顾了她们在青少年时期家庭决策模式对她们日后走上领导岗位的影响，下面我们邀请了一位教育领域的女性校长和一位在企业担任高管的男性受访者，想对比看看作为不同性别的家长，他们如何对待青少年期的领导力培养。

远洋集团高级副总裁李建波：“我们并没有期望女儿成为领导者，更多是希望她自由成长，无论生活或者学习，我都会让女儿自由选择，并让她对选择结果自行承担责任。比如选择大学和专业，女儿选的心理学，这是她的兴趣，我们没有引导她选择我们认为的未来就业机会更好的计算机专业。毕业后，她感受到了兴趣和就业压力之间的矛盾，于是又重新读了一个其他专业的硕士。这个结果证明当年我的判断是对的，女儿也没有抱怨过任何人。我们认为，尊重孩子的价值观很重要，父母应该给孩子独立对自己的未来做选择并承担责任的机会。现在女儿在一家很大的营养师专业公司工作，负责跟医院、大学、养老中心签订营养师外包服务协议。作为公司高管，我鼓励她在公司多找发展机会，承担一些管理职责，但女儿很明确地说，我没有这样的职业目标，我只想掌握专业的营养师技能。父母要学会克制自己，谨慎地为孩子提建议，特别是要避免价值观灌输，因为你的想法未必是孩子的想法，这是新一代亲子关系的特点。只要孩子能驾驭好自己的人生，过程中不迷失方向，遇到困难时能面对，能建立好健康的家庭关系和人际关系，生活中有乐趣，我觉得就挺好。"

从四位受访者的访谈结果和青少年心理成长的研究结果不难发现，一个能支持青少年自主表达和决策的家庭环境能够明显促进青少年独立做出决策和并勇于承担责任，而父母过于严苛或放任的管教方式，对孩子缺乏表扬，缺席青少年成长中需要陪伴和帮助的关键时刻，则会让青少年日后对获得认可产生强烈的渴望，埋下焦虑、敏感等心理失衡的伏笔，导致青少年未来变得不自信和社会适应不良。

在我们后面要介绍的 WOMEN@DIOR 女大学生计划中，女性导师——法国内政部部长 Marlène Schiappa 在向所有年轻女性分享心得时，强调了远大志向的重要作用。她希望看到所有女孩自幼就能通过教育建立"征服太空"的勇气和敢于冒险的精神。"有太多的小女孩抑制着她们的远大抱负，怯于梦想，因为她们的榜样屈指可数，她们不敢对自己说我将成为一名宇航员、一家公司的首席执行官、共和国总统……"而我们本章开篇故事中提到的芬兰坦佩雷市副市长安娜在中学时代得到的鼓励则让她从小敢于说出自己的梦想，父母的鼓励让她敢于面向社会发声，这对她后来走上领导岗位起到了非常关键的作用。

青少年领导力的家庭环境

青少年阶段属于孩子的青春期,这个年龄段的孩子激情昂扬又很容易叛逆,其精神信仰和心理韧性的形成取决于三个方面的自主发展:认知自主、情感自主和行为自主。所以在家庭中,要注意让孩子有话语权,有决策自由,让孩子自主选择学习和生活方式,并树立为自己的选择负责的人生态度。家庭中要注意创造平等宽松的言论环境,要避免放任和高压的氛围。

中学阶段是青少年的生理和心理逐渐发生变化的阶段,他们的认知、情感和行为都在不断成熟,青少年对父母的认知会经历一个去理想化的过程,他们开始逐步意识到父母并不是十全十美、无所不知的人,父母不能解答自己所有的困惑和问题,这时候,他们开始将注意力转向学校,开始重视老师的认可和同伴关系。

三、学校对青少年成长的影响

青少年在学校度过的时间比其他任何除家庭之外的场所都要多,学校的办学理念、师生关系、同学关系、班级管理、班委担任、老师培养人才的价值观和班级激励措施等,都会对青少年的领导力成长产生影响。我们观察到,当孩子们回到家中跟父母的意见冲突时,会经常引用老师或同学的话作为支持自己的理由。在访谈中,当我们问到学校的情况时,很多受访者能非常流畅地说出当年学校的校训,可见学校在青少年心目中的地位和影响。

(一)办学理念的影响

北京市西苑小学校长李辉:"我的初中学校是北京 101 中学, 101 中学严谨的校风塑造了我从事教学工作的严谨风格。101 中学学习内容比其他学校多,还非常重视体育课和社会活动。冬天我们在圆明园里跑步,还要亲自掏厕所,去圆明园捡烧煤用的柴火,这些特别艰苦的训练以及严格的学业要求,锻炼和培养了我坚韧的品格，‘百尺竿头更进一步’是101中学的校训，这成为我一生的教育追求。”

北医护理学院院长助理万巧琴讲述了北大附中的教育理念对她女儿的影响：“现在学校整体教育理念都在提升，小学、中学都开始重视领导力培养，不仅仅重视知识的传输，也重视人文素养、综合能力的培养。我女儿在北大附中上学，学校采取书院制，不分班级和年级，学生自治，有主席团、自治会，其中的学生干部都得竞选，课程也是由学生根据学分自由选择。通过自主学习和自主管理，我女儿的自信心有了很大提升。另外通过辩论课程，我女儿的思辨和逻辑能力也有进步，领导力培养在北大附中已经逐渐融入学校日常的教育中了。”

学校的教学理念是开放包容，鼓励孩子们创新，还是以升学为唯一指标，对于培养领导力会有很大差别。中学是青少年开始观察社会、思考社会并愿意发出声音的阶段，如果学校鼓励学生表达自己的想法，鼓励学生承担社会责任和自我管理，对于青少年领导力开发将大有益处。

（二）老师的影响

在我们的访谈中，不少受访者都不约而同地提到了自己的老师，认为自己的老师对自己性格、生活方式、早期领导力经验积累等方面有着重要的影响，下面让我们来看看他们的故事。

远洋集团高级副总裁李建波：“对我人生影响很大的人是一位中学老师。她是一位非常有事业心的业余体校女老师。我在中学阶段每天下午都会去参加训练，虽然大家水平不一，但老师会很认真地准备教案和训练计划，每周的训练内容都不同。她一直把我带到高中毕业考上大学。这六年，我没有间断过在体校的训练，我的标枪成绩破了全国少年纪录。这段经历帮我养成了良好的行为习惯，让我认识到，任何成功都需要前期大量的投入。这么多年，我每天早晨都是6:00起床到学校操场，有规律的作息，对我来说是最大的教育，对我一生的信念、性格和生活方式影响都非常大。”

北京师范大学新闻传播学院祁雪晶是一位来自青海土族的少数民族女生，也是她们当地的第一位女博士：“对我成长影响很大的是一位语文老师，他是四川的支边知青，是我们学校学历最高的老师，非常有生活情趣。他的宿舍打扫得一尘不染，书房里有各类文学典籍，还有一个很大的书桌，上面有文房四宝，还有文竹等各类花草。他的卧室里还有小提琴、二胡和电子琴。老师非常有威信，他几乎是我们小乡村最为瞩目的文明符号。老师非常看好我，认为我想象力丰富，潜力无限，他对我学习上的要求很严格，生活上倍加照顾，给我很多鼓励。他允许我随时去他的书房借书、练字，还可以跟随他学习音乐，还多次在家访时告诉我的家人，我是一个可造之才，让家人支持我读书。在老师的书房里，四大名著等中外文学经典是我的文学启蒙读物，他那种堂吉诃德式的艺术化生活方式也影响着我，让我开始向往不一样的生活。后来很多时候，我一直坚信自己可以成功，内心非常强大，很少受外界干扰，这离不开老师对我的启蒙。”

北京大学第六医院副院长岳伟华：“我的高中班主任对我很严厉，他喜欢对我们用激将法，会跟我们讲人生规划和未来打算，而不是每天只学知识。我当时一点都不了解未来应当从事何种职业，在填报高考志愿时，我想报跟旅游有关的专业，比如地质学，但老师建议我学医，说我性格比较踏实，可以不断钻研医学难题。我很感谢我的班主任，他在我还比较懵懂的时候，能看到我的性格特点和优势，给予我建议，现在我觉得这个选择真的很适合我。”

从以上 3 位受访者分享的故事，我们看到老师的鼓励对于青少年人生的发展起到了重要作用，但也有一些老师在不经意间贴标签的做法对青少年的成长造成过负面的影响。

北京世纪阳光幼儿园园长董燕与我们分享了她在中学时两位不同的老师对她的影响：“我初一时的班主任孙老师，教地理，会弹钢琴，我们每年排节目时他都会给我们弹琴，我特别崇拜他，我那时就想，我也要做一个这样无所不能的老师。但有的老师也会对孩子的成长产生消极影响，我数学不好，不是因为我不喜欢数学，而是因为小学时参加数学竞赛，老师给我的评价是这个孩子做数学题速度慢，这一无心的评价让我从此丧失了学习数学的热情和信心。所以作为教育工作者，在给孩子负面评价时要特别谨慎，因为老师在孩子们心目中的位置太重了，孩子的世界很单纯，对老师充满信任和尊敬。”

所以，信任和关心学生并切实关注学生学习状态的教师会受到学生尊重，这样的老师能够帮助学生发展积极的自我概念、价值感和学校归属感，中学生对老师非常信任，常常以老师为榜样。积极的师生关系能让学生体会到情感认可和接纳，从而促进青少年的自主发展。

(三)担任班委的能力锻炼

东方华盖投资总经理许莉受访时介绍了担任班委对她的影响，“我的学生生涯基本上都在当学生干部，所以一路走来比别人有更多的领导力历练机会。老师和长辈给了我很多鼓励，我做错事时他们也能包容我。我上高中一年级时，班主任李老师在我入学时只选了我一个人担任班干部，本来她想等大家都熟悉后把班委配齐，但她突然生病了，这个班就由我一个人带了，我基本上是全权代理，后面所有的年纪班干部会议都是我一个人去，一个月后我们班的班干部才选配齐。这是我成长最快的阶段，这段经历让我明白了身为管理者应有的责任和担当。”

时任北京市药检所所长吴彬在访谈中提到，学生时期有两段经历对她影响深远：“第一段经历是我在中学时担任学校的公关部部长，锻炼了我团结学长或学弟学妹一起做事的能力，让我体会到通过组织活动能充分调动同学们的热情和参与，同时强化了自己开发资源和整合资源的意识，中学时代的锻炼树立了我工作后带领团队的自信心。另外一段经历是因为父母工作变化带来的转学挑战和中学时代的走班制，不断变换班级会中断已建立的友谊，要重新适应新班级的文化。现在回想,总是变化的班级也提升了我融入新环境的能力,这为我工作以后面对单位和岗位的变化时,能快速适应工作要求,并用积极的心态去面对打下了基础。”

四、社会实践活动对青少年领导力的锻炼

访谈过程中,有受访者从自身出发讲述了青少年时期参加实践活动获得的益处,也有受访者从当前教育模式出发,介绍了一些针对青少年的活动,下面我们来看看他们的经历。

北京市呼家楼小学校长马骏:“在我的成长过程中,实践锻炼是激发我领导力的重要因素之一。我在师范学校度过的三年对我后来做校长影响特别大。学校特别注重对学生实践能力的锻炼,我成了学校团委三个核心成员之一,学校大型活动的主持、播音、办团报等,我都是组织者。所以我当了校长以后,也力争为学生创造更多的活动实践机会。我的理念是每个孩子都能拥有精彩的人生,我希望能成就每一个孩子的与众不同,创造让每个孩子都上台展示的机会。我上过一个北大女性领导力培训班,班上有些女性很胆小、不自信,我觉得我很自信的原因是我上台表现的机会多,所以我也把这种理念在校长管理的过程中推行开来,给孩子机会,锻炼他们的表现能力。”

芬兰汉明林娜高中的阿雅·奥尔托·拉基索伦校长:“我们鼓励学生成为领导者,会带他们走出校园,参加如 sIush 创业大会等现代科技活动,这会开阔青少年的视野。我们的青年议会项目,会帮助学生了解议会的运转。我们学校还和 Zonta 俱乐部有合作,这是一个由女生组成的组织,该项目为未来希望成为领导人的女生设置课程,让她们有机会和女性领导人见面并且讨论,参加课程后她们能得到证书,还能参加竞赛,竞赛最终会产生一名冠军,以这种形式鼓励女生担任领导者。”

芬兰坦佩雷市副市长安娜·赫拉马基:“在坦佩雷市,我们有一个少年议

会项目。每个学校会从每个班级中选择一些学生参与这个项目,他们与官员和议会成员一起合作,告诉我一些问题和自己的想法。我的责任就是帮助他们解决遇到的困难,我很重视参与的学生要包含男生和女生,要体现性别平等。”

从访谈中不难看出,青少年有针对性地参加社会实践项目,对领导力的培养有重要作用。下面我们将为大家介绍被广泛实施的青少年社会实践项目,这些项目不仅对青少年领导力的发展起着非常积极的作用,还具有很强的社会价值和意义。

(一)模拟联合国项目(Model United Nations,简称模联 MUN)[①]

模拟联合国项目是一项历史悠久、开展广泛的青少年社会活动。在活动中,青年学生们扮演不同国家或其他政治实体的外交代表,参与围绕国际热点问题召开的会议。代表们需要遵循议事规则,在会议主席团的主持下,通过演讲来阐述观点,为了“国家利益”辩论、磋商、游说。他们与友好的国家沟通协作,解决冲突。他们通过写作决议草案和投票表决来推进国际问题的解决。在模拟联合国,青年学生们通过亲身经历熟悉联合国等多边议事机构的运作方式、了解国际关系与外交知识,了解世界发生的大事对他们未来的影响,了解自身在未来可以发挥的作用。

世界上最早的持续性举办的中学模拟联合国会议是 1952 年印第安纳波利斯模拟联合国大会(Indianapolis Model United Nations)和伯克利模拟联合国大会(Berkeley Model United Nations),经过 60 多年的发展,全世界每年有近 400 个国际模拟联合国大会在 50 多个国家召开,每年参与大会的师生来自世界 100 多个国家。2001 年,模拟联合国项目进入中国并迅速发展,成了在许多大学和高中里备受师生欢迎的活动。

---

① 模拟联合国项目[EB/OL].(2018-3-10)[2022-04-08].https://www.un.org/Zh/mun/.

MUN项目对于青少年的积极意义在于它有助于青少年开阔视野、激发学习潜能、锻炼领袖才能。对青少年来说，这是一种互动性极强的学习经历，它不仅能够让青少年通过学习和讨论了解国际事务并开阔视野，还能够通过实践来锻炼青少年组织、策划、管理、研究、写作、演讲和辩论的能力，以及解决冲突，求同存异，危机处理，团队合作，沟通与妥协等多方面的能力。

（二）中学生模拟政协项目

中学生模拟政协项目在中国全国范围内开展，部分优秀学生提案还会被带到各级政协组织中。2018年8月第五届“全国青少年模拟政协活动”中的优秀提案，如《关于整治老年保健食品欺诈和虚假宣传的提案》《关于将学生从校外辅导机构“拉”回学校的提案》《关于规范早教机构管理体制的提案》等就被带到了“两会”上。① 通过参与模拟政协活动，青少年提升了社会责任感、公民意识和参与意识。提案形成的全过程，帮助青少年学习和掌握了各种调查、分析、研究、演讲的能力，让青少年体验了中国特色的民主协商的政治制度，在确定选题、调查研究、撰写提案、听证辩论过程中有机会分享个人的创意和团队的智慧。

我亲自参与了北京市海淀区政协与北京市八一中学的模拟政协项目，为八一中学参与该项目的26名中学生讲述了政协委员如何履职和开展工作，担任政协委员有什么要求，如何写一份优秀的政协提案，等等。在这个项目的活动期间，同学们参观了人民政协报社史展，尝试自己动手，在人民政协网编发了此次“模拟政协”活动的快讯，聆听多位政协委员的授课，提出跟自己学习和生活相关的提案。同学们撰写的提案被海淀区政协副秘书长刘玲带到海淀区政协，大家对待这些提案非常认真，并联络相关政府部门予以了答复。

---

① 汪俞佳.模拟政协优秀学生提案上两会[EB/OL].(2019-03-06)[2022-04-08].http://www.rmZxb.com.Cn/C/2019G03G06/2302229.shtml.

(三)KUUMI 学生辅导项目

坦佩雷大学的张哲颖老师介绍了芬兰小学比较有特色的 KUUMI 项目。这个项目会把一个五年级的孩子跟一个一年级或二年级的孩子配对,将孩子两两组织在一起,学校会根据高年级学生的想法设计各种各样的活动,使不同年级的孩子能够相互交流相互学习,这是锻炼孩子能力的有效方法,培养了青少年与不同年龄的孩子交流的能力。KUUMI 项目的配对时间将持续一学年,每星期的 KUUMI 时间是半小时,利用课间休息,高年级学生带着低年级学生在课间一起玩。除此之外,每个月还有一个小时的 KUUMI 上课时间,高年级学生会去配对的低年级学生的班上,开展自己设计的活动。

(四)青年议会项目

关于青年议会项目,本书在前面对芬兰坦佩雷市副市长和高中老师的访谈中都有提及,坦佩雷大学的张哲颖老师以她儿子的参与为例,详细介绍了青年议会项目的运作模式。

青年议会每两年举办一次全国大会,由年满 15 岁的学生组成的青年议员去赫尔辛基的议会大厦,像议员一样开会。青年议会项目很重要的定位是让所在国家的各位部长和领导人能够听取青年的意见。我儿子曾被选为青年代表,每个学校共有两名代表,一位男生一位女生,从这个角度来说男女是完全平等的。全国共有 199 个席位,学生参加大会前要准备他们的议题,老师会参与辅导。这是培养学生领导力的过程。学生准备的问题提前交上去以后由各部大臣事先过目选择,若有被选中可以在议会上讨论的问题,组织方会提前通知学生代表,这个问题在议会上提出后由对应大臣、部长或总理进行答复。议会还有对议案投票表示支持或反对的流程,有些问题,比如这次投票的议案涉及孩子吸烟的问题,关于是否应该提高吸烟的限制年龄这一议案,下面的 199 个青年议员会进行自主投票。

（五）可口可乐有价值青年项目①

可口可乐有价值青年项目(CocaColaValued Youth Program, CCVYP)项目由跨文化发展研究协会(IDRA,Intercultural Development Research Asociation)于1984年在美国可口可乐公司的资助下创立。CCVYP项目通过让有辍学风险的中学生充当小学生导师,提高中学生的自尊心,减少中学生辍学的可能性。CCVYP项目的实施包括教学内容和支持环境两部分。教学内容包括针对辅导老师的课程、实地考察、树立榜样和学生认可评估。支持环境包括课程、协调、人员充实、家庭参与和教育。该项目自成立以来,对超过72.5万名儿童、家庭和教育者的生活产生了积极影响。CCVYP的核心信条是所有学生都有价值,其关键原则还包括学校重视所有学生,所有学生都可以为自己和他人的教育做出积极贡献。

被选作导师的学生会参加一个特殊的培训班,以提高他们的基本学术和辅导技能。每个学生导师一次与三个小学生一起工作,每周至少四个小时。学生辅导员将获得最低工资津贴,参加为纪念和认可他们成为年轻学生榜样而举行的活动并收到礼物,如T恤、帽子和成就证书,他们还有机会获得免费和低价午餐。经第三方评估,参加CCVYP学生的成绩、出勤率、纪律性、自我的概念以及对学校的态度都有明显改善。这个项目的创新之处在于为青少年提供了意义重大且非常真实的实践机会,使这些有辍学风险的青少年能在学校这个集体中体现其重要性。

（六）青年超越(TOP)项目

这是一项美国全国性的志愿服务项目,用于帮助青少年理解和评估他们的未来生活选择,并使青少年在与成人督导者有很强社会联系的背景中发展

① 可口可乐有价值青年项目[EB/OL].(2018-03-20)[2022-04-09].https://WWW.idra.org/Valued-youth/.

自身的生活技能和自主性。该项目包括督导性社区服务、针对服务经验的班级讨论及开展与青少年社会发展任务相关的班级讨论和活动。参与者在受训工作人员的协助下选择自己的志愿活动,工作人员会将志愿者的个人兴趣和技能与社区的需要匹配起来。TOP 场所通常为每个参与者提供每年最少进行 20 小时的志愿服务。TOP 为班会提供了一个框架,包括结构式讨论、小组练习、角色扮演练习、客座演说者和信息陈述。这些讨论被设计用于帮助学生准备他们的志愿服务,并从服务经验中锻炼社会技能、项目规划能力和自我管理能力。

五、青少年的领导力发展的性别差异

青少年的性别意识是由青少年的身体特征和认知能力共同决定,其中社会、家庭、同学都会对不同性别的青少年领导力发展产生影响。

社会环境的影响。学校的风气、文化和老师的性别意识都影响着青少年的性别认知。

芬兰坦佩雷汉明林娜高中校长阿雅·奥尔托·拉基索伦:“在芬兰的初中学习阶段,男孩女孩都有手工课,他们在课堂上会学习做衣服、制作椅子等,女孩也能使用各种工具。学校还有商业小组,最开始只有男生参加,但是现在男生女生都参加了,性别可能会导致男孩女孩做出不同的选择,但是我们可以通过从小培养女生对数学的兴趣,树立她们未来对商业的兴趣和信心,教育对于消除性别平等的意义在于从小淡化孩子们对性别的刻板印象。”

家庭观念的影响。父母在日常生活中表现出的价值观、生活态度、行为方式等方面的差异都会潜移默化地影响青少年的性别认知意识,在前面的访谈中我们看到,开明和性别平等的家长,对于塑造女生未来勇敢、乐观和不自我设限的人生发展起着积极的作用。

同伴关系的影响。青少年时期,同伴友谊是成长中非常重要的人际关系,而同伴间关注的话题和内容从青少年时代开始会产生明显的性别差异。女孩的友谊集中于亲密感、爱和情感交流，开始形成闺密群；而男孩的友谊倾向于关注力量、权力和激动人心的事。这些沟通方式和内容的性别差异，导致青少年后期关注点和能力提升也将产生一定的差异，这种差异会一直持续到他们上大学和进入社会。

六、青少年领导力培育探索

关于青少年领导力的培养，各个学校都在实践和探索，如何制定在青少年阶段的全部情境（从学习、实践到生活）培养模式，勒纳·费舍和温伯格（Lerner · Fisher& weinberg）在《青少年心理学手册》第一卷第三册第14章第“青少年的积极发展”中提出[①]了“5C”青少年领导力发展模型。

（一）“5C”青少年领导力发展模型

大学生积极发展的目标可以被归纳为5个C：能力（capacity）、自信（confidence）、联系（connection）、个性（character）和照顾（care）。这五个C分别代表了青少年领导力培养的五个要素：

- 能力：主要包含智力和社会行为理解能力；
- 自信：基于诚信和道德的自我评价；
- 联系：个体与机构间的积极联系；
- 个性：自我效能感和勇气；
- 照顾：仁爱同情以及社会正义感。

勒纳·费舍在2002年还提出了第六个C：贡献（contribution），费舍之所以在青少年积极发展观中添加这一条是因为他认为青年不仅要关注自己，而且要成为一个积极的、勇于承担义务的个体，即公民社会中的一员。所以，作

---

① 勒纳，斯坦伯格.青少年心理学手册：第1卷[M].3版.张文新，等译.北京：北京师范大学出版社，2015.

为青少年领导力提升的路径探索，领导力培养项目只专注青少年的个体特质，如认知成长、性别角色及道德发展是远远不够的，还必须提高个体与所处环境的积极互动关系，鼓励青少年走进真实的社会，了解社会，参与社会问题的研讨和解决。中学应当考虑在制定激励政策方面，不仅要有各种优秀的评选，还可以为青少年提供奖学金支持，使青少年的积极发展与对社会的贡献联系在一起。

每个青少年都希望拥有成功幸福的人生，每个家庭都希望自己的孩子拥有好的性格、自信心和幸福感，这些都是成为领导者的充分条件。对于青少年而言，领导力的开发并不意味着每个人最后都能或需要成为领导者，而是意味着能够因为领导力的提升，在其人生成长阶段中，确立积极的自我认知，塑造自主发展意识和能力。

（二）对家庭教育的建议

家庭教育方式和家庭决策模式会对青少年的成长动机、自我认知和情感发展有极大影响，这些内化的人格特质将影响青少年外化的社会行为，包括他们与他人相处时是否受人喜欢、是否能快速建立起信任感，碰到问题是否愿意求助他人，是否带着善意看待他人的不同行为。家庭民主以及家长对孩子参与社会的支持，则会促进孩子的社会责任感和能力提升。芬兰坦佩雷市副市长安娜在 14 岁时要当警察的理想和投稿表达自己对社会政策的看法都受到父母了的鼓励，这对她从自主发展到能力提升都有帮助。

对于青少年领导力培养，除了父母自身的真实工作和生活状态的榜样作用外，我们提出以下建议：

鼓励自主发展意愿。让他们自己做决定，并承担决策责任，不要以“为你好”的名义决定他们的人生，让他们独立经历挑战，这对他们提升风险评估能力、规划能力和承担后果的意识都有帮助。

重视情感互动。青少年处于青春期，是感情走向成熟的阶段，父母不要只关注成绩而忽略孩子的情感需要，要多表达对孩子的爱，让孩子意识到家庭给予的安全和力量感，不缺爱的孩子未来的人际关系才不容易紧张。

避免性别刻板印象引导，让他们不为自己设限，更不“自我性别歧视”。

（三）对学校教育的建议

对于学校教育而言，前瞻性的理念和有社会担当的价值观，会帮助青少年树立高远的理想，学校公平的管理机制和社会实践活动会为青少年的领导力培养打下基础。对于老师而言，他们是青少年心目中除了父母以外最信任和崇拜的人。教育的本质是点燃，点燃青少年心中的渴望与激情，老师正确的人生导向会对孩子们产生一生的影响，不要轻易给学生贴上否定和负面的标签。一位好老师就像一座灯塔，会照亮孩子们心灵，所以老师的价值导向会成为青少年成长的指南针。老师是创新、勇敢、乐观、公平、性别平等的，还是故步自封、官僚、高高在上、男生女生区别对待的，这对青少年未来的领导力品质培养会产生不同的影响。对于学校在培养青少年领导力方面，我们提出如下建议：

贡献社会的办学理念。这是激发青少年领导力的源泉。

让老师自主教学。因为只有老师敢于创新，积极乐观，才能言传身教，培养学生具备积极正面的品质。

让学生自主自治。要相信学生的能力，给予方向上的引导和过程建议。

开发社会实践活动。比如像模拟联合国、模拟政协、模拟人大代表，让学生能走进政府、走进社区，了解社会的运转模式。

开发高低年级辅导项目。类似芬兰的 Kuumi 和美国的 CCVYP 项目，让高年级学生辅导低年级学生的成长，配以专业的辅导员，帮助高年级孩子的辅导能力的发展。

注意活动性别比例。开展的所有活动，注意男女参与比例的平衡。

延伸思考

1.本节中关于青少年领导力培养,哪点最让你受启发?

2.你觉得青少年领导力和儿童领导力的培养有哪些差异?

3.能否结合个人经验谈谈应当如何帮助青少年度过“叛逆期”?

4.中学时期,你参加过哪些与领导力相关的社会实践项目?

5.关于青少年领导力培养,你会给学校提哪些建议?

第四节　大学生领导力培育

本节中的大学生是高等教育中的本科生、硕士生和博士生的统称,根据埃里克森的人格发展八阶段理论,大学时期属于成年早期,这一阶段的主要冲突来自亲密与孤独,是深入了解自己、他人、社会以及自己的社会角色的关键阶段。大学教育为青年提供了认知世界、发展主观能动性和建立人生观、价值观的机会,也为处于人生过渡期的年轻人积累了有利条件。为了了解大学生对领导力的认知、在校大学生在大学期间参加领导力课程和社会实践活动的真实体会,我们选取了7位在读大学生进行访谈,其中包括国内大学生5名(本科生2名,硕士生2名,博士生1名),美国就读研究生2名。访谈主要包括以下问题:

(1)请谈谈你对领导力的理解,并用4个词描述你具备哪些领导者的特质或行为;

(2)大学期间你上过哪些领导力课程?看过哪些与领导力有关的书籍?

(3)你参加过哪些领导力项目或社会实践项目?有什么成长是什么?

(4)你认为女大学生领导力成长与男生有什么区别?

(5)在你的成长过程中,讲讲你的家庭、学校和其他人对你领导力成长的影响,哪些帮助了你的领导力发展?哪阻碍了你的领导力发展?

(6)你对大学生领导力培养有什么建议?

我们希望从这些问题的回答中,了解大学生作为主体在大学中的领导力成长感受和建议。

一、建立对领导力的正确认知

何为大学?英国著名思想家和教育家约翰·亨利·纽曼(John Henry Newman)在《大学的理念》①一书中提出了三个最基本的问题:

大学是什么地方?

为什么要学习知识?

大学应该提供什么样的教育?

纽曼认为大学是传授普遍知识(universal knowledge)的地方,是学者、教师和学生共同追求真理的社区。追求真理是教育理想的一部分,能够对人的性格培养产生影响,因此,大学是"教育而非教学的场所",大学教育的根本意义在于发现(discovery)与教学(teaching)。纽曼认为"人文教育"是比"职业教育"更高层级的教育。

我国新文化运动领袖之一、担任过北京大学校长的胡适曾指出:"在今日的中国,领袖人物必须具备充分的现代见识,必须有充分的现代训练,必须有足以引起多数人信仰的人格,这种资格的养成,在今日的社会,除了学校,别无他途。"

美国哈佛大学校长德鲁·福斯特(Drew Faust)在2007年10月的就职演讲中说,大学是一个"思想共同体",大学要对历史和未来负责。

理查德·莱文(Richard Charles Levin)曾在1993至2013年任美国耶鲁

---

① 纽曼.大学的理念[M].北京:中国人民大学出版社,2012.

大学校长，是一位享誉全球的教育家，莱文在《大学的工作》(The Work of the University)演讲中提到，如果一个学生从耶鲁大学毕业后，仅仅是拥有了专业的知识和技能，是耶鲁教育的失败。莱文认为，专业知识和技能，学生可以根据意愿在大学毕业后继续学习和掌握，耶鲁大学致力于领袖人物的培养，大学本科教育的核心是通识教育(liberal education)，是培养学生批判性独立思考的能力，其核心是自由地发挥个人潜质和选择学习方向，为生命的成长确定方向，为社会和人类的进步做出贡献。

曾经任教于北京大学，现就职于国家自然科学基金委员会的张艳教授这样描述了她对大学教育的定位："大学不是第二个高中，大学要教给学生的不仅是知识，还有能力和意识，包括自我觉醒、人生规划、对家庭和社会的责任感、对自己认定事情的决心与信心、做人的原则和底线以及感受情感的能力，这些都是成就领导力的组成要素。所以大学不仅要传授专业知识，更要提供帮助学生认识社会和承担社会责任的通识教育。"

所以对于大学生的领导力培养，不仅是让大学生成为掌握专业知识和技能的高级技术人才，更要让其成为有社会担当和远大抱负的未来人类贡献者，让我们看看访谈中大学生对领导力的看法的统计结果。

北京师范大学的大三学生叶知绿认为，组织力和决断力是领导力更重要的特质，她对领导力的理解是："领导力是指在管辖范围内充分地利用人力和客观条件，以最小的成本办成需要办的事并提高整个团体的办事效率的能力，而在领导力前面加上女性二字，意味着更加关注女性在职场中发挥的优异能力，例如沟通、整合、理解、包容、韧性、乐于倾听，等等。"

来自中国政法大学的研究生王起选择了"理解、统筹、沟通、洞察"四个词来描述领导力。"我认为女性领导力包含女性独特的领导特质，即具有更大的包容性和接纳度。随着知识经济时代的到来，以企业等为代表的各种机构的管理方式都发生了深刻的变化，传统的刚性管理正逐渐被柔性管理所取代。

新的管理方式更加提倡对人的尊重和理解，注重个体能力的发挥及其在团体中价值的提升，重视员工的成长和工作体验；而且这种管理方式抛弃了命令、约束、控制为主的沟通方式，转而采用更具人性化的引导、激励和协调措施。在这样的管理理念下，女性领导者的优势得到显现，成为柔性管理的代言人。”

北京师范大学研究生董航则选择了“主动、果断、包容、重”四个词来描述领导力，她认为这些不仅是领导者应有的特质，更是女性在领导力方面的优势：“我认为女性领导力是女性领导意识崛起的力量，相对于传统的男性领导，女性领导力更加柔韧，包容。我是研究领导力和性别差异的，希望把消除性别偏见、减少性别差异作为我努力的方向。其实很多时候女性在成长过程中在接受他人设限和自我设限，应该有更多的女性接受高等教育，承认自己的能力，发挥自己的潜力。”

美国查普曼大学道奇电影学院研究生吴子玉：“从事电影行业的人都是艺术家，都非常有傲骨，而片场是一个高压的环境，所以我理解的电影行业领导力是激励引领他人正确地做事，领导者需要谦逊平和但又非常专业权威。在领导者应具备的众多特质中，首先是能决策（decisive）；其次是有效率（effective），领导者需要看得清现实并能做出正确的决定；再次是直面问题，我们经常会遇到工作不能按计划执行的情况，身为领导者需要当机立断地找出多种路径解决问题；最后是专业实力，作为领导，要让别人服你，需要在保持傲骨的同时足够尊重他人。”

从以上受访者的回答，我们可以发现，决断力、包容、知人善用和大局观成了访谈中的高频词汇，另外还有处变不惊、可靠、有同理心也是大学生认为领导者应该具备的特质。大家对领导力的认知，让我们也看到当代大学生思想的进步与成熟，让我们对未来充满以希望。

二、大学生领导力培养重点和课程设计

为了了解大学生领导力培养的能力重点和培训课程，我们分别访谈了作

为主体的大学生和有教育培训经验的大学管理者、老师和社会专家。首先让我们来看看老师和专家们的访谈回答。

(一)专家对于大学生领导力培养的观点

芬兰教育和文化部常任秘书长安妮塔·莱希科宁:“大学的教育系统有必要增加学习理念的指导,比如对未来职业的规划,学生可以对未来要从事的工作有更多的了解。同时学校已经意识到了要为学生提供公开演讲的机会,这会让大学生感觉到挑战性并从中得到鼓励,公开演讲目前已经成为国民基础教育规划核心课程的一部分,辩论也成了学校的常规项目,这是激发大学生领导潜力的有效方式。”

芬兰坦佩雷大学原校长克里斯塔·薇兰托拉:“现代大学有很多激发领导力的方式,老师扮演引导者而不是权威角色,引导学生互相帮助,鼓励学生形成独到见解,多多辩论,在辩论中获取真理,这些都是培养领导力非常重要的方法。不同的小组活动和让大学生共同学习是激发领导力的有效方法,因为在这个过程中,学生们可以发现自己和别人的长处。所以在大学,不管哪个层次的学习,都应该鼓励小组合作,我们要教会学生捍卫自己的见解,让他们以不同的、非专制的方式去引领别人和承担责任。”

北京邮电大学信息与通信工程学院副教授李莉:“作为大学老师,我认为对大学生的领导力培养可以从以下两个方面来进行:一是培养学生的思维能力,让他们能够从较高的角度全面、系统地了解问题、思考问题和解决问题,重视哲学、社会学、心理学、管理学、历史、法律等相关课程的理论学习,还要为学生提供与各行各业大咖接触的机会,开阔学生的视野;二是要培养学生的行动力,为他们提供在一定范围内实践及试错的机会,给学生提供一个既相对独立,又与社会有一定联系、类似对真实社会模拟的‘小社会’,例如学生会及各种社团组织,都是不错的形式,可以让学生在实践中提升领导力。”

北京大学护理学院院长助理万巧琴:“领导力是每个学生都需要具备的能

力，对于护理专业的大学生，他们需要通过领导力和影响力去影响服务对象（患者），影响合作团队（医生、康复师、药师、社会工作者），去共同实现患者健康这一目标。对于护士而言，要着重提升她们临床工作开展的创新性和主动性。美国护理专业的课程中就有专门的领导力课程，该课程侧重对学生评判性思考、沟通能力、创新能力的培养，美国护士连续 20 年成为最受信任的职业，这和美国护理教育对学生领导力培养的重视是分不开的。”

南非驻华大使馆海关税务署黄凌：“对于培养大学生的领导力，我有五点建议：第一是为学生提供大格局的教育，大学生未来不仅仅是为了成为更好的自己，更要为他人创造更好的生存环境和国家竞争力；第二是学校和社会给大学生更多参政议政的机会，让他们能更早地关注和关心社会现状和各阶层人民的真实生活；第三是鼓励大学生在学生会和各社团组织里担任干部，鼓励学生不仅把本职工作干得出色，同时要跟学校各个管理机构沟通协调，为大家的校园生活谋福利、创造条件；第四是多给大学生接触社会的实践机会，使他们提早了解真实的社会；第五是多创造国际交流的机会，给具备卓越领导力的学生提供更大的平台和更宽广的视野。”

中国科学技术协会副处长任事平：“我了解一个国际组织，每年都组织北美地区青年学生的领导者会议，他们谈论的话题集中在哲学、科学、社会组织发展、职业规划等领域，也吸引了包括我在内的一些成年人参会。领导力培养中的一只翅膀是提升思维能力，哲学史和逻辑学的学习就是很好的思维训练；另一只翅膀是文化史的学习，在人类文明发展长河徜徉的大学生们，会自觉自愿地选择去改良社会，他们学到的知识和技能会更富有积极的影响力。两只翅膀一起飞，才能飞得更高。”

（二）大学生参加过的领导力课程

北京师范大学研究生董航：“我参加过一个与领导力相关的课程，教授带我们做了一个比较经典的领导力拓展游戏，叫沙漠掘金。游戏分成 6 人小组作为驼队，各自决策，需要对各自驼队的水、帐篷、指南针等物资进行比较周密的规划，队长需要对掘金的路线进行规划，面对突发的恶劣天气也要想办法进行物资储备以及与其他驼队合作。团队里有各种角色，有财务负责采购，有信息员负责信息侦查和谈判，最终以各小组回到营地的速度和掘金的数量进行排名。这期间有争论也有合作，决策的每一个步骤都需要小组所有成员通力合作，出谋划策，同甘共苦，遇到随机出现的恶劣天气要一起想办法面对，面对最终挖掘金子的成果大家也一起分享喜悦。从这次的活动中，我体会到了决策的两难，作为员工时只会去执行决策，心中往往是不情愿甚至不理解的，但作为领导者时，每一步决策可能都会有所牺牲，有风险需要承担，所以换位思考说起来容易，但是不亲身体会可能很难做到。”

北京大学口腔医学院博士董丽莹：“我参加过北京大学医学部针对各学院班长和党支书的培训，当时邀请了北医三院援助武汉的医生王宽，在抗疫期间，王宽师兄临危受命，担任一线临时党支部书记，他既要照顾好自己和患者，也要关注同事的健康和情绪，及时为他们疏导和鼓励，展示了一个年轻医生在真正对抗新型冠状病毒肺炎，救治危重症患者时的勇敢与不易，以及一位临时党支部书记作为领导的责任和担当，他是我们前进和努力的榜样，我们希望成为他那样的人。最近我在看《向前一步》，作者从女性视角为女性走向领导者角色提供了鼓励和引导，鼓励女性要勇敢地提出自己的观点，这样才能不断向前。”

查普曼大学研究生吴子玉：“我没有上过专门的领导力课程，但是我们学校有一门课叫‘片场章程’(set protocol)，这门课告诉大家在真实的片场每个人都有一个职位，并介绍了每个职位的具体工作和出场顺序，教授一步一步带领我们拍电影，模拟片场工作的进行。比如你做部门负责人，你该做什么，你的下级该做什么，你要记得提醒他角色任务。做电影的人属于艺术人才，都有自己对电影的理解和追求，年轻人会有不服输的劲儿，如何通过片场的管理和准则，协调大家达成一致对他们来说是一种挑战。这门课虽然不是领导力的课程，但是涉及了领导力的内容，包括角色分配、任务协调与沟通，还有尊重规则等。”

通过以上六位专家和三位大学生的访谈，从不同角度反映了大学生领导力培养的重点和方式，在我们访谈的过程中，中科院国家纳米科学中心负责研究生教育的潘海莲老师系统地提出了大学生领导力的培养框架(图 4-5)

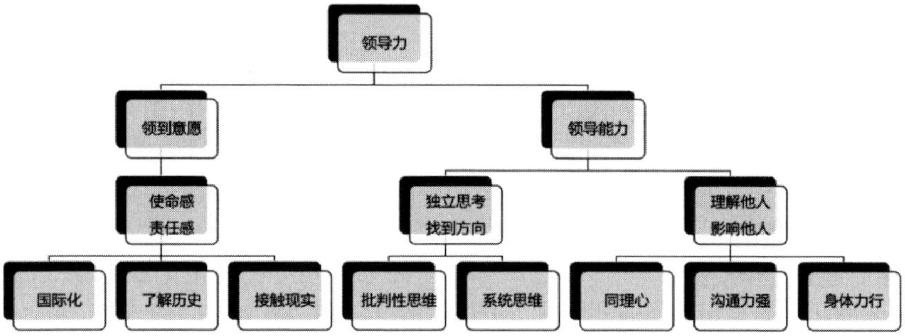

图 4-5 大学生领导力培养体系

在这个框架中，潘海莲老师把大学生领导力培养分为领导意愿的培养和领导能力的培养两个部分。

领导意愿。这是使命感和责任感的来源，需要领导者具有国际化意识、通读历史并能洞察未来。

领导能力。包含独立思考并找到方向和理解及影响他人，其中独立思考需要培养两种思维能力：批判性思维和系统思维；而理解他人和影响他人，则需要同理心、沟通能力和身体力行。

国际化、批判性思维、系统思维、同理心和沟通能力都是需要学生通过参与培训课程、自主阅读及和他人互动来完成的，而接触社会现实、身体力行则需要通过参与社会实践活动才能达成。实践是大学生领导力培养的重要途径，大学生通过在校各种社团工作，及参与学校行政事务，在为他人服务的过程中提升领导力，所以我们下面要介绍，除课程学习和自主阅读之外，领导培养的另外一条重要途径—社会实践活动。

三、大学生领导力实践项目

大学阶段的社会实践活动是培养大学生领导力的重要机会。评价领导力社会实践活动有三个标准：参与性、可持续性和领导力提升。通过参与高质量的领导力实践活动，能提高大学生的自我价值感、对人生的态度和社会担当。让我们来看看访谈中大家在参与社会实践项目过程中对领导力思考和成长。

北大口腔博士董丽莹分享了担任研究生会副主席的经历："我在担任学院研究生会副主席时，参与过学生科研周和毕业晚会的筹办。毕业晚会是送给全体毕业生的礼物，希望借此给他们留下关于母校最美好的印象。我担任副主席以来最大的体会是一定要分工合作，让每个人做自己擅长的事，将每个人的力量发挥到最大，既不让少数人非常疲惫，又不让其他人无法得到锻炼机会。作为一个领导者不需要事无巨细，一定要知人善任，做好统筹协调。比如筹备晚会，需要安排主持人和节目，需要跟本科生学生会、教育处、各个班级的班主任、班长协调沟通，还要跟后勤的工作人员做好沟通，保证整场晚会的顺利进行，针对可能出现的问题设置应急处理方案，等等。大学生应该树立培养自身领导力的意识，这也是个人发展的"第一课"，有意识地去参加领导力相关的活动和课程，对于提高个人素质、发展社交能力、拓宽视野都是大有裨益的。作为学生，要相信自己，给自己积极的暗示，你会发现付出的努力都将在未来的生活里成为自己的助力。"

查普曼大学研究生吴子玉："大学期间，我努力争取专业摄制组的工作机会，因为这样的机会对我的综合能力提升特别大。专业摄制组的人员跨度很大，来自世界各国不同背景、不同行业的人组合在一起，在这里工作，每天都要跟不同的人接触，每天都在磨炼自己的社交技能，可能你上一分钟还在跟同龄人交流，下一分钟就必须跟长你几十岁的人对话，还有大家都认为脾气很差的人，你也必须要跟他对接工作。学会与不同性格、不同国家的人打交道，争取他们对你工作的支持和合作是我每天在片场都要磨炼的能力。不同国籍还带来了不同语言、不同文化的问题，虽然大家都说英语，但有些文化你很难融入进去，人家开的玩笑你不懂，所以在这样一个国际化平台上，必须要有一个开放的心态，不要过于敏感。拍电影的转场率很快，短片三五天就完成，每星期都要换一整班人马，如果没有快速的学习和适应能力，不可能胜任电影行业的工作。所以我觉得参加真正专业的工作机会，是大学生接触社会，提升领导力的重要途径，我的很多电影领域的信仰不仅仅是来自课堂学习，更多来自真实实践过程中优秀的同行和前辈的言传身教。”

组约州立大学州医科大学博士一年级的学生韦雨曾经作为中南大学中国大学生心理健康在线网站的总监，组织同学去湖南汨罗春雷特训学校进行暑期实践，她与我们分享了她的经历：“2014 年暑假，我曾组织我们网站的 5 名同学去湖南汨罗春雷特训学校进行了为期一周的暑期实践。这是一所特殊的学校，学生多数是大众眼中叛逆的“问题少年”，学校实施严格的军事化管理。在这一周中，我作为团队的组织者，一方面要和校方领导沟通交流我们整个团队的教学安排以及课程设计并具体落实；另一方面也要组织队员们每晚一起备课并讨论当天的教学心得。此外我们还组织了一系列心理教育相关的课余活动，比如一起组织全校师生观看电影，写出自己的心里话，组织跳绳比赛以及最后的告别晚会。虽然只有短短的 7 天，但是这次的组织经历却让我学到了很多。首先我认为每个人都能在团队中找到自己正确的位置，这是团队和谐的基础，这需要领导者具有合理分工，善于用人的能力；其次是良好并及时地沟通和反馈是让团队维持和谐的关键。这需要领导者善于倾听各方的建议，及时地调整不合理的安排，动态的组织才能适应随时的变化；最后是队友们的信任和配合，现在回想起来，我仍然觉得这是一段美好又宝贵的经历。如果大家都可以尝试抓住成为领导者的机会，勇敢地组织一次行动，你就会发现，其实我们每个人都是领导者。”

北京师范大学第三附属中学副校长张玉平回顾了他在大学时代参与的实践项目：“大学期间对我影响比较深的是我的硕士生导师，他当时带领我们做一个973项目，该项目需要去很多地方采集信息。导师让我一个人带队去东北、黄土高原、武夷山和四川四个地方采集土样，每个地方大概要采集150份土样，我相当于分别去了中国的东南、西南、西北、东北，不同的地理环境有不同的风土人情。在这个过程中，团队的吃穿住行用、如何采样、安全等事情都是我在负责，这次出行中我协调各种关系和解决突发问题的能力得到了很大的锻炼，这段宝贵的经历对于我后来担任领导岗位时系统全面地思考问题有很大帮助。”

从以上4位受访者的故事，我们看到了参与社会实践项目对于大学生提升领导力的意义。卡伦·皮特曼(Karen Pitman)是一位对大学生培养有着深入研究的专家，他提出，“为”大学生做事是提供服务和支持，“与”大学生一起做事才是提供机会。服务、支持和机会都是大学生需要的，但当把年轻人看作需求方而不是需要发展的资源时，支持和服务就占据了主导地位，而只有加强大学生参与决策的能力和意愿，才能为他们创造担任实践项目内部领导者角色、提供领导力锻炼的机会，下面我们为大家介绍一些大学生领导力的社会实践项目。

（一）大学生模拟政协项目

我们前面介绍了中学生模拟政协项目，而实际上，在中国，大学生也有更高层次的模拟政协项目。九三学社中央理论研究中心副主任方炎亲自参与过这个项目的筹办，他向我们系统地介绍了这个项目的运作过程。

大学生模拟政协项目最初由学生自主发起，现在是由北京外交学院牵头组织，每年都会组织全国大学生的模拟政协提案大赛。九三学社的政协委员们负责对大学生的提案进行辅导。第五届、第六届大赛还增加了一个环节，安排大学生到北京市政协参观，邀请北京市政协吉林主席给大学生做讲座。

2018 年 5 月的第六届 · 中国 · 全国大学生模拟政协提案大赛是在北京市民主党派人民团体大楼举办的，来自复旦大学、南开大学、厦门大学等全国各地 26 所知名高校的 163 名大学生代表参加了比赛。在这次模拟政协提案大赛中，广东外语外贸大学的学生们将关注点放在了医疗领域，他们在大量调研的基础上提出了希望政府尽快建立 3 岁以下婴幼儿托育服务体系的建议。外交学院的学子则将目光聚焦在快递包裹过度包装这一常见的生活现象上，他们经过实地走访调研，提出包括对快递包装进行回收再利用等方面的具体建议。此外，参赛大学生还在医疗、个人信息保护等领域提出了多项提案。

举办了多届大赛后，主办者开始思考，大赛产生的优秀提案如何才能获得全国政协的关注并得到应用，使得模拟大赛的参赛作品变成真正的政协提案。经过九三学社的不懈努力，现在这个项目已经跟全国政协联系起来了。大学生在模拟政协项目的组织过程中，领导力得到了锻炼，大量的组织性、事务性工作都是由学生来承担的，比如各高校通知、报名、联系、赛事组织、提案主题选择、现场演讲等。最初的几届比赛都是在外交学院昌平校区举办地，全国各地有 20 多个队报名，大赛分为 5 至 6 场比赛，每一个队的陈述时间规定在 5 分钟之内，各队要在最短的时间里把提案的精华讲出来，每个队都要通过评委打分，这些都是领导力锻炼的机会，通过大赛，锻炼了大学生的组织协调能力和公共演讲能力。

（二）杉树计划

杉树计划是 2012 年由几位中欧国际工商学院的校友发起的致力于教育公益的公益项目，该计划主要专注于教育助学（资助读不起书的孩子读书）和教育助成（帮助大学生提升职业发展能力和综合素养）。CEDAR 是杉树的英文，意为希望杉树计划的成员具有 CEDAR 的品质：Creative（创新）、Efficient

(高效)、Disciplined(自律)、Ambitious(志远)、esponsible(负责)。为鼓励全国杉树学生公益领袖蜕变与成长,进而带动各地杉树计划成员的成长与发展,上海杉树公益基金会开展了一年一度的为杉树计划各地学生举办公益领袖成长的活动——领导力训练营,旨在通过系统的学习设计,让学生公益领袖因学习而带动成长,以成长引领蜕变,用蜕变服务社会,真正实现自助助人,成人达己。

(三)PresidentX 项目

Presidentx 项目由 HiChina 国际青年发展联盟发起,联盟的创始人是柳茜,我是在公益网校的"公益午餐会"①的访谈中听到柳茜分享该项目的。柳茜硕士毕业于哈佛大学肯尼迪政治学院,Presidentx 是以海外的实地实习、实践及案例大赛为统筹的青年成长项目。出行前,该项目会有一个月的线上培训为大学生们进行 Case Analysis(案例分析)、Public Narative(公共叙事)以及要去往的发展中国家的国情培训,为大家做好知识的准备。2019 年,Presidentx 项目和乌兹别克斯坦合作,主题是变革中的乌兹别克斯坦。在乌兹别克斯坦总统办公室的支持下,该项目把大学生带到发展中国家,鼓励大家用总统的视角去思考国家发展中的关键问题,同时尝试对这些实际问题提出自己的解决方案,该项目鼓励大学生意识到自己对世界发展的使命,承担时代的责任。该项目包含 12 天的乌兹别克斯坦的海外案例大赛和实习实践,分组讨论如何发展乌兹别克斯坦的旅游业,如何帮助乌兹别克斯坦吸引来自中国的游客以及投资,如何帮助乌兹别克斯坦与中国在教育领域达成合作。每个小组从这三个实际案例中,挑选一个做案例分析,该项目会邀请高规格的国家部委参访,使参加项目的学生了解乌兹别克斯坦的国企、民企和中资企业在发展构架中的作用。

---

① 柳茜.首先做对的事情,而不是容易的事情[EB/OL].(2019-04-25)[2022-04-12].https://mp.weixin.qq.com/s/PTuJLk7MV51mGbblfBbHMQ.

项目还设计了一个 shadowx 的项目，邀请乌兹别克斯坦的副部级官员开放自己一天的日程，让青年跟随学习。通过这一天到两天的实习，青年人可以了解领导者是如何做项目决策、如何制定政策的，了解国家治理的复杂性。在行程结束前的两天，该项目会举行案例大赛的初赛。大家对自己的案例提出解决方案，同时项目组织方会邀请当地相关部委的领导当评委，对各案例及其解决方案进行点评，部分建议会被吸纳，转化成政策决议。

以上实现项目都是无性别差异的，下面我们介绍三个针对女大学生的领导力实践项目。在这些项目中，大学生们的社会观察能力、组织能力、表达能力和社会问题解决能力都得到了很好的锻炼和培养。

（四）Women@Dior 计划项目①

该项目于 2017 年创立，迪奥与联合国教科文组织开展合作，选拔出 100 名才华横溢的学生，共同参与该培训项目。这项合作在联合国教科文组织创建的全球教育联盟框架内进行，以应对由 2019 年新型冠状病毒肺炎疫情引起的重大教育危机，截止到目前，已为 25 个国家和地区的数千名年轻女性提供指导和支持。这一国际指导计划的全新项目致力于性别平等和女性领导力，以期建立一个更团结一致、更负责任的世界。该项目的四大基本支柱理念是：自主、包容、创意和可持续发展。该计划具有 5 个核理念：

自我关怀和自我觉醒。学习、解构自己的成长规律。自我启示和培养的独特性，用情谊和文化对女性实施动态赋权。

自我管理。对自己的行为负责。构想和创造重要的、合乎道德的共同目标。

创造性。对文化和传统的热情是迪奥的核心，对未来的问题提出有远见

① Women@Dior：四位卓越领袖领衔“女性领导力与可持续发展教育计划”[EB/OL].(2021-01-15)[2022-04-12]. https://cn.lvmh.com/新闻和档案资料/新闻/ womendior：四位卓越领袖领衔女性领导力与可持续发展/.

卓识的解决方案，对实现经济或社会问题的推动具有重大意义。

包容性：让每个人都有发言权，为他们提供合法的、受人尊重的社会地位。迫切需要将我们的差异转化为不可估量的丰富资源，在个人和文化方面拓宽我们的视野，并展示能够增强创造力、自主性和长期社会责任感的人才。

可持续发展。面对过去倡议的不足，可持续发展对于重新思考和重新创造当今世界、保护自然的多样性和保护生活在其中的人们的多样性至关重要，无论他们的出身或社会环境如何。

Women@Dior 计划实施的 5 个基础：

一个独特的指导计划，在未来有前途的 Dior Talent 的指导下，陪伴年轻女性成为明天的领导者。

一个先进的在线教育计划，通过从世界上负盛名的机构中挑选出的受邀参加的鼓舞人心的讲座以及演讲，使年轻女性能够发现并制定一个最可持续和最负盛名的课程。

一个地方性的具体项目，通过创建支持年轻女孩学习赋权的行动付诸实施：梦想项目。

一个基于联谊会的社区，由当地活动的活动连接并由在线小组支持

在联合国教科文组织举行全球会议，鼓舞演讲者，赋予年轻女性权力并宣扬联谊会的力量。

理论课程学习结束后，学员们可以将这些经验付诸实践，例如在当地创建一个支持年轻女孩解放的项目："梦想改变"(Dream for Change)项目。最具影响力的项目有机会在大型全球数字会议上由学员们进行展示，并得到迪奥品牌和 LVMH 集团的支持。

（五）椭圆办公室计划(From Harvard Square to Oval office)

哈佛广场(Harvard square)是哈佛大学的标志性建筑，而椭圆形办公室(Oval Office)是美国总统的办公室。椭圆形办公室计划由哈佛大学肯尼迪政

府学院妇女与公共政策项目执行主任维多利亚·A·巴德森(Victoria A Budson)担任主席,为女性提供政治运动实践,由哈佛大学妇女和公共政策计划部门发起。该计划每年在学校选拔 25 至 30 名女性,为大家提供竞选、筹资、演讲等方面的课程,帮助女性领导人成长。椭圆形办公室计划旨在通过实践培训,发展大学生的专业人际网络,指导学生如何参加竞选。这个计划提供美国领先的竞选战略家、筹款人和组织者的演讲,并提供美国政治生涯中领军人物"闭门会议"指导课程,让参与的学生获得宝贵的第一手指导的独特机会。参与该计划的学生可以申请暑期实习经费的财务支持,让她们有机会在现实世界的政治环境中获得技能。她们还有机会通过与当选官员、竞选专业人士和哈佛大学肯尼迪学院校友在全年的网络活动中建立联系,推进她们进入政界的进程。

(六)女大学生领袖计划(Young Leaders Program,YLP)

"what would you do, if you are not afraid"(如果你无所畏惧,你会做什么),这是励姚高校项目微信公众号上的一句话。励姚高校项目起源于 2013 年的一本畅销书《向前一步》(*Lean In*),作者是脸书首席运营官谢丽尔·桑德伯格,这本书解密了女性所面临的问题,激励女性更加主动地向前一步。

2013 年 5 月,出于对励媖(Lean in)女性互助理念的认同,北京十余名来自不同行业的女性聚在一起,每月定期探讨女性面临的问题和社会角色,建立了中国第一个励媖组织——励媖北京。在第一次励媖北京的公开活动中,来自中国人民大学、中国传媒大学、清华大学的学生在参加活动之后对励姚理念深感认同,在励媖北京的指导和鼓励下,部分参与者将项目带到高校,在自己的学校也建立了励媖社区。

2014 年,励媖高校推出女大学生导师计划,该计划通过推广导师文化,邀请各行业职业人士与会员近距离互动,交流心得经验,为人生选择助力,助力大学生的职业发展。

2018年，该项目推出女大学生领袖计划（Young Leaders Program，YLP）[①]。该项目为期一年，每年从全国筛选100名最具社会责任感的优秀女大学生，通过领袖论坛、线上工作坊培训、社区建设与领导力实践等活动，将她们培养成为卓越的年轻女性领袖，并通过这些女性领袖建立优秀的女性圈子，进而发展成社区以帮助和影响更多女性。

（七）芳华少数民族女大学生辅导员工作室

芳华少数民族女大学生辅导员工作室是由中央民族大学原朝鲜语言文学系的彭亚华老师发起的项目，于2017年成立，是首批由学校出资建设的一个辅导员工作室。该工作室是由资历较深的辅导员组成的教师支持者团队，旨在辅导女大学生们成长。其理念是联合社会资源和顾问团队，实施五大核心课程，举办讲座和提供实习，帮助在校女大学生特别是少数民族女大学生成长为独立、自主、自强、自信、自尊的现代女性。

发起建立这个工作室的初衷源于彭亚华本人在2016年参加蒲公英计划培训中受到的启发，她介绍说："女性意识觉醒对我而言不仅是专业教育，更是一种鼓励，让我看到也许在这方面我能够为我们学校的少数民族女大学生做点事，所以当我接到学校通知，有组织要在学校建立首批辅导员工作室时，我就大胆提交了申请，参加了答辩，当时我还处于怀孕阶段。从2017年到现在两年多，不仅学生们成长了，我的收获也很多，跟我一起的辅导员也是干劲儿十足。我们先后开展了以社会性别意识、性别平等、恋爱心理健康、演讲与口才、职业核心素养、职场服饰搭配、美妆等为主题的40余场活动。我们两周组织一次活动，大家的报名情况很积极。这些活动的顺利开展，也得益于我当时在第五期蒲公英计划中认识的优秀女性，她们给了我很大的帮助。来自全国妇联的马焱、郭晔是我的蒲公英同期班同学，我邀约她们时，她们都非常乐意

---

① 2018女大学生领袖计划[EB/OL].(2018-05-10)[2022-04-13].http://www.leaninchina.com.cn.

来和我们的少数民族女大学生交流，交流效果也非常好。”

可以看到，注入女性视角的大学生领导力实践项目，更加关注性别意识，项目也是更加针对女大学生的培养，在性别还存在不平等的现实社会环境下，这样的项目非常有意义。

四、大学生领导力培养的性别差异

对于大学生的领导力培养是否存在性别差异，我们来看看几位受访者的回答。北京师范大学叶知绿：“由于现在社会上客观存在的性别刻板印象，女性要成为领导者可能需要更多的努力，需要更让人信服。而女性敏感细腻，包容、有耐心的特质也让女性领导更具有兼收并蓄、善于聆听的胸怀。”

北京师范大学研究生董航：“无论外界怎么看我们，作为女生我们首先要认识到，自己的潜力和男生无异，女性要从原生家庭和社会对女生的束缚中挣脱出来，在遇到困难的时候要第一时间想着如何自己解决，自己能做什么而不是逃避，甚至盼望男生来处理。”

北京大学医学院口腔医学专业博士生董丽莹：“我认为女大学生的领导力成长需要比男生付出更多努力，很多人都会认为男生更加理智、有领导能力，会在选择班干部时更倾向于男生，女生需要更多地展现自己才能获得机会去担任学生干部。这种刻板印象在一定程度上制约了女生的发展。医学领域特别是外科，会在更倾向于男生，因为男生一般被认为更加有力气，在体力上有优势，遇到事情也会更沉着冷静，但其实也有很多女医生同样可以把手术做得非常完美，成为业界的标杆。”

为了更好地从不同视角解读女大学生领导力和男生的差异，我们增加了对男大学生的访谈，我们来看看其中两位受访者的观点。

北京吉利学院大学生黄浩东：“我认为女大学生领导力成长与男生最大的区别在于思维模式不同。在有意见分歧的情况下，男生和女生想要达到的目的或者心中想要的结果是有偏差的。男生会不断游说对方接受自己的意见，如果对方没有接受，他会有挫折感。但女生面对分歧，更多的是考虑群体和潜在的关系，以及尽可能满足各成员的需要，她想要的是寻求一种大家能同心协力去实现的方式。大体上，女生更关注群体、人际关系，而男生更关注目标、策略。由于双方的思维模式的不同，这也导致了两者领导力的成长方向也不同。”

查普曼大学研究生吴子玉：“我们这个行业女生很少，扛相机、扛灯架这些活，很需要体力，据我观察到的片场而言，除演员外，很多现场需要的技术活儿和苦活儿，男生会很自然地主动去帮忙，女生的主动性和兴趣就会弱一些，给导演或者制片人留下的印象也少一些，当然机会就少了。这也许不完全跟性别相关，可能跟家庭教育也有关系，比如我会主动争取机会的心态来自我父母从小对我的教育，而不是一个男生的角度。就我的观察而言，女生两极分化会更重一些，有些女生很厉害，比如我读本科的波士顿大学，学生会干部大部分都是女生，她们的组织能力和领导力都很强。但也有女生天天就待在家里，遇事就找家人解决或寻求安慰。我认为女生要消除自己对性别的成见，女性自己要意识到，你不比别人弱，别把自己当一个需要保护的弱者，只有当你自己能正视自己，别人才会重视你，如果你自己就觉得比别人弱时，你浑身上下散发出的都是这样一种弱势的信号。”

从3位女性受访者的角度，我们能看到，她们感受到了性别的差异，为了达到自己期待的目标，需要比男性付出更多。而从2位男性大学生受访者的角度来看，领导力本身并无差异，差异一方面来自女性的思维模式和特点，另一方面也来自女生的自我束缚。如何突破女生自我思维的局限？让我们看看下面两位专家和老师对女大学生提升领导力的建议。

芬兰教育和文化部常任秘书长安妮塔·莱希科宁：“尽管我们的社会已经非常平等，但大学某些专业的性别差异还是很大，比如工程专业学生只有

20%是女性，性别差异在数学、化学等专业也很明显。另外，大学里还存在一定的性别行为差异，比如，我们在使用谷歌眼镜时，男孩会积极尝试，女孩们则安静地坐着，如果教授不邀请，她们不会主动去体验，如果教授不及时发问，女孩们也将一直安静地待在自己的舒适区。”

芬兰反家暴组织项目负责人艾琳娜·尼库莱伦：“要培养女性领导力，就要让女大学生接受领导力训练，最重要的是要鼓励女孩们敢于冒险，这一点女生明显弱于男生。让女生认识到经历失败是领导人成长的必经之路，让女性通过失败总结经验，学会在失败中得到成长，鼓励大家经历挫折后的复原能力，这应该是领导力教育的重要组成。惧怕失败会限制人的思维、创造力和想象力，让你只能看到同样的事情。领导者不可能通晓万物，也需要别人的帮助，而如果你认为失败是可耻的，在需要帮助时就不会主动求教，更不会与人合作。我们应该让学生从不同的任务分工中体会到乐趣，教育大学生主动承担责任，做一个事情的促成者，从而培养他们的远见卓识。”

中央民大朝鲜语言文学系彭亚华老师：“在开办芳华工作室时，有学生跟我交流时提到，她们以前从来没有意识到社会对女性存在的性别歧视或性别偏见，也从来没有认识到这是一个社会问题，芳华工作室的活动让她们很受启发，让她们学会更加勇敢主动，去为自己争取机会，比如我们学校的学生处给我提供了一个很好的信息——欧莱雅的女大学生项目。我鼓励参加芳华工作室项目的同学主动去跟欧莱雅联系和争取参加这个项目，我鼓励她们说，无论成功与否，争取的过程就会有收获。最后学生们真的争取下来了，可以想象这样的成功对于她们未来树立自信心的鼓舞和力量，这件事也让我受到了鼓舞。我们这两年坚持做活动，也结识了更多的盟友，让女性的力量更加强大。”

女大学生领导力培养的三个重点

一是自信心鼓舞,研究表明,女性在20—30岁时自信心弱于男性,这个阶段女性需要通过被鼓舞强化自信心;二是勇敢接受失败,女性因为不喜欢失败而回避风险,但这就会阻碍创新并错失在挫折中学习的机会;三是为自己发展两种领导力人际资源:为你提出领导力建议的导师和为你提供领导力锻炼机会的赞助者。

五、影响大学生领导力发展的因素

北京师范大学叶知绿:"父母和老师的某些信念会阻碍领导力的发展。在需要自己做出选择的时候,父母过于细致的指导可能不利于子女决断力的培养。而老师在选择班委时有时会一直让某几位学生担任,不能为更多学生提供锻炼机会。"

北京吉利学院黄浩东:"对我影响最大的人是我母亲,我母亲一直致力于让我拥有正确的三观,教我如何与人相处,遇到事情如何选择正确的思考方向。当我犯错误或者与他人产生矛盾时,她不会因为我是她的儿子而无条件袒护我,而是对事不对人,利用每次机会教育我。我曾经也想不通为什么她有时不会向着我,但是长大后我才明白她的良苦用心,品德、个性、远见和执行力是领导力发展的基石。"

北京师范大学研究生董航目前在实验室担任管理的角色,她说:"我认为在成长过程中,老师和家长的鼓励都对我的领导力发展有帮助。在家里,父母没有因为我是女孩而过度保护,很早就让我独立做选择、独立处理遇到的麻烦,比如全家旅行时,订房间、订车票等大小事情全权交给我,让我放手去做,让我自己从"碰钉子"中成长,所以在面对很多生活、工作的难题和比较紧急的事务时,我也能快速灵活地决策和应对。而在学校,我从初中开始就一直担任班长,从刚开始完成老师交给的任务被同学们孤立，到不仅高效完成任务还能跟同学们打成一片。目前我和师兄师姐在研究领导成员互换，在一个组织中可能没有一个正式领导，大家轮换来做领导者，这种做法让我们无论是团队绩效还是成员个人绩效都有提升，这有点像小时候玩‘丢手绢’，每个人都有可能做领导，在互相鼓励中开展工作，对于彼此调换思考角度非常有帮助，有助于建立扁平化、欢快的工作氛围。所以，领导的经验是需要积累的，有了成功领导的经历会大大鼓舞我们的领导意愿。另外，榜样也会让女性脱离自我束缚的困境，多看一些优秀独立的女性，多听一些她们成功的奋斗经历，对自己也是一种鼓舞。”

查普曼大学研究生吴子玉："首先，开明的老师会为学生创造机会，鼓励学生创新开拓；其次是家庭教育，我父母给予我的教育很职业化，比如，自己希望得到的东西必须尽全力去努力争取，不能等待机会从天而降。另外，在我小时候打架闯祸时，我父母处理问题的态度是帮理不帮人，从不违背事实袒护我，这些经历对树立我的价值观影响很大，对我现在与他人合作或者带领小组工作也产生了潜移默化的影响。”

北京大学医学部口腔医学专业博士生董丽莹："女性拥有发展领导力的意识很重要，很多时候我们都在不断培养自己的能力，希望拥有更多能力去解决问题，但是一个任务的完成需要团队合作。可能一个人也可以完成，但效率和质量可能会比团队按照优势分工合作完成低，团队合作需要主动寻找锻炼领导力的机会。学校会给学生提供很多发展领导力的机会，班级有班干部，还有学生会、社团等，只要个人愿意，锻炼领导力的机会是很多的，把握住机会锻炼自己，是培养领导力的重要基础。但也有些家长认为学生的第一要务是学习，会阻止孩子参加社会实践活动，这对发展领导力是非常不利的，也是制约个人成长的因素。”

从以上访谈中，我们看到对于大学生领导力发展的影响因素中，比较多提到了父母的影响和老师的影响，虽然访谈中未被提及，其实领导力发展还受到同龄人的影响。

(一)来自父母关系的影响

进入大学学习,在物理空间上拉开了大学生与父母的距离,父母对孩子的影响开始减弱。在中学阶段,父母是孩子最重要的影响人之一,孩子的学习和成长都受到家长高度的关注和介入,在中学阶段处于叛逆期的青少年会为了自己的自主发展机会经常与父母争执,但在大学期间,父母对于孩子离开后的思恋,让他们能够更加平等地看待和尊重大学生的情感、思想和行为,大学生与父母的关系从单向的依赖和管控开始逐步变为双向的情感需要。有研究表明,大部分青少年离开家去上大学后,都能与父母保持比中学更为积极的关系。

据不完全统计,大学阶段学生与父母的关系存在着性别差异,多数的女生在离开家后和父母保持着紧密联系,特别是现在互联网技术比较发达,多数女生每周都与父母交流,有的女生甚至每天都与父母交流,无论是学习问题还是情感问题,而父母也非常享受这种亲密关系的继续。但男生在进入大学以后,与父母交流的频率不会那么高,通常当父母找他们时,他们才能有所回应。

这个阶段,父母和大学生会进入一种新的关系——父母成为孩子的智囊和人生导师。由于时间和选择的自由,各种社团活动和社会实践活动都会对大学生产生诱惑,无论是为了锻炼能力,了解社会,还是为了减轻父母对自己学费支出的压力,培养自己的经济独立性,参加各种活动都会帮助大学生发展不同的能力。这时父母的意见会成为学生做选择、做决策的参考。但是我们也看到,如果父母认为参加社会实践活动会耽误学习,而学生应以学为本,这样的思维会阻碍大学生提升领导力的意愿。

(二)来自师生关系的影响

大学不再有固定的班级,只设有专业课老师和辅导老师,国外大学将辅导老师称为学生发展顾问,中国则将辅导老师称为辅导员。大学还设有学生发展中心、职业咨询中心、心理辅导中心等为大学生开设的陪伴成长机构。但是无论是学习还是生活，老师都不会过分主动干预。在大学期间取得较好成就的大学生们往往把他们的成功归因于某位充满爱心的老师、辅导员或者导师的影响。

全国妇联副主席谭琳在接受访谈时回顾说："我毕业于西安交大，西安交大的性别氛围很平等，不限制女生发展。我们当时大学本科毕业的论文是做实体研究，黄老师对我影响很大，黄老师不仅专业好，表达也很好，我特别想成为黄老师那样的人，这就是榜样的力量。另外，我考博士时选择了跨专业，当时不太自信，试着给报考的老师写了一封信，我永远记得我的博士生导师当时的回信对我信心的鼓舞。所以现在，不管是基层妇女给我写信，还是想考我博士的学生给我写信，我都尽可能亲自回复。如果因为工作繁忙，做不到一一回复，我也一定会看每一封信。"

老师在课堂上指导学生，下课后与学生一起工作，这是教师的本职工作。当教师与学生交流其他话题，比如，对父母关系和个人价值观提供建议时，他已经不再单纯是教师的角色，而是成了一名人生导师。成为导师意味着与学生不仅是在校期间才持续的关系。积极健康的师生关系会弥补大学生远离家庭的情感空洞。导师要为大学生提供学习知识的安全港湾，同时要为他们提供在大学里获得成功的重要信息和方法。亲密而正向的师生关系培养出的大学生，在社会情感和人生认知方面的发展都相对较好，老师的期望和认可，对大学生挑战困难的勇气和自信的塑造有着重要的影响，这些都是大学生领导力的组成要素。

（三）来自同学关系的影响

在父母、老师和同学这三种人际关系中，大学生更愿意花时间跟同学在一起，更加关注同学对自己的期望和看法。在同学关系中，社交能力是一个很重要的衡量指标，受欢迎程度高的大学生会被描述为"友好的""有帮助的""有学问的""正能量的"，而不受欢迎的大学生群体则被认为是"傲慢的""自大的"

“攻击性的”“和负能量的”，友谊和诚信是大学同学关系中的重要影响因素。

恋爱关系是在大学时光是最重要的关系，也大学生社会性发展的主要特征，对于他们的人生是一种全新的关系体验。无论大学生的性取向或文化背景如何，与恋人的交往都是其未来亲密关系的重要学习情境。大学生对他们在恋人或者朋友心目中的地位变得非常敏感。

正向、友好、认可的同学关系，有助于建立大学生的人际自信和协作共事的能力，令他们更容易与人坦诚沟通进而赢得尊重，也更有自信施展才华，锻炼领导力；而猜忌、紧张、对立的同学关系则会让大学生焦虑、压抑和自我否定、自我封闭，不愿意参加集体活动。

六、对大学生领导力培养的探索

张艳秋在《世界女子大学》[①]一书中，列举了世界各国的女子大学的发展模式、办学理念与培养女性领导力的优秀做法。随着女性社会地位的改变，更多男女合校的综合性大学成为主流，但是女子学院专注于女性成长和女性领导力发展的办学宗旨对于女大学生的领导力培育还是很有参考价值，我们以加拿大布雷舍尔学院的女性领导力培养为例进行介绍。

布雷舍尔学院附属于加拿大西安大略大学，它的办学宗旨是以学生为中心，致力于培养富于激情与创造力的杰出女性，引领瞬息万变的世界。学校从治校理念、发展战略、专业设置、活动安排和奖励制度等诸方面，鼓励女性自身发展，培养女性领导能力，可谓多层次、多角度灵活安排。下文将对布雷舍尔学院在女性领导力培养方面的做法进行介绍。

《勇气志》。学校每年发行两期《勇气志》(Bold)，专门刊登杰出校友的故事，为在校学生树立榜样，以激发他们的潜能。“榜样的力量”体现了学校为提

① 张艳秋.世界女子大学［M].北京:中国传媒大学出版社,2014.

升女性领导力所做的努力，而知名校友恰恰是布雷舍尔学院提升女性领导力所取得的丰硕成果的直接体现。每一个从这里走出的大学生都在恪守、践行和传承着“布雷舍尔勇气”(Brescia Bold)。如 2009 年 90 周年校庆时，学校评选出了 12 位杰出校友。其中，翟美·海姆斯沃思发明了专门针对艾滋病患者的益生酸奶，获得了加拿大营养协会颁发的摩根奖；玛格丽特·维克威尔担任世界著名金融机构的管理者；马莲·麦雷士博士任美国国家航空航天局下属的航空委员会物医学研究中心教育与公众项目的负责人。

领导力演讲大赛。每年三月，一场名为“领导之星”的演讲比赛都会如期在布雷舍尔学院举行，参赛选手均为高中女生，她们可以选择任何关于女性领导力的话题进行演讲，比如历史上的知名女性领导人、生活中给你启发的女性故事等。选手的演讲时间限定为五分钟，须经过初赛和复赛两轮角逐。初赛时，选手将被随机分组进行小组比赛，每组演讲分数较高者进入复赛；复赛中，选手将接受“明星评委”的评判和拷问，最终决出前三名。其中，第一名将获得布雷舍尔学院年度全额奖学金。

领导力奖学金。布雷舍尔学院的奖学金评选体系十分重视学生的社区志愿活动，鼓励学生在校内外的社会实践中充分发挥自己的领导才能。为此，学院专门开设了社区领导奖学金、艾兰纳志愿者奖学金等，融入了对“领导力”的考察，以此来激发和提升学生在实践中培养起来的领导能力。

学生领导力大会。一年一度的“弗莱尔学生领导力大会”(FLAIR Student Leadership Conference)也成了大家互相学习、互相交流的场所。会议从筹备到召开，大部分工作都由学生志愿者完成，学院给予学生最大的空间来锻炼他们的组织及领导能力。

领导力培训证书课程。学院还为学生提供了领导力培训证书课程，课程由低到高分为四个级别，共需四个学期完成。这个项目将使学生全面掌握与领导力相关的理论、经验和技能，结业考评合格者将获得证书。

通过对大学阶段大学生个人成长特点和大学生领导力项目开展的效果，我们可以看出，大学生的领导力发展，既不是学生自己的事，也不是学校教育的事，而是大学生、家庭关系、师生关系、大学理念和实践模式的整合和协调推进的结果。对大学阶段的领导力培养，我们提出如下的建议：

(1)将大学生看作解决当今学校和社会所面临问题的人才资源，而不仅仅是把大学生看成是被服务和培养对象，让他们参与社会问题的解决过程；

(2)除了支教、支边等比较大型的公益活动外，学校也要为学生提供包括学校内部问题改善、学校所在社区了解、考察和参与建设的机会，让大学生的社会实践活动更扎根于自己生活和学习的环境，服务于身边的人和事，让他们能看到、感受到他们的努力带来的积极变化，甚至毕业以后愿意留下来继续为学校服务；

(3)制定基于学校层面的对学校建设、社区建设和整个社会建设做出贡献的大学生奖励政策，提升大家参与社会活动的积极性；

(4)开发适合大学生学习的领导力课程计划，从选修课到必修课逐步推进，提倡每个人都需要学习领导力的意识，最终将领导力的培养纳入大学生的通识教育；

(5)组织校内外专家，成立大学生领导力开发专家队伍，对大学生领导力提升的课程进行研究、开发和实践，对大学生领导力的成长进行观察、跟踪，并邀请进入职场后发展比较成功的学姐学长们担任大学生领导力的辅导导师；

(6)对于社会举办的推动大学生领导力成长的各种项目，我们应从国家层面、大学层面和企业层面给予积极的资源支持和资金扶持，让社会的各方面共同参与，共同推动对大学生领导力的培养。

(7)在学校开设性别平等课程，强化性别平等意识，组织针对女大学生的领导力发展计划和社会实践活动。

延伸思考

1.本节中对大学生的领导力访谈,哪些让你惊讶?

2.你在大学期间参加过哪些领导力培养的项目?你认为目前国内大学生领导力培养有哪些欠缺?

3.回顾你的成长,父母的哪些做法让你的领导力得到了发展?

4.你会对大学培养大学生领导力提出哪些建议?

5.你觉得大学生提升领导力,重点要培养哪些能力?

本章关键知识点小结

1.不是每个人都需要或者能被培养成为领导者,领导力教育的使命在于激发人的领导力潜质,点燃领导渴望。

2.儿童阶段的领导力培养包含品行、知识储备、自我管理和影响他人四个部分,培养的窗口期是10—13岁,家庭对孩子领导力的塑造起着重要作用,家长对孩子领导潜质的观察和成为孩子领导力成长的教练对于儿童领导力开发至关重要。

3.青少年阶段的生理特点是青春期,家庭、学校和社会活动综合影响着青少年的成长,让青少年能够做到认知自主、情感自主和行为自主,能提升青年人内化的自信心和外化的社交能力,青少年领导力培养的重点在于营造有利于青少年自主发展的家庭氛围和学校环境,让青少年拥有自主决策和自主发展的机会。

4.大学阶段,独立生活和人际关系将是大学生面临的主要挑战,家庭和老师对大学生的影响与青少年阶段相比开始减弱,同伴影响增加。担任学生干部和辅选领导力课程是都是学生领导力成长的方式,这个阶段也是学生走向社会和职场的准备阶段,在这个时期,大学生应当积极参加社会实践活动,在实践中获得认知社会、直面问题、解决问题和领导力成长的真实机会。

第五章　“新时代”的女性领导者成长

开篇故事

新媒体时代，人人都有说话的权利，如何让别人听见你的声音是值得女性思考的问题。首先，女性需要了解自媒体或社交媒体如何发声才能更多影响他人，让他们接受你的观点，有兴趣听你讲话。女性需要学习新媒体区别于传统媒体之处，学会如何吸引关注，展开陈述观点之前要先让别人感兴趣，学习新媒体特有的交流方式和技巧，用新媒体表达观点的能力就是个人IP的打造力。

——央视记者董彬

疫情状态下，女性处于紧张状态，怕孩子停课，怕家人生病，怕经理打电话，也怕社区封控。但面对危机，只能直面，我自己在疫情阶段一是收获了一批自主择业人员，让业务有了基本保障；二是把之前的积累转化成成果；三是因疫情创新了很多线上机会，比如线上授课、线上开庭、线上评审，不仅节省了时间，还开拓了一些新业务。疫情期间，我也看到一些家庭的分分合合，这也让我对人生的感悟变得更通透豁达。

——北京市炜衡律师事务所律师王敏

开篇思考

1.互联网技术为女性带来了哪些机会和挑战？

2.新媒体时代女性的人生将如何改变？

3.疫情时光下呼唤怎样的女性领导力？

本章之所以用“新时代”，是因为未找到一个最为贴切的词来表达“互联网＋新媒体＋疫情”时代，但是新时代含义又太广泛，所以用“新时代”区别于泛指的新时代。

互联网技术经历了 PC 时代和移动互联网时代，如今，进入人工智能时代，云存储、区块链、元宇宙，从概念到真正走入人们的工作和生活，比我们想象的时间短。互联网让人们的生活更加便利、获取信息更加多元化，学习更加便捷。与此同时，搭载互联网技术的新媒体让人人都拥有话语权，自媒体时代，每个人都可以成为话题中心和热搜头条新闻中的人物。而全球性新冠肺炎疫情大灾难，由于互联网技术让世界没有完全停摆，居家办公、线上会议、线上课程、线上购物等措施保证了及时的信息传递，同时疫情又加速了数字化，也加速了下一代年轻人进入数字化、信息化时代的步伐。

本章我们将从“互联网”“新媒体”“疫情”这三大关键词出发，结合 34 名受访者的观点及相关研究，共同探讨这样的时代下，女性领导力发展的新视野。

第一节 互联网时代的女性领导力

有人说，互联网时代是女性最好的时代，互联网让女性可以同时兼顾工作和家庭，让女性有更多选择和空间，涌现出了很多年轻女性的励志故事。也有人说互联网时代是最坏的时代，网上发布信息容易，造谣成本低廉，隐私保护困难，网络暴力无处不在。

为了了解互联网技术对女性领导力发展的影响，我们对受访者提出了以下问题：

互联网技术的发展给女性发展带来了哪些新机遇和新挑战？

女性在互联网时代应该如何成长和发展？

我们来看看来自不同行业不同领域的中芬两国的女性对这些问题的回答。

一、互联网技术为女性带来的新机遇

互联网技术和社会化媒体对女性的影响是交互融合的,互联网技术是社会化媒体发展的技术平台,而社会化媒体的细分发展是互联网技术应用的延伸。在本节中,我们只探讨互联网技术带给女性的机会与挑战,对于新媒体环境下的女性发展,我们将在第二节中介绍。

(一)提供了更多职业机会选择

坦佩雷大学的媒体教育教授舍里库·科特莱伦:“在芬兰,有些女性并没有上过大学或者受过正规的学术教育,但是她们掌握一些手工技术,她们可能生活在农村,也可能是家庭主妇,在互联网技术的帮助下,她们成功地建立了自己的网上公司,并在网店上销售自己的产品。这对女性生产力是极大的解放,为女性创造了很多过去不可能实现的可能性。”

喜嘉国际物流公司董事长商轶侠:“互联网时代,大家获取知识的方式更加便捷,资源多,沟通灵活,会有很多新的行业产生,像代购微商,包括很多直播平台,这些新待业的主力军都是女性,可见互联网时代创造了更多适合女性的就业机会。”

北京世纪阳光幼儿园园长董燕:“我女儿即将大学毕业,她学中文专业,但她未来准备做一个美妆博主。我觉得现代年轻女性更独立,有很多美妆博主都很能干,她们自己化妆、拍照、P 图,在自己的公众号分享对各种化妆品的感受和评价,很有影响力,这是一个完全不同于我们那个时代的新的工作领域。”

东方华盖投资总经理许莉:“互联网时代资源分配越来越依靠人的才华、共情和认知,而不是体力和权力。互联网技术的发展和社会媒体的兴起让性别环境更平等了。而且在消费时代,女性是有主导性作用的,这也使得女性经济的崛起成为必然,大家在探讨女性崛起,甚至在讨论是不是会有一次新的母性社会回归,因为现在男性能做的事女性都能做,但女性能做的事,有些是男性无可替代的。”

互联网技术为女性带来多种职业选择的同时,也推动了女性创业。阿里巴巴发布的《女性创业社会责任大数据》显示①,在阿里巴巴平台上,女性创业者占比为 49.25%,并且还打破了创业的年龄屏障,55 岁以上女性店主达到 138.39 万。女性创业带动女性在脱贫、公益、文化传承等领域承担起了更多社会责任。

(二)降低了学习成本和门槛,让学习更便捷

互联网技术让学习变得随时随地,让女性的碎片化时间得到有效利用,女性不仅可以在干家务、上班路途中或锻炼的同时听书或者听音频课程,还能通过互联网与世界各地的人进行学术交流,有效扩展了女性的认知边界。

来自芬兰的坦佩雷大学原校长克里斯塔·薇兰托拉:“土耳其的古桑·沙格拉梅(GuIsunSagIamer)女士创办了欧洲女性校长(EWORA)组织。她曾在土耳其组织召开讨论女性突破玻璃天花板与女性领导力的关系的系列会议,通过互联网技术,我们能很快了解会议研讨的内容,可见互联网技术对教育发展有很大帮助,它为人们创造了接触世界各地的人的机会,让人们的思维变得更加国际化。”

中国农业银行工会工作部主任康丽雅:“作为女性,我们可以在社会大网络中发挥自己的特长和优势,下载各种 App,每天用碎片时间去学习一些课程,自己的兴趣可以重新被激发。原来我只关心与我工作有关的业务领域的相关信息,而现在,借助互联网技术,我有更多可能性拓展自己的认知边界,互联网技术为女性成长提供了极大的便利。”

---

① 汪子旭.数字经济带动女性创业潮[EB/OL].(2019-03-8)[2022-04-14].http://capital.people.com.cn/n1/2019/0308/c405954-30964044.html.

除了学习，互联网技术还催生了很多鼓励女性发展的公益项目，比如“程序媛计划”就是互联网上发起的致力于7岁以上女孩编程学习的公益网站，目的是鼓励更多女性进入科技行业，网站本身虽然不限制用户性别，但用户群体中女性比例明显比男性高。同时，程序媛计划还发起了针对儿童，特别是女童的儿童性教育项目，就保护女童防性侵开展了公益活动，让家长知道如何更好更及时地对儿童进行性教育。网站的用户不仅可以在课程中学习，还可以充分发挥协同作用，在与其他人沟通交流的过程中得到成长。

根据阿里研究院和中国就业形态研究中心课题组与2022年3月7日联合发布的《数字经济与中国妇女就业创业研究报告》①，数字经济的发展增加了妇女的就业机会，扩大了妇女的就业领域，促进了妇女的创业比重，提高了妇女工作—生活平衡度，增加了妇女的社会资本。

二、互联网技术为女性带来的新挑战

任何事物都有两面性，互联网技术在给人们带来便利的同时，也会相应地带来挑战和困难。人们在享受互联网技术和数字经济带来的便利和机会的同时，也不得不面对其带来的挑战。

（一）互联网思维的建立

互联网思维是基于移动互联网、大数据、云计算等科技不断发展的前提下对市场、用户、产品、生态及整个社会保持开发和融合的创新思维模式。互联网思维并不局限在互联网产品和互联网行业，而是一种开阔的全行业全领域链接的开放思维模式，这对于思维守旧或者单一的女性会存在一定挑战，但对于开放创新的女性则带来更多生机。

芬兰坦佩雷市基础教育主管丽娜·威塔沙瑞：“芬兰教育体系中，有部分

① 阿里研究院.数字经济与中国妇女就业创业研究报告[EB/OL].(2022-03-07)[2022-04-145.https://mp.weixin.qq.com/s/y-EpAy-J-5JHD1s6mchGvg.

女性非常排斥新技术新知识，不愿意接受新设备和学习新技术。还习惯于用旧的方式去开展教学活动，所以如何帮助她们转变传统思维模式，让其适应教育模式随着互联网技术和数字时代经济发生的改变成了女性面临的新挑战。改变已经定型的教育模式是芬兰教育体系未来10年需要专注的目标。”

卡地亚中国公关总监张小宇在访谈中说道：“在珠宝等奢侈品行业，社会的快速变化让目标人群发生了改变，我们过去的品牌重点目标更多是有财力的中年女性，但是现在消费年轻化，这需要经营者必须要有思维模式上的突破，要紧随数字经济时代的变化，快速制定相关策略，深度挖掘新时代年轻用户的需求，只有这样，才能保证未来在市场上的地位。”

虽然有人曾经基于女性的感性、情感化等特点提出互联网思维就是女性思维的观点，但实际上互联网思维更强调开放性、创新和主动尝试，相较于男性而言，女性回避风险和不愿意失败的意识对于抓住互联网技术创造的机会是阻碍因素。

（二）快速学习能力的提升

九三学社中央副主席印红：“科技领域的男性领导者比女性领导者多，这可能意味着女性要比男性付出更多的努力才能证明自己在技术方面的能力。同时科技领域女性从业者的比例也不乐观，所以新技术的学习能力、新思维的形成、新机会的争取等情况仍然严峻。”

北师大出版集团党委副书记江燕：“互联网技术给出版行业带来的挑战是，人们看书的选择更多，书的更新也更快，如果按照传统的流程，出版一本书需要半年到一年，但是互联网时代，一年时间社会发生翻天覆地的改变，等到一本书出版后，很多内容就过时了，快速领会和抓取读者的需求，快速学习电子书等新型出版模式，变得尤为重要。”

北京师范大学第三附属中学副校长张玉平：“随着技术推进的加速，岗位的迭代周期在逐渐缩短，女性会因为生育或其他因素暂离工作岗位较长时间，回到岗位后如果不能快速学习，跟上技术更新的速度，可能就不能匹配岗位需要的新能力了，也就失去了回到职场的机会，这是女性面临的新挑战。”

技术不断更新，新领域每天在产生新需求，各种产品迭代加速，女性需要保持快速学习能力，才能理解和跟上社会的发展，才能用“网言网语”与新生代交流，也才能快速洞察新技术创造的新领域为女性带来的新机会。

（三）个人生活和工作界限模糊的应对

互联网技术在创造工作灵活性和便捷性的同时，也模糊了工作与家庭的边界。虽然灵活性的新就业形态使得女性在工作的同时提供家庭照料服务成为可能，但这种兼顾家庭需求与职业发展需求的解决策略延长了女性的工作时间，给女性带来新的身心压力，导致女性在工作与生活重叠之间产生矛盾，加重了女性的负担。

德勤公司2021年《职场女性全球展望》报告显示，新冠疫情发生以来，因为担心职业发展受到不良影响，女性需要保持“随时在线”的状态（如图5-1），46％的女性表示难以享有不受工作打扰的个人时间，如果不保持“随时在线”的状态，职业发展或受不良影响。43％的女性担心被排除在重要会议或项目

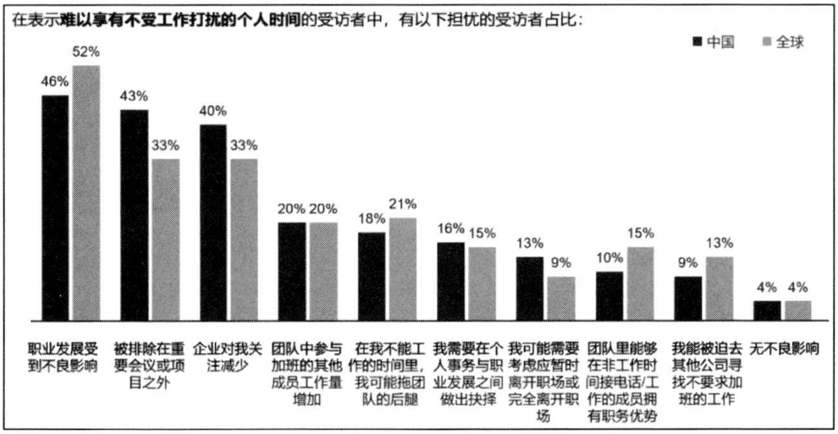

图5-1　难以享受不被打扰的个人时间

之外,而全球平均水平仅为33%。此外,40%的女性担心企业对其关注减少,而全球平均水平为33%。

互联网时代的女性领导者准备

女性领导者在享受互联网技术带来的红利和机会的同时,也要有应对新挑战的准备,需要建立新思维、培养新能力,还需要调整身心状态,发挥优势,提升敏捷性、果断性,关注科技前沿发展态势,只有这样,才能在未来的职业领域和生态中建立话语权和影响力。

三、互联网时代女性领导者如何成长

作为领导者的女性,在互联网时代,需要改变哪些新认知?培养什么新能力?我们在此提出三条建议:

(一)发挥高感知力优势

互联网时代,提升用户的体验感成为企业的核心竞争力,这需要对服务对象的需求变化拥有高感知力和洞察力,情感敏锐和人文情怀的高感知力,让女性无论在与用户沟通,还是带领团队时,都能赋予硬邦邦的管理模式和业务沟通一些"温度"。女性领导者要立足优势,发挥长处,才能更成功。

作为领导者,女性要时刻重视对自己敏捷性的培养。

互联网时代呼唤敏捷人才,拉尔夫·克内格曼斯(RalfKnegtmans)在《敏捷人才:选拔未来顶尖人才的9个步骤》[①]中对敏捷人才的定义是能够快速有效地适应不断变化的背景或环境的人才,成为敏捷人才要能够从自己的经历中总结规律,要具备强烈的学习新知识、新技能的渴望和快速学习的能力。这

① 克内格曼斯.敏捷人才:选拔未来顶尖人才的9个步骤[M].尹湛棠,译.上海:上海交通大学出版社,2021.

对于女性是很不容易转型的思维和行为习惯,因为女性渴望被认可,做事精耕细作,并尽可能回避风险。但是在互联网时代,需要勇于尝试新方法,就会冒一定的风险,女性培养敏捷的意识才能引领团队开创更多机会。

(二)提升科技素养,避免在未来领域自我边缘化

由微软公司和领导力咨询公司DDI携手多家企业联合发起的“数字未来·女性赋能”行动(Women·Digital·Future,简称WDF),就是聚焦提升女性的数字技能,多维度为女性发展赋能,并促进职场多样性和包容性,助其释放创新活力,全面拥抱数字未来。

2020年4月,蒲公英女性领导力研究院通过740份有效问卷和对15位来自不同行业的高层主管深度访谈,发布了《女性领导力与科技素养》调研报告①,调研以科技认知、科技态度和科技应用作为科技素养的三个基本维度展开。在访谈中,体现科技素养的关键词按出现频率由高到低为:科技思维、应用能力、基础知识、认知态度等。在大多数人的意识中,女性的科技素养弱于男性,但调研结果却给女性增添了信心:

- 科技素养有助于提升女性领导力,是女性领导者的“加分项”;
- 高学历教育背景和中高层管理经验的受访女性与男性的科技素养在各个方面都可以“分庭抗礼”,甚至前者略有小胜;
- 在接受科技领域的新事物方面,女性比男性表现出更高的开放和灵活性。

调研报告指出,在数字化时代背景下,科技素养更强调现实中运用系统化的科技思维思考问题,以及运用科技手段或科技成果解决实践中具体问题的能力。对于女性而言,提升科技素养包括:

---

① 蒲公英领导力研究院.2020年科技素养与女性领导力调研报告(上篇)新鲜出炉!快来围观![EB/OL].(2020-09-09)[2022-04-16].https://mp.weixin.qq.com/s/UQ-CLmJ5ajI6fm6P4ALb9qg.

消除自我负面暗示。深刻认识数字化时代科技素养对于女性、女性领导力的重要价值,消除科技素养中的自我性别歧视。

保持好奇心和开放性。积极拥抱新技术。在工作中不放过任何分析复杂信息的机会,与科技和信息“热舞”。

善意解读社会和他人的行为。不要随时随地带着主观和个性的认知去解读正常的工作沟通,要更加职业化,不带情绪地对事不对人,就事论事。

延伸思考

1.你上网多吗?上网主要都做什么?

2.你排斥新技术吗?对于你熟悉的工作,你是否愿意尝试新方法?

3.你同意书中关于互联网时代带给女性的挑战吗?

4.对于提升女性的科技素养,你还有哪些建议?

第二节 新媒体时代的女性领导力

由于互联网技术的发展,传媒业经历了一场巨大的变革。从以报纸、电视广播为主导的传统媒体,到以网络媒体、移动媒体为主导的新媒体,改变的不仅仅是媒体行业的生态,而是整个社会信息传播和沟通的方式。新媒体更加富有社交化和社会化功能,在传播主体上,也由过去的官方主导的报纸、电台和电视媒体的传统媒体时代,转变为传统媒体、自媒体和社交媒体共存的融媒体时代。

一、自媒体为女性创造的新机遇

最早提出自媒体概念的是美国的谢因·波曼和克里斯·威利斯①,2003年7月,他们在美国新闻学会媒体中心出版的“We Media”(自媒体)研究报告中,对“自媒体”做出了一个非常严谨的定义:“We Media是普通大众经由数字科技强化、与全球知识体系相连之后,一种开始理解普通大众如何提供与分享他们本身的事实、新闻的途径。”具体而言,就是大众以微博、微信、知乎、贴吧、抖音、小红书等新媒体形式为载体,发布自己亲眼所见、亲耳所闻的事件。

(一)更多女性的自我展示平台和人生选择

芬兰全国妇女委员会秘书长特赫·赫尼娜在接受访谈时提到了社会化媒体给女性带来的宣传作用:“芬兰妇女议会鼓励所有女性积极使用互联网技术,因为现在媒体和社会息息相关,有很多女性在社交媒体上也很活跃。我们协会每天都会在脸书和推特上发布芬兰妇女议会和会员的新闻,也鼓励我们的会员这样做。信息技术让我们能够便捷地获取全球有关妇女权利和女性事件的信息,有了互联网技术,我们不仅身处芬兰,我们还是全球社区的一部分。”

北京市植物园对外办公室副主任张旭:“自媒体让更多女性活出了自我,找到了价值,每个人都有机会利用平台打造属于自己的IP,特别是自媒体时代,越来越多行业工作时间更自由,工作方式更灵活,这有利于女性平衡家庭和事业之间的关系。”

北京中银律师事务所律师陈艳从法律角度谈到了自媒体的作用:“首先,自媒体为律师合作提供了平台。法律服务行业是个高度细分和专业的行业,从业者可以通过微信朋友圈、微信群,与来自不同地域和专业的律师建立合作

---

① 张绪东.借力自媒体:报业发展的新出路[EB/OL].(2015-01-04)[2022-04-17].http://media.people.com.cn/n/2015/0104/c392156-26321014.html.

关系，在扩张自己的人脉同时，也能弥补专业上的空白。其次，自媒体让律师有了更多推广方式。律师可以免费为自己做广告，可以通过微信视频号、抖音、快手等平台随时随地进行普法宣传、传播正义，扩大自己对外的影响。律师通过自媒体发布的文章和普法视频通过粉丝的评论与转载等，被更多的人所了解，更进一步增加了粉丝量，扩大了影响范围，让律师名声在外，而且还能为律师带来客户，让需要法律帮助的人通过微信、抖音等方式来联系律师，寻求律师的法律服务。”

另一名来自北京市炜衡律师事务所的律师王敏说：“自媒体于我而言是机遇也是挑战。作为一名律师，自己不经意发表的一篇文章曾在网络发酵，本来我是随意写了自己的感受，却被解读成宣传自己业务精湛，因此给自己带来了流量。但我并不熟悉自媒体的运作，加之平时工作量大，并没用持续享受这个领域的红利。反观网络上自媒体运用熟练的人员，其内容并不一定多么完美，或者并不是原创，但是有自己的抓手和特点，通过积累，能够带来流量且变现，这或许比传统的开拓市场有优势。”

北京中关村协同创新投资基金管理有限公司副总经理叶梅的观点很好地总结了自媒体时代女性领导力的新需要。

自媒体让普通大众也可以以“个体”为媒体向外发布个人观点、所思所想、知识内容和分享个人生活片段等。流量是衡量自媒体影响力的重要指标之一，流量来自个人 IP 的打造能力。树立鲜明的个人形象，包括独特的个性、语调、风格、画面等，也包含一语中的的观点和直接震撼的表达力。所以，在自媒体时代，吸引受众关注个性化 IP 的能力成为女性领导力的新元素，唯有关注才能有渠道传达观点、传递知识，才能对他人产生影响力，个人 IP 专注领域必须精细，表达方式需要个性、有趣、简短明确。

（二）女性维权的重要渠道

自媒体也给遭受不幸和不公平对待的女性提供了维权和自救的机会。

芬兰反家暴组织项目负责人艾琳娜·尼库莱伦：“一些遭受过暴力的女性，在推特上非常活跃，传统媒体不支持她们诉说自己的遭遇，而新媒体可以给她们提供机会。通过社交媒体和自媒体，可以联系到那些受到男性控制、与社会隔绝的妇女，这些妇女以前可能并不相识，但她们通过网络组成小团体，发挥自己的力量、相互支持。曝光度的增加也能帮助女性领导人更好促使事情达成，如何运用高的曝光度反对家暴，如何借助大众的支持伸张正义，这是新媒体时代女性维护自身权利需要学习的新知识。

在中国，家暴事件也正在互联网和社会媒体的曝光下引起关注。2019 年 11 月 25 日，美妆博主宇芽自曝了自己遭受家暴的经历，公布了受家暴视频，施暴者的两位前妻也勇敢地站出来揭露了自己受家暴的过程，重庆市妇联和公安局随即介入，全国妇联密切关注此事的进展。2022 年 2 月，“丰县八孩女子”事件也是通过社会媒体的不断发酵，相关人员很快被查处问责。

联合国聚光灯倡议中也指出，全世界有 35%的妇女在她们一生中的某个时刻遭遇过人身或性亲密伴侣的暴力或来自非伴侣的性暴力①。然而仅不到 10%的女性报过警。100 对夫妻中，平均就有 35 人遭遇过家暴。在中国，有媒体引用全国妇联数据，每 7.4 秒就有一位女性遭家暴，女性平均遭受家暴 35 次后才会报警，家暴致死占妇女他杀死因的 40%以上，每年有将近 10 万妇女因为家暴原因自杀，这还不包括家暴致死的人数。② 宇芽案标志着现代女性更加勇敢，女性也学会了利用互联网技术和社会媒体的传播性，拿起法律的武器保护自己。如果没有互联网的广泛传播，这些惨烈的恶性暴力事件不会被更多人知晓，而丰县八孩女的事件也推动了《中国反对拐卖人口行动计划(2021—2030 年)》的落实。

---

① 联合国妇女署.聚光灯倡议[EB/OL].[2022-04-17].https://www.un.org/zh/spotlight-initiative/index.shtml.

② 宋宇晟.中国每 7.4 秒就有一位女性被家暴，我们对家暴无能为力吗？[EB/OL].(2019-11-28)[2022-04-17].http://WWW.ChinaneWs.com/sh/2019/11-28/9019171.shtml.

新媒体带来的维权不仅仅是家暴，还有职场性骚扰、性别歧视等对女性造成伤害的行为的曝光。中国政法大学政治与公共管理学院教授聂露在人民论坛上发表的《社交媒体助推女性主义第四波》①一文中指出：2017 年 10 月 5 日，《纽约时报》公开了对好莱坞金牌制片人温斯坦的性侵指控，约一周后，Me Too 运动大爆发，到 2018 年席卷全球。这场运动以社交媒体为传播方式，旨在引发社会对性骚扰问题严重程度的关注。约 85 个国家纷纷卷入，其间出现的“每天性侵报告”“是的全部女性”等著名活动或组织，至今仍处于国际运动高峰阶段。这波运动的领导人大多是擅长使用社交媒体的年轻人。社交媒体成为运动的沟通和组织渠道，尤其是 Facebook，Twitter，Instagram，YouTube，Tumblr 等社交媒体。

二、新媒体为女性带来的新挑战

但是，在社交媒体和自媒体为信息传播带来便捷和效率的同时，也弱化了网络信息真实性的把关环节，谣言传播性和煽动性比以往严重了不少。

（一）网络暴力和个人信息安全

坦佩雷大学原校长克里斯塔·薇兰托拉与我们分享了她亲身遭受过的网络暴力的经历：“网络上某些不自律的行为正在给人们带来新的危险和威胁。社交媒体给人们带来了很多快乐，但是现在很多极端思想得到了过多关注。网民不能分辨网络信息的真实性，而信息发布者也不如传统媒体般自律和审查严格。泄愤或表达极端思想的文章比比皆是，这种信息会伤害别人。我研究宇宙学，在网上的论坛讨论中，总是会看到一些不是针对研讨问题本身的极端评论，这也是我不太阅读网上评论的原因。再如，移民政策和其他敏感问题的研究者总会收到一些恐吓邮件或者评论，我也曾经公开肯定在芬兰的瑞典

① 聂露.社交媒体助推女性主义第四波[EB/OL].(2019-01-18)[2022-04-17].http://www.rmlt.com.cn/2019/0118/537709.shtml.

人发挥的积极作用，却因此收到恐吓信。虽然事件并不严重，但是足以说明这种行为的存在。如果社交媒体让人们为自己的个人安危感到担忧的话，那就非常糟糕了。但是我们还是应当感到欣慰，因为随着社交媒体的发展，它的积极作用也越来越受关注。”

芬兰反家暴组织项目负责人艾琳娜·尼库莱伦：“网络并不是完全安全的，有时也会有女性遇到性骚扰。脸书和推特账户是个人账户，你有权利屏蔽不尊重你的人，保护自己的个人空间。我们要知道如何屏蔽陌生人，也要知道在宣传自己的同时应该学会保护自己。”

芬兰坦佩雷大学张哲颖：“社会化媒体信息传播得很快很广，对防止个人隐私的泄露是个严峻的挑战，女性喜欢分享家庭生活，但在分享过程中也导致信息被不法分子利用，造成安全隐患。”

如何识别网络信息的真实性和隐私保护已成为一个全球性的难题，网络在给人们带来便利的同时，网络的不理性行为导致的网络暴力也正在带来新的危害。相对男性而言，女性在遭受网络暴力时，承载的偏见和压力更大。

媒体性别刻板导向和女性“污名化”

新媒体时代虽然给女性带来了更多表达自我的机会，但是性别刻板印象依然存在的社会现实下，大众对女性领导的关注不仅限于她们的施政纲领和业务规划，也包括对她们的穿着打扮、形象、饰品“品头论足”。互联网的全民参与和解读的特点还让女性存在被“污名化”的现象，诸如出现了“绿茶婊”“女司机”等对女性污名化的网络词汇。

2017年由中华女子学院与荷广传媒橙雨伞公益共同举办的首届“媒介与妇女”跨界论坛上①，中国传媒大学媒介与女性研究中心副主任王琴指出，在信息良莠不齐的飞速传播的时代，某些领域里对女性的污名化在加重，这在某

① 媒体：自媒体时代女性污名化趋势加重[EB/OL].(2017-05-31)[2022-04-18].http://news.sina.com.cn/c/nd/2017-05-31/doc-ifyfqvmh9596396.shtml.

种程度上使得女性形象在媒体中受到了损害。

在论坛上，前BBC资深编辑珍妮·安德森也指出，虽然媒体形态的多样化让女性的观点有了更多的展示平台，然而女性的母亲、妻子、女儿等身份依然被认为比她的职业身份更重要，媒体还需要更多关注女性科学家、女性创业家和女性专业人士的积极表现。

（二）网络信息过载压力

新媒体让人们可以随时随地接收新鲜的信息，过去是碎片化的时间被有效利用，现在是有效时间被碎片化，导致信息超载，对我们正常的工作和生活造成打扰，让我们不能专注，让人们逐步丧失深度思考的能力。这对还要承担家庭角色的职业女性来说也是一大挑战。另外机会多，导致诱惑也变多了，这就更考验女性的判断力和抉择能力。

全国妇联副主席谭琳介绍说："信息的快速传播导致各种机会随时都会产生，诱惑也无处不在，所以互联网时代的女性，需要有更坚定的理想信念，没有理想和信念，面对诱惑会让人迷失。"

芬兰全国妇女委员会秘书长特赫·赫尼娜认为，信息过载对正常的生活规律是一种困扰："我们能收到更多信息，但是接受大量信息也是一个挑战，因为要花很多时间进行甄别和处理。如果你工作太忙，就必须在网上浏览信息，影响正常的生活规律和健康状况。"

北京大学生命科学学院教授张研："由于信息爆炸在一定程度上会降低我们集中工作的效率，当我想集中精力工作的时候，能够提高效率的方法就是把一些即时通信工具都关掉，将微信、短信、邮件先关上。真的着急找你的人会给你打电话，如果不给你打电话也就没那么着急，这样就能够专心、专注地把自己要做的工作做好。"

三、女性在新媒体时代的成长探索

社交媒体和自媒体为女性带来的机遇越多,女性的选择性就更多更自由,女性可以在自己擅长和热爱的领域拓展出一片新天地,也有了更多表现自己的平台和机会。但随之而来的挑战是环境变化太快,坚持下去并找到成功路径并不容易,自媒体还容易造成工作和生活混为一谈的局面。

央视记者董彬:“自媒体时代发声就会不可避免地产生舆情,想对舆情做出及时的应对,就需要我们提前做好全局规划,对可能出现的情况做好预案,出现紧急情况时能结合经验及时做出修正。这种统筹全局和快速响应的能力不仅适用于舆情处理,面对疫情这样重大的灾难也是非常有效的。”

北京市植物园对外办公室副主任张旭:“随着女性发声机会和平台的增多,对于通过社交媒体和自媒体输出的内容的价值要求也就越高,女性在自媒体上长期单打独斗很难生存,需要探索一套抱团取暖,合作共赢的长期发展模式。”

她花园文化传媒有限公司创始人周扬:“如果把自媒体当作一条职业道路,那是一种很大的考验,因为前期不一定有收入,也没有可供借鉴或参考的经验,要靠自己摸索。自媒体对于用户的自驱力与自律性要求很高,当有了明确的目标和愿景时,没有自驱和自律,坚持不下去。自媒体人还有一个无奈是,家人的不理解,一是他们不知道自媒体或社群运营到底是什么,二是他们也担心这种 soho 办公方式的未来是否有收入保证。”

北京市出入境管理局副局长郭睿君:“新媒体时代要求女性一要提高学习能力,保持开放的心态,不断接收和吸纳新的观点;二要提高鉴别能力,能够做到从纷繁复杂、铺天盖地的信息中去粗取精,去伪存真,归纳提炼,形成自己独特的观点,运用批判性思维,避免人云亦云;三要提高表达能力,自媒体时代人人都有发言权,要善于用好自媒体工具,为自己发声,代表自己的团队发声,为女性群体发声，传递正能量，提高社会影响力。”

欧盟议会候选人司妮卡·托克拉：“挑战：意味着要花费时间并具备宣传技能。其次，这意味着你更加开放。所以要保护你的隐私可能会更困难。机会：首先，在自媒体上信息获取更加便捷；其次，你也有一定机会可以从其他人那里得到支持。”

新媒体时代，信息的传播方式平台发生了巨大转变，舆论环境更加复杂化，新媒体为女性在展示自我、影响社会、实现话语平等和机会平等方面搭建了多渠道、多元化的平台。我们对于新媒体时代的女性领导者提出如下建议：

新媒体时代的女性领导者策略

1.社交媒体的开放和深度交互性，对女性领导者的媒体素养提出了更高的要求，女性领导者要提升对社交媒体的应用能力，才能以多维的心态看世界。

2.塑造职业化的现代女性领导者形象（IP），不落伍，也不被媒体过度解读。

3.主动学习新媒体的沟通方式，避免因方式、语境、文化的不同导致严重后果。

4.提升应对突发危机和被网暴的心理接受力和快速解决危机的能力。

延伸思考

1.你有属于自己的自媒体账号吗？

2.你在微信、微博这样的社交媒体上喜欢分享什么内容？

3.你会运用新媒体对社会热点事件发声或评论吗？

4.你有过运用新媒体为自己维权的经历吗？

5.面对网络暴力，你觉得女性应该如何保护自己？

第三节 疫情期间的女性领导力

2020 年,新冠肺炎疫情席卷世界,身处其中的任何人都遭受了巨大的压力和冲击,我们不愿意把它叫作疫情时代,是因为我们希望疫情尽快过去而不会成为一个时代,但疫情带来的社会冲击前所未有,武汉封城史无前例,我们看到一批又一批的医护人员勇敢奔赴最严重的疫区,其中大部分是女性,从奔赴一线的医护女战士到社会各处的“大白”(大家对身穿防护服的医务人员的特称)身影,从台前疫情播报的新闻发言人到台后疾控中心接听市民咨询电话的工作人员,女性的身影不仅是温暖的,也是坚定的。

疫情期间,每个人都努力在焦虑、恐惧和希望中寻找平衡,学着与疫情理性相处。疫情也给人们带来重新思考的机会,面对这样的疫情时光,我们 13 位女性管理者提出了这样的问题:

疫情带给女性的思考和改变是什么?

让我们听听受访女性的回答以及她们在疫情期间展现出的思考力和行动力。

一、巾帼担当,女性价值重新被“看见”

北京大学第一医院风湿免疫科主任医师邓雪蓉,在第一时间响应国家号召,奔赴武汉抗疫一线。她在受访时说:“疫情中,女性凸显出了前所未有的强大力量。据官方公布的数据,抗疫一线的医生中约有 50%是女性,而在护士中,这一比例甚至高达 90%。在武汉新冠肺炎重症病房一线工作的两个月中,除了更衣室,没有其他地方能感觉出性别的差异,在同样大的工作量面前,女性要经受的体能上的考验更大,在大灾难面前,性别差异可以忽略不计。”

首都医科大学附属北京安贞医院心血管内科十五病房副主任林运在

2003年“非典”爆发时就参加过抗疫，本次新冠肺炎疫情中又主动报名值守发热门诊，她在接受访谈时说：“《福布斯》最近的一篇文章报道，新西兰、德国、挪威这些由女性担任领导人的地方的新冠死亡率相对较低。《福布斯》把这些女性元首称为‘领导人的典范’，只占全球政府首脑7%的女性首脑们出色地完成了新冠肺炎疫情的考卷，女性独有的亲和力和同理心在抗疫工作中发挥了重要作用。作为医生，女性居多，但作为医院中层，还是男性主任更多，很多女医生不愿意去担任领导者是因为觉得自己不够果断，所以更愿意做具体的事。然而疫情让大家看到女性在必要时刻的抉择能力并不比男性差。经历过疫情的女性，也开始意识到自己在职场上可以不过分‘谦让’，也开始走出自我设限的舒适区，发掘‘可柔可刚’的领导潜质。”

中国人民大学附属中学西山学校副校长林杉：“我一直相信大部分女性在压力面前都会迸发出超越男性的坚韧，也认为女性有义务也有能力成为独立的社会角色，在面对压力的时候撑得住，靠得住。这次疫情让我更加坚定了这个认知，我也很高兴看到那么多优秀的女性已经成为社会的中坚力量，为其他女性和全社会树立了榜样。”

在目前的社会现实中，大部分人认为在果敢和决策方面，男性的能力强于女性，而女性在宽容有的刻板印象那么微弱。疫情爆发至今，越来越多来自不同行业的职场女性被社会看见，有基层防疫的工作人员，有参加基建的“娘子军”，有负责物资支援的志愿者，特别是医护人员，在这场长期的战役中，贡献了坚实的力量。根据国家卫健委新闻发布会报告的数字，截至2020年3月，赴鄂支援的医护人员约4.26万人，其中2/3是女性。

相信大多数人都没有意料到这次疫情持续的时间会这么久，除了坚守在一线的医护女性群体，我们也从各种开报道中看到，疫情新闻发布会上的女性发言人，用她们的言行鼓舞大家团结一心、共克时艰的决心，而坚守在平凡工作岗位上的各行各业女性，用自己的行动抚慰着全社会焦虑不安的情绪。这些女性的特质,让社会重新"看见"女性的价值,而冲在抗疫一线的女性领导者们,用她们的"温暖、勇敢和坚定"诠释了女性领导力的魅力。

二、直面现实,危机中锻炼韧性

疫情期间,有人失去了工作机会,有人失去了健康甚至生命。疫情对女性的心理因素影响大于对男性的影响。疫情环境下,女性面临更多的失业、经济困难和不平等的无薪劳动。在德勤公司的《职场女性全球展望》①报告,针对500位中国女性展开了调查,其中新冠肺炎疫情爆发以后女性的生活改变如图5-2所示,我们可以看到,女性无论是工作量、家庭事务还是面临的压力都在增加,而与朋友、伴侣的关系变差。

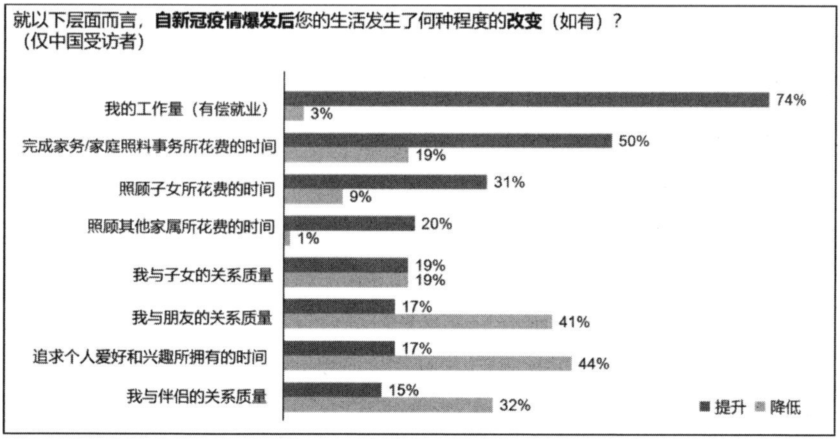

图5-2 新冠肺炎疫情后的女性生活变化

面对疫情久久未能消失,女性应当如何度过这段艰难的时光?

中国纸业投资有限公司运营管理中心总经理梅玫:"疫情之下,可替代性

① 德勤.2021职场女性调查[EB/OL].(2021-03-08)[2022-04-19].https://www2.deloitte.com/cn/zh/pages/about-deloitte/articles/pr-women-at-work-global-outlook.html.

越强的岗位的员工越容易失业。越是在这样严峻的时刻,女性越要为自己持续增值,只有随时随地拥抱变化,主动适应,才能不被时代抛弃。”

北京市植物园对外办公室副主任张旭:“疫情给女性带来的影响是面对不确定的疫情及孩子停课居家的多重压力,女性敏感的特质会将负面情绪扩大,进而造成焦虑,既影响工作效率,也影响家庭氛围。所以疫情期间,对于女性最重要的是做好情绪管理,学会心理调适,才能以积极的态度和行动面对疫情带来的困难。”

北京中银律师事务所律师陈艳:“短期看,纠纷诉讼增多;长期看,客户支付能力下降,收费降低。如何应对?当前是个梳理过去、沉下心学习的好时候。在疫情结束前,不妨扎扎实实读几本好书,研究自己平时感兴趣却没来得及深入研究的领域,根据专业方向,做好更深入、更细致的设计和规划。”

北京市炜衡律师事务所律师王敏:“疫情期间,女性处于紧张状态,怕孩子停课,怕家人生病,怕经理打电话,也怕社区封控。从家庭角度看,疫情让孩子居家上课时需要更多陪伴和照顾;从工作角度看,企业的减员增效让职场女性内忧外患。面对危机,只能直面,我自己利用疫情时期,一是收获了一批自主择业人员,让业务有了基本保障;二是把之前的积累转化成成果;三是因疫情创新了很多线上机会,比如线上授课、线上开庭、线上评审。我亲自参与线上的事务和活动,不仅节省了时间,也开拓了一些新的业务。另外,因为疫情,我看到很多家庭的分分合合,自己对人生的领悟也变得更通透豁达,也算是额外的收获。”

北京市城市管理委员会副处长胡荻:“疫情让居家办公逐渐成为流行。对于领导者而言,从原来已经习惯的团队之间面对面的交流和工作协商,转向多样化的工作和领导方式,如何在新方式下组织团队协同工作,实现工作部署,增强团队的凝聚力,是领导者急需具备与加强的能力。如何以一个开放的心态和视野去融入自己的工作和生活,让领导艺术能发挥更多的延展魅力,这是疫情之后我自己对领导力建设的思考。”

九曜集团(香港)有限公司董事长吴城煜:“作为领导者,经过疫情,特别要建立的能力是在危急情况下加快创新的速度,同时建立企业日常危机管理机制。非常时期需要领导者有自信、有担当,要临危不乱,指挥若定。在危机管理中,坚定的信念是充分发挥领导力的前提,敏锐的洞察力和果敢的行动力是稳固领导力的关键,面对成就保持清醒的头脑是领导者必须具备的素质,正确的道德观念是正确行使领导力的根基。”

中关村协同创新投资公司副总经理叶梅:“疫情对所有人影响最大的是跨区域流动性,出差或参加行业会议受限直接影响了我们的业务及收益。疫情改变了人们的工作、生活及行为模式,但领导力的底色仍是文化底蕴、知识层次、经验积累、迭代能力、判断能力、赋能能力、整合资源能力、付出的心态和行为。疫情期间,作为员工,需要提升线上工作能力,包括线上沟通和视频对话,善用微信、钉钉、腾讯会议等软件等能力。对于女性领导者而言,获得认可和追随需要付出比男性更多的努力,所以女性在保持同理心、认真、坚忍、细致等特质外,还需要提升对复杂情况的预判能力、坚韧的毅力和冲刺能力等。”

疫情是对固有工作模式、社交模式和生活模式的颠覆性改变,整个社会处于焦虑和不安之中,丘吉尔说过:“不要浪费任何一场危机。”作为女性领导者,我们要相信,打不倒你的终将使你更强大,直面现实,坚韧和乐观,是疫情时刻对女性领导者的要求。

三、拥抱“被迫”,挑战不可能

疫情当下,不管我们愿不愿意,全世界都“被在线”了,让我们看看受访对于疫情带来的一些“被迫”的态度和回答。

北京中关村第三小学副校长陈俊荣表示:“疫情给人们的生活带来不便的同时也推进了很多创新举措,教育观念需要跟上和转变。家庭中一般女性负责孩子学习的居多,在学校时有统一课程,其他时间参加大量的补习班,学生跟着老师的步伐即可。但疫情的到来,让所有学生都在线上学习了,学生自己看书、做小制作、做家务,这些都是学习。所以'学习'也需要学习,学习能力和学习意识后天可以培养。妈妈们做好表率,家长和学生要一起规划学习方案,设计学习内容,这对孩子、家长和老师来说都是必须进行的转变。"

中国互联网投资基金管理有限公司人力资源部业务董事丁睿:"疫情让在线教育的模式和内容逐步进入成熟阶段,未来孩子们的教育形式可能有较大改变,作为女性和妈妈,应该积极拥抱变化。在线教育的发展可以令女性更好地平衡工作和生活的各个方面,并让终身学习有更大可能性。另外,在线协同办公形式广泛应用并快速发展。作为女性,我一方面认识到要积极适应这种新的办公方式和形态,同时也发现远程办公其实给了女性更大的空间,随着各类在线办公软件的进一步成熟,应该会为更多女性灵活就业提供机会。"

为了响应疫情防控的号召,蒲公英计划的部分线下课程也相继转为了线上。这个"被在线"的过程遇到一些阻力,部分来自企业的学员对于社交的要求很强烈,并且认为线上无法达到社交目的,除了鼓励和说服大家以开放的心态尝试新生事物,我们也组织老师基于线上特点,改造课程内容和形式,尽可能提升同学们互动的参与感和体验感,让我们来听一位既是蒲公英学员,也是蒲公英计划线上课程的研发讲师,来自首都医科大学附属北京儿童医院高潜人才发展项目主管张芳的分享。

由于工作原因,我们在疫情之前就已经开始使用线上办公软件,所以对于线上培训工具的使用我并不陌生,线上培训难题不在技术层面,而在于无法及时看到大家的反馈时,如何让学员能像线下一样保持全情投入。因为线上培训对大家上课的状态没有约束,上课的学员可能是利用自己做饭的时间通过手机听,也可能是带着孩子在公园戏耍戴着耳机听,还有可能就是挂在线上,但是干着别的工作,这样我们上课的效果会大打折扣。

我们在实践中不断面对问题，不断解决问题，比如我们会要求学员必须用笔记本电脑参会、会议过程中会设置不同人数的分组，通过要求学员全程打开视频等手段来保证学员一直保持精神集中。除此之外，为了保证各小组讨论的主题和内容不出现偏差，我们提前对少数班委在线上做了多次的演练，保证各小组至少有一名观察员可以把控讨论走向。经过了多轮磨合和准备，最终我们呈现的课堂效果越来越令人满意。而类似腾讯会议这样的在线软件的分组功能，可以做到随机组合分组，还有强制时间功能，人数较少的小组交流(2—4 人)效果甚至比线下更好。

张芳的介绍让我们看到线上课程的开发是为了应对疫情带来的线下聚集的困难，但是在实施时，通过不断探索和创新，我们惊喜地发现了一些线下授课达不到的效果。我们的另外一名蒲公英学员还提到了她们开发的一款元宇宙线上培训产品，可以让人有身临其境的体验感。正如本书第一节介绍的，互联网技术为人们带来了更多的机遇，而疫情让互联网技术的优势进一步凸显。随着科技的飞速发展，我们几乎已经不需要考虑科技无法解决的问题，而是需要重点考虑人们是否能以开放心态接受新的尝试。

四、打破常规，展现人文关怀

2020 年新冠肺炎疫情爆发初期，口罩是最紧缺的物质，蒲公英 11 期学员商轶侠动用她所有的资源，为蒲公英计划筹集了 500 个口罩，以最快的速度送到北京，很多人想要找她买，她都拒绝了，我们给已经毕业的每个学员发微信打电话派发口罩，很多人毕业以后很久未联系了，但是我们打破常规，想尽办法联系大家，大家接到信息特别感动，这个过程中有学员表示，我们还撑得住，把稀缺资源留给其他姐妹，也有人主动贡献，“我们还有 10 个”“我还能找到 20 个”。500 个口罩在派送的过程中滚雪球般变成了 600 个、700 个……大家用快速的行动力传递着特殊时期的人文关怀，我们从在商轶侠身上、从每个“滚口罩”的学员身上看到了作为一个有影响力的女性领导人所具备的特质。

疫情让我们走进乌卡时代（VUCA，Volatile，Uncertain，Complex，Ambiguous 的缩写），让我们处于充满易变性、不确定性、复杂性、模糊性的世界里。在这样的时代，如何快速适应才能不迷失？我想，我们应当以积极、乐观和开放的心态看待这段时光，从被迫居家到被迫在线，换个角度，把它当作与家人建立感情的难得机会，也把这段时光当作一个自我暂停的复盘经历，还可以将这段时光作为尝试和学习各种在线新工具、新技术的契机，在危机中发现机会、创造机会。

延伸思考

1.疫情对你产生了怎样的影响？

2.在疫情中你有过崩溃的时候吗？你是如何度过的？

3.疫情让你对自我有哪些新发现？对女性有哪些新发现？

4.你觉得疫情时刻需要怎样的领导力？

第四节　女性领导力发展新视野

未来将是一个什么样的世界，谁也无法预测。2022 年，全球同时经历了疫情、战争和奥运会，很多人称这是魔幻的一年，这样的魔幻未来是否还会继续？不管怎么样，在魔幻的这一年，女性所体现出的坚韧、担当和主动适应性让我们看到未来女性领导者的身影。

一、坚定自我价值，承担新时代赋予的使命

社会为女性贴标签的同时，女性也在无形中对自己进行了负面暗示，“情

绪不稳定”“缺乏决策力”“逻辑性差”，这些负面的评价成为束缚女性突破自我的枷锁。

全国妇联副主席谭琳指出：“新时代的女性成长，需要更坚定的理想信念，需要用学习到的有用知识主动参与社会建设，自尊、自爱、自强和自信才能主动吸收更积极的信息，得到更多支持，获得更多机会和成长。”

九三学社中央副主席印红：“无论对事业还是家庭，独立思考对女性都很重要。互联网时代给女性带来更大的发展空间，但是如果我们不能克服传统认知中的女性偏见，机会还是会从我们身边流失。”

欧盟议会候选人司妮卡·托克拉：“这个时代提供给你获取信息的便捷，为你的选择和判断提供了有利条件。作为新时代的领导者，应该拥有政治抱负，去改变女性的不平等环境。想在政治中成功，就需要在社交媒体上非常活跃，这意味着你需要提升新媒体宣传技能和意识，你要更加开放，所以对女性领导者而言，保护隐私可能会更困难，但也让你有机会通过社交媒体获得更多人的支持。”

芬兰坦佩雷市基础教育主管丽娜·威塔沙瑞：“要更好地迎接时代的变化，重要的不是更新科技而是随着时代的变化改变思维方式。其中最大的难题来自我们自身——人们不相信自己可以改变。作为女性领导者，应该鼓励女性去勇敢面对技术带来的挑战，这有利于女性未来加入更多的领域。”

中国人民大学附属中学西山学校副校长林杉认为：“领导者要能比别人预判更严峻的情况，才能未雨绸缪。当问题真来到时，领导者要比别人更有信心、更乐观，才能引领团队坚持下来。面对不确定，不是每个人都有足够持久的信心和耐心，担忧、怀疑和疲沓厌战的情绪都可能出现。作为领导者，身先士卒既是一种责任，也是一种姿态；同时，领导和也要掌控机宜，在合适的节点褒扬、提醒、督导、奖励团队成员，让整个团队一直保持足够的紧张感和适当的松弛度，这其中，节奏感和‘度’是最难把握的，特别考验领导的智慧。”

一代人有一代人的使命，科技发展和新媒体平台为女性创造了前所未有的机会和发声的平台，而新冠肺炎疫情带给社会的创伤和心理压力，又需要更多的同理心、人文关怀和在困境中保持坚韧。所以，在机会与危机交融的时刻，社会呼唤有担当有使命感的领导者，在人们产生挫败感，看不到希望的时刻，能以坚定的信念和使命感让自己在压力下保持清醒，有清晰而坚定的自我认知，鼓舞并带动团队在逆境中坚持。

二、警惕思维偏执，避免职业傲慢

蒲公英计划经常会观察到学员把过去成功的经历和经验带到新的环境，其实当一个人在积累专业优势的同时，也在积累思维偏见。尤其是在互联网时代，知识日新月异，过去的经验并不能成为未来环境中的优势，要时刻辨别，我是在用专业优势帮助大家，还是在用思维偏见绑架大家。每个人都有优势和闪光点，但作为一个未来的领导者，自我优越感将会为你与他人的沟通竖起一面墙，让人无形中觉得你很傲慢。为了避免这样的情况发生，我们提出以下建议：

善意解读他人的行为。女性领导者不要随时随地带着主观和个性的认知去解读正常的工作沟通，要更加职业化，不带情绪地对事不对人，就事论事。

收敛任性和随性。女性往往会把个人感受看得很重，甚至认为它可以超越责任，这样的行为无论在职场还是在家庭里，都会让人感觉到女性在情绪管理和自我约束方面的缺失。所以女性一定要认识到，任性和随性是自我成长的陷阱，不要让自己的个性放飞在组织文化和规则之外。

保持开放心态。到一个新环境，不要认为过去工作环境中能发挥作用的行为在新环境中就一定好用，要先学会观察，了解新环境的特性和文化，快速融入这样的氛围，把你过去的成功经验与新环境的需求相结合，才能为新的组织赋能和贡献价值。

三、加入领导力学习共同体

互联网时代，世界没有孤岛。整个社会就是一个学习型社会。一个人学习是孤独的，女性领导者在成长过程中需要互相鼓励。比如蒲公英计划就打造了一个女性领导力学习共同体，也是女性领导者的终身学习社群。蒲公英计划提供了很多让女性被看见的展示机会，也通过共建的方式，创造了让优秀女性近距离互相观察和互相影响的机会。

所以当找到一个适合你的学习共同体，你可以收获：

价值的动态平衡。作为一个未来的女性领导者，绕不开工作和家庭之间的平衡。其实平衡不仅是时间的均衡分配，而是内心的价值平衡，这是一个动态的过程。家庭建设与牺牲自我不具有必然联系，这不是一个二元对立问题，在一个领导力成长共同体中，请学习优秀女性取得平衡的做法。

与高手对话的机会。同频才能共振，与高手对话能帮助女性开阔胸襟，锻炼信心跟勇气，找到未来有可能共事的合作伙伴。如果一个人的大部分时间都在与让自己舒服的人打交道，会消磨一个人的进取心，只有与高手过招，才能看到自己的不足，激发成长突破的动力。

终身学习。领导力是一门实践的科学，在一个人人都追求领导力成长的社群中，大家可以分享来自不同领域和行业的领导力实践，也能互相监督和鼓励。

希望本书可以给各位女性提供一些领导力提升相关的思路，也祝愿各位女性可以轻松找到适合自己成长和学习的组织，与他人结伴同行，为自己打造学习共同体，为自己的领导力成长定制有效的路径。

延伸思考

1.你心目中的未来女性领导者应该具备哪些特质？

2.通过全书的阅读，你最大的收获是什么？

3.读完本书，对于领导力提升，你准备采取什么行动？

本章关键知识点小结

1.互联网时代，女性需要发挥高感知力，提升敏捷性和科技素养；

2.新媒体时代，女性需要以多维的心态看世界，塑造适合新媒体传播的女性领导者形象和主动学习新媒体的沟通方式；

3.经历了2020年的新冠肺炎疫情，女性的价值重新被社会看见，在疫情当前的不确定环境下，女性要增强心理韧性，乐观主动地拥抱一些“被迫”改变的方式，变危为机；

4.对于未来女性领导力的发展，提出坚定自我价值、强化时代使命感、警惕职业傲慢和加入领导力学习共同体的建议。

后 记

没想到，这本书一下子就写了七年。从 2015 年到 2022 年，伴随着三次大改，这七年发生了太多事。每一次修改完，我都觉得是认知的超越，人生的升华。感谢中国传媒大学出版社一直没有放弃我。

幸运于本书的研究形式之一采用了访谈，经常被受访者的故事感动和，她们不仅打开了读者认识女性领导力的世界，也为我打开了一扇认识女性的窗。书中的故事，没有因为“高级感”而进行任何包装，保持了访谈的原汁原味，感谢受访者对我的信任，无论是第三章中女性领导者面临的“艰难十年”，还是第四章中芬兰坦佩雷市的安娜副市长 11 岁时的“妈妈，我可以将来当女警察吗”，这些忠于采访的实录都充满着画面感，不枯燥、不说教，只是娓娓道来的真实陪伴，多次回看时仍然会被感动和激励，仍能感受到实用的指导和精神鼓舞。

同时本书又是一个严肃的学术课题成果，如何保持学术的严谨性和故事的可读性，从领导力理论及模型的回溯，青少年心理成长手册的深入研读，以及蒲公英计划的领导力测评数据的分析，从理论到实证研究，都倾注了我和伙伴们的大量心血。所以从这个意义上，本书不是我一个人的作品，也是所有团队成员，包括接受我访谈的领导和蒲公英种子（蒲公英学员的爱称）、数据模型团队，每一次协助我整理稿件的小伙伴共同努力的结果。

本书的工作量远超当初的计划，写作也经历了一个不断调整的过程。原本计划只收入北欧国家的调研，结合我的经验和书面资料。但是在访谈了20余位芬兰专家和女性领导者之后，在本书第二作者伊瑞斯·若霍教授的建议下，我回到中国后采访了相应领域的中国女性，增加了几十位访谈对象，对比了中国和芬兰女性领导者思考问题的共同点和在不同国家体制、不同文化方面的认知差异。2019年年末，疫情袭来，这是人类历史上不得不书、不得不写的一段经历，在"看见"疫情中的女性力量，我们又增加了访谈范围。本书完成过程中，中英文录音整理超过40万字，感谢刘继南校长、阮婕妤老师一直耐心等待，还有姜颖昳编辑的耐心陪伴，让我能以比较高的质量完成本书。最终成稿接受访谈人员82名，引用文献、新闻35篇，书籍20本，介绍经典领导力理论5个和模型11个。

2020年，新冠疫情突然泛滥，在我采访当时还是北京市药检所所长的吴彬，已经迎难而上，成为北京市药监局的局长。她奔赴在疫情第一线，已经没有时间再次接受我的访谈，只能在偶尔的片段通话中交换感受："在这一年中，我休息的周末加起来不超过5天。事儿来了，我们无处可躲，勇敢直面是唯一选择，扛得住要扛，扛不住也要扛，坚韧就是这么练出来的，最难的时候，也是女性领导力成长最快的时候。"她平实语言的背后投射出女性坚定的力量。

又比如芬兰的领导力教练 Maria Gu 在介绍芬兰的学前教育时说："在芬兰，老师不希望家长在家里多教孩子，因为小朋友会因此脱离团体，如果小朋友们都不喜欢他，孩子对未来人际关系的自信心就会不足。"这一点要特别警醒现在的家长。还有采访九三学社中央副主席印红时说的"在经历女性的艰难十年时，要学会平淡而不平庸"。另外，大学生们在接受访谈时表现出的对于领导力思考的深邃和他们在社会实践中的坚定，也让我们感受到未来可期，未来可待。

这场疫情让每个人都在反思自己，寻找存在的意义。我们还需要保持过去的消费习惯吗？我们每天马不停蹄地工作真的在为社会创造价值吗？疫情当下，我们做什么才是对社会有意义的？身处VUCA时代，决策和担当作为领导力素养没有改变，但突发事件和反应速度却面临新的挑战，组织进化设计和社群生态管理成为领导者需要学习的新技能。让我们一起来对领导者的新思维发出"灵魂七问"，面对危机、矛盾或冲突，我们是选择抱怨、观望、等待，还是积极用行动推动改变？这与我们定义自己是谁和有何使命有什么关系？

书稿修改是一个超越自我的过程，精进了我查找资料及对访谈故事和观点背后的逻辑深挖的能力，也提升了团队协作的能力。感谢陪伴我披星戴月的小伙伴们，你们的不离不弃和凌晨说晚安成为我们友谊的纪念和未来合作的基石。

本书停笔之际，2022年已经迈入春天，过去的七年，世界风起云涌，科技飞速发展，女宇航员在太空工作半年后安全返回地球。但是人类也经历了全球性的灾难时刻，战争重启，疫情久久不散去，对于每个人，可都体验了压力、焦虑和恐惧。全球性别差距报告显示，因为疫情，性别平等的进程被整整推迟了一代。每一件事都在磨炼我们所处的社会，遇事越多，人类就越强大，相信未来，就像相信我们自己，只有与未知为友，才能看清当下。

希望本书对于女性前行能提供一些鼓舞、方向和动力，女性领导力的研究我们会继续深入下去，这是值得我们终身坚持的事业，希望所有关注和支持女性发展的同仁朋友，无论男性女性，一起加入进来，让我们一起为女性的发展环境更加平等和美好而努力。

谢谢你们！

2022年4月22日于北京